艺术品收藏手册

购藏和拥有艺术品的专业指导

图书在版编目（CIP）数据

艺术品收藏手册：购藏和拥有艺术品的专业指导 / （英）玛丽·罗泽尔著；孙熳，张晓睿，何馨雯译. — 北京 ：北京美术摄影出版社，2023.7

书名原文：The Art Collector's Handbook:The Definitive Guide to Acquiring and Owning Art

ISBN 978-7-5592-0553-7

Ⅰ. ①艺… Ⅱ. ①玛… ②孙… ③张… ④何… Ⅲ. ①艺术品—收藏—手册 Ⅳ. ①G262-62

中国版本图书馆CIP数据核字(2022)第205153号

北京市版权局著作权合同登记号：01-2021-7310

责任编辑：于浩洋
装帧设计：众谊设计
责任印制：彭军芳

艺术品收藏手册
购藏和拥有艺术品的专业指导
YISHUPIN SHOUCANG SHOUCE

[英]玛丽·罗泽尔 著

孙熳 张晓睿 何馨雯 译

出　版　北京出版集团
　　　　　北京美术摄影出版社
地　址　北京北三环中路6号
邮　编　100120
网　址　www.bph.com.cn
总发行　北京出版集团
发　行　京版北美（北京）文化艺术传媒有限公司
经　销　新华书店
印　刷　广东省博罗县园洲勤达印务有限公司
版印次　2023年7月第1版第1次印刷
开　本　889毫米×1194毫米 1/32
印　张　11.25
字　数　304千字
书　号　ISBN 978-7-5592-0553-7
定　价　128.00元

如有印装质量问题，由本社负责调换
质量监督电话　010-58572393

艺术品收藏手册

购藏和拥有艺术品的专业指导

[英] 玛丽·罗泽尔　著

孙熳　张晓睿　何馨雯　译

北京出版集团
北京美术摄影出版社

致 谢

完成一本如此全面的专业手册离不开众人的协助与指点，因此我要感谢的人很多。

由于这本书涉及许多专业领域，而我并不专长所有这些领域，所以我需要各领域专家们的帮助。在此，感谢那些与我分享知识、帮我开阔视野、撰写介绍或为本书增添色彩的专业人士。除了第一版中提到的所有人，我还想感谢萨丽·科恩（Sari Cohen）、切尔西·康拉德（Chelsea Conrad）、卡蒂亚·科斯塔（Catia Costa）、诺拉·贾涅夫（Nora Djanev）、马克斯·多尔吉瑟（Max Dolgicer）、安迪·海勒（Andy Heller）、埃里克·卡汉（Eric Kahan）、艾弗里·麦克唐纳（Avery McDonald）、乔纳森·施瓦茨（Jonathan Schwartz）和辛西娅·扎贝尔（Cynthia Zabel）对本书章节进行了慷慨点评并提供了各自领域的专业指点。

我还想特别感谢伦敦苏富比艺术学院（Sotheby's Institute of Art，简称SIA）前联合首席执行官兼董事乔斯·哈克福特-琼斯（Jos Hackforth-Jones）。他不仅是苏富比系列的顾问编辑，同时还是邀请我提交这本书初版提案的人，并且乔斯的友情支持也促使本书的第二版得以实现。

还要特别感谢收藏家兼企业家乌尔维·卡西莫夫（Ulvi Kasimov），是他支持了该书的第一次出版，并赞助将其翻译成俄文，以支持他居住的国家的收藏家们。

在此，我还想感谢我在瑞银集团（UBS）的同事们，特别是毫不犹豫地给予这个项目支持的首席营销官约翰·杰沃（Johan Jervoe），在沟通上给予极大帮助的塔姆辛·塞尔比（Tamsin Selby），还有我才华横溢的国际团队，他们对我们集团的非凡典藏的悉心照料，以及奉献精神一直激励着我。能够管理这些经过数十年积累，数量仍在持续生长的收藏，对我而言是莫大的荣幸。

再次感谢伦德·休姆夫雷出版社（Lund Humphries）的团队成员，总负责人露西·迈尔斯（Lucy Myers），首席编辑兼制作人莎拉·索罗古德（Sarah Thorowgood），市场以及宣传负责人维多利亚·本杰明（Victoria Benjamin），项目负责人安娜·诺曼（Anna Norman），项目助理罗谢尔·罗伯茨（Rochelle Roberts），以及文字编辑米歇尔·帕金（Michela Parkin），是他们的和蔼、专业、无限的耐心和辛勤的工作才成就了这样一个无可挑剔、令人愉悦的项目。

如果没有永远认可我的努力的我的家人比尔（Bill）和塞缪尔·亚当斯（Samuel Adams），以及我的朋友们的支持和耐心，我不可能完成这项工作。

最后，衷心感谢多年来与我共事的收藏家和艺术家们，他们将自己的家、工作室和所思所想向我敞开。与他们和他们的艺术品共度时光，一直是并将继续是我能想到的能够获得最多启发和收获的学习方式。

前言

今天，全球范围内的收藏家数量要多于以往任何时期。不仅世界各地的新兴经济市场催生出全新的艺术市场，更有数字时代的发展为发现和收藏艺术品提供的空前便利，这些都为艺术品收藏的各个层面引入了更多的参与者。仅 2019 年全球艺术市场的交易量就达到了 641 亿美元。[1] 不同于曾经只有画廊和一些小型拍卖行的那种令人望而生畏的封闭时代，如今的艺术行业在全球化、科技发展，以及国际范围内激增的艺术博览会的合力作用下，逐渐走向大众化。

很少有人一觉醒来便决定成为一名艺术品收藏家。相反地，人们倾向于先购买一件艺术品，之后再入手一件。久而久之他们发现，自己的藏品逐渐汇聚成一系列颇具意义的收藏。或者，有的人突然继承了一些艺术品。这些人也许并不将自己视作"收藏家"，但是某天他们可能会意识到自己坐拥珍贵的艺术收藏，也许这些收藏甚至构成了他们大部分的净资产。还有一些人形容自己就像"被收藏虫咬了一口"，或者将自己的收藏欲望归结为某种"疾病"，某种痴迷的执念，又或是某种"难以抑制的热情"。[2] 他们相对快速地建立起自己的收藏，陷入渴求艺术品的狂热中无法自拔。然后，这些个体越来越多地将收藏与艺术投资潜力一起进行考量。

无论人们出于什么理由购买艺术品，艺术品收藏的意义都不仅局限于在某个艺术展会或画廊发现一件画作，找到某个完美的位置悬挂并进行展示。首先，买到一件艺术品不总是那么简单的。可能会有激烈的竞争，存在一些不成文的规则，在这一过程中还可能会有很多陷阱。其次，拥有艺术品（包括放弃持有艺术品）需要反复思考，需要花费时间，通常还需要大笔金钱。根据实际情况，一位收藏家每年可能会投入相当于其收藏总价值的 1%~5% 的预算用于藏品的维护。³ 收藏家们必须考虑如何保持艺术品的物理完整性，以及如何保护自己免于负债或遭受经济损失。对于持有大型收藏的收藏家而言，藏品管理可能是一个相当大的负担，甚或成为一份需要全职处理的工作。有些收藏家会长期雇用一个包含策展人、藏品管理员、相关助理人员在内的团队来处理藏品的相关事务。

一位著名的当代艺术收藏家声称，如果她早知道持有艺术品需要这么多工作的话，她可能永远不会开始收藏。藏品管理体现了艺术收藏单调乏味的那一面。这类工作需要认真谨慎的管理和千变万化的处理方法，还需要无数的专家提供必要的专门技术和专业维护，包括专业的艺术品藏护员（conservator）、安装人员、保险公司专员、学者、照明控制专家等。这些专业人士对于完善藏品管理来说不可或缺，并且和他们建立相互信任的关系既有益处，也有教育意义。然后，为了获得最佳效果，收藏家们在开始进行购藏时，也需要有意识地了解基本的艺术收藏管理原则和时间。一位收藏家的意愿、需求或优先考虑的事情，也许并不总是与那些专家的想法一致，因此，能够提出正确和关键的问题将会是非常有益的。

20 多年前，当我首次受雇指导一个极重要的艺术收藏工作时，我拥有艺术史硕士学位、艺术法实践专业的法学学位，以及在美国本土及海外艺术行业多年的从业经验。而我当时欠缺的是能够处理如此多方面职责的指南，或是关于在背后支持艺术世界运转的各项业务更深层次的知识——保险、藏护（conservation）、物流管理、仓储等。随着时间推移，我在工作过程中从乐于分享其所知的专业人员、收藏家们那里学到了很多，并感到将这些信息概括起来对于个人收藏家来说会十分有用。

因此，本书旨在为个人收藏家提供多方面的参考，给予艺术收藏主要话题的概览以及实践的最佳方向。其初衷在于为刚刚开始尝试收藏的人们提供引导，并为经验丰富的收藏家提供更多可能的技术细节和复杂的考虑因素。书中的内容对于该领域的专业从业者和学生来说也是有裨益的资源。

2014年，本书作为由伦德·休姆夫雷出版社和苏富比艺术学院（当时我正在该机构位于纽约的艺术商业硕士课程担任主任）联合出品的"艺术商业手册"系列丛书中的一册首次出版。本书如今再版，增添了许多更新的信息并扩充了研究重点。其中还包含了我自2015年9月以来在瑞银集团艺术藏品（UBS Art Collection）任全球负责人以来获得的经验之谈。

过去5年来，艺术展行业发生了惊人的全面变化。艺术商业和现有的活动模式不断地出现、消失或重塑。拍卖行与画廊间的界限变得模糊，权利在少数顶级画廊之间进一步得到巩固。法律和税收法规也发生了变化。全球政治的不稳定及全球变暖，都对艺术品交易产生了影响。与此同时，欧盟颁布的《反洗钱5号令》将艺术品业务包含在内，开始推动艺术市场进一步提高透明度。此外，技术进步正以前所未有的方式改变着世界。随着虚拟现实和交互式作品进入主流，新媒体艺术卷土重来，新时代的艺术品买家为了追寻交易的确定性和探索新的所有权形式，进而寻求区块链和部分所有权。

如果说21世纪前10年的艺术行业最引人注目的是艺术博览会在国际范围内的爆炸式增长、亚洲实力的扩展，以及艺术品作为一种投资的兴起，那么，近几年来值得关注的则是艺术市场更进一步的金融化，对所有艺术 — 技术融合的可能性的趋之若鹜，以及私人博物馆数量的空前增长。这些变化，也促使本书最新版的内容有所改变。

本书将逐渐展开艺术品收藏的全部过程。第一部分从对初次购藏一件艺术品需注意的诸多问题的概述开始。紧接着，书中第二部分将讲述如何确定和记录艺术收藏的范围与价值。第三部分的重点转到了藏品在其整个生命周期中有关藏护等方面的实践：保险、藏护、运输、安装、装裱、仓储……以及随之而来的可观成本。第四部分则是对于艺术品收藏的公共和私人价值的思考。其中提到了收藏家如何从其收藏的艺术品中获得经济效益及社会效益，并列举了与他人共享收藏的多种方法。第五部分以放弃持有艺术品收尾，概述了在时机成熟时与藏品分离的方法与策略。

任何曾在艺术界工作过，或仅看过艺术媒体报道的人都会知道，涉及艺术的问题通常与法律纠纷有关。在这个领域中，新的法律问题层出不穷。在这个基本不受监管的商业领域中，口头协议和君子协定的传统根深蒂固，加之艺术强烈的情感吸引力，使得人们在想要快速或轻松成交时经常忽视这些问题。虽然本书并非法律专著，但仍试图列举艺术品收藏过程中可能出现的潜在法律问题和利益冲突。其内容从法律视角出发，并以短期适当的维护与预防问题和未来损失的发生为前提精心撰写。

此外，还有一些进一步的限制和免责声明。本书的内容大多源自包括我自己在业内的工作经验，以及我从有幸合作过的众多专家、收藏家、客户那里汇集而来的专业知识。出于谨慎考虑，本书中援引的许多示例必须使用匿名。在有些案例中，尽管实质内容是真实的，但出于保护隐私的目的，有些特定细节已被更改。

由于我获得了在美国从事法律工作的从业许可，并且在美国从事了诸多艺术贸易工作，因此本书将主要聚焦于美国。有些准则在世界的其他地区也是相似的；但有些国家或地区因法律、习俗和惯例的不同而无法通行。因此，本书所提到的建议都需结合特定的环境来解读。需要注意的是，本书虽然可以概括画廊和其他代理商在商业艺术界的运行方式，但每个企业都有自己的经营方法。因此，不能假定本书中讨论的一般惯例能够应用于所有情况。此外还需要澄清的是，本书所言均为笔者个人观点，并不代表瑞银集团的同侪、客户及瑞银集团艺术藏品本身的观点。

最后，艺术界还在持续着前所未有的快速变化。考虑到这个领域的变化速度，当此书付诸出版之时，有些内容就已成往事，但基本原则仍然成立。对于收藏家来说，随时了解事态发展和实时情况总不失为一件好事。此外，作为个人艺术收藏而言，由于艺术藏品和每个人的情况都是独特的，请在做重要决策前先向专家咨询意见。

玛丽·罗泽尔

2020 年 3 月，纽约

目录

注：以2023年的汇率标准，1美元≈6.685元人民币；1欧元≈7.374元人民币；1英镑≈8.412元人民币，具体以当前汇率标准为准。

第一部分

建立收藏

第一章

购藏

无论是通过经纪人、拍卖行，还是直接通过艺术家或是以别的渠道，购藏艺术品都是建立艺术品收藏的核心。有些藏品是经过多年追寻才如愿以偿，有些则是一时兴起的冲动而致。无论是哪种情况，都可能是一场赌注。购买艺术品的过程是令人头痛的，也可能给人带来极大的满足。当然，通常情况下是两者兼具的。

能够知道可以通过谁、以什么价格购买哪件艺术品这件事本身是一种技艺，这需要经年累月的经营培养。尽管大多数艺术收藏家并不仅以投资为目的收藏，但大多数人至少想知道所购藏的作品的价格是否与其价值对等，以及他们的投资是否明智。他们想要购买能够随着时间增值的藏品 —— 或者至少不贬值。

今天，购买艺术品的机会不计其数。随着平台全球化和数字化，艺术商业如今已是国际性的瞬息万变的大事。如今不仅多家画廊已在世界各地开设分部（根据 2020 年的统计，高古轩画廊在全球已有 17 个分部，从纽约，比弗利山庄到雅典和罗马），而且极大比例的艺术品交易正在艺术博览会上发生 —— 这些为期 5—12 天的画廊临时展销会在世界各地越开越多。拍卖行也在扩展自己的触角，佳士得和苏富比最初都创立于伦敦，现在也在北京和迪拜举办拍卖会，同时还通过私下契约转让（private treaty sales）和可售卖展览的形式进一步拓宽他们的业务。网络在线观看及购买艺术品的可能性也在持续发展。

市场、资源、方法

收藏什么？

艺术品收藏是一种极个人的行为，是收藏家的自我映射。因此，不必为每个人以不同的方式构建收藏而感到惊讶。有些人带着特定的主题或兴趣开始收藏：某个特定的艺术运动、历史时期、媒介，或是能带来一连串发现和脉络的多种因素组合。而有些人则追寻编年的顺序，或是保存特定时期或文化产物的藏品。

出于自身对墨西哥文化的热情与兴趣，画家迭戈·里维拉（Diego Rivera，1886—1957 年）收集的 6 万件前西班牙时期的藏品目前在位于墨西哥城由艺术家亲自设计的阿纳瓦克之家博物馆（Anahuacalli Museum）展出。音乐制作人及歌手卡西姆·迪恩"斯威兹·比兹"（Kasseem Dean "Swizz Beatz"）和他的妻子艾丽西亚·凯斯（Alicia Keys）建立了迪恩收藏（Dean Collection），收藏主要由诸如凯辛德·威利（Kehinde Wiley，1977 年生）和米卡琳·托马斯（Mickalene Thomas，1971 年生）这样的非裔美国艺术家的作品组成，以此保存、彰显和推广自身的文化。有一些人购买艺术品时不带任何预期重点，单纯因为在视觉上被吸引，或在某个特殊时刻被触动了购买欲望。就如同收藏家杰西·普莱斯（Jesse Price）在谈及她不拘一格的艺术品收藏时说的那样："我们只是假设这些藏品之间都没有任何关系而已。" [1]

美国收藏家罗纳德·S. 劳德（Ronald S. Lauder）在 14 岁的时候用他成年礼（bar mitzvah）时收到的钱购买了他的第一件艺术品收藏——一幅埃贡·席勒（Egon Schiele，1890—1918 年）的素描。[2] 这件收藏开启了他对德国和奥地利艺术持续一生的收藏热情，并最终为其藏品专门在纽约创立了一所博物馆。同时，劳德先生也任由自无论是通过经纪人、拍卖行，还是直接通过艺术家或是以别的渠道，购藏艺术品都是建立艺术品收藏的核心。有些藏品是经过多年追寻才如愿以偿，有些则是一时兴起的冲动而致。无论是哪种情况，都可能是一场赌注。购买艺术品的过程是令人头痛的，也可能给人带来极大的满足。当然，通常情况下是两者兼具的。

己收藏的兴趣分散蔓延，比如对中世纪艺术品及盔甲、20 世纪 20—
50 年代的法国与意大利设计，以及现代艺术大师如保罗·塞尚（Paul
Cézanne, 1839—1906 年）、巴勃罗·毕加索（Pablo Picasso）和康斯
坦丁·布朗库西（Constantin Brancusi, 1876—1957 年）的作品的兴趣，
都表明了他个人收藏路径的多样性。

　　收藏同样也受品位与利益影响。一对国际夫妇为了致敬他们在
荷兰的第二故乡而收藏了多幅荷兰绘画名家绘制的溜冰场景的古典
画作，但最后他们转而专注于收藏先锋的当代艺术品。

　　有些收藏家专门收藏热门的作品，而其他人则更会被新兴艺
术家们——尚未建立自己的事业，作品售价通常位于业内最低段
位的年轻艺术家——打动。20 世纪 90 年代，收藏家查尔斯·萨奇
（Charles Saatchi）著名的一着棋是收藏了一群刚从伦敦大学金匠学
院（Goldsmiths）毕业的年轻英国艺术家的作品，并几乎是凭一己之
力将这个前卫小组推成了真正的艺术明星，他们即后来的"英国青
年艺术家"（Young British Artists，简称 YBAs）。其他收藏则至少
有一些部分被预算和其他限制决定。众所周知的美国收藏家夫妇赫
伯特（Herbert）和多萝西·沃格尔（Dorothy Vogel）——丈夫是邮
局职员，妻子是纽约布鲁克林公共图书馆的图书管理员。靠着丈夫
赫伯特微薄的薪水，这对夫妇精准地购藏他们信赖的艺术家诸如索
尔·勒维特（Sol LeWitt）、罗伯特·巴里（Robert Barry）和理查德·塔
特尔（Richard Tuttle）的大量艺术作品，但所有藏品的尺寸都需足够
小到放进出租车就可以带回家。[3] 最终，他们的收藏被捐给了包括
华盛顿国家美术馆（Washington's National Gallery of Art）在内的 50
所美国艺术机构。[4] 新手收藏家经常从购藏不那么贵的版画和多版
限量艺术品（multiples）起步，直到甚至能用较低的预算拥有伦勃朗
（Rembrandt）或路易斯·布尔乔亚（Louise Bourgeois, 1911—2010 年）
的作品。德国表现主义艺术家们在 20 世纪初重拾 15 世纪和 16 世纪
阿尔布雷希特·丢勒（Albrecht Dürer, 1471—1528 年）时期制作版

画的传统让人们意识到，版画这种媒材能够让中产阶级收藏家以负担得起的价格购买当时的创新艺术品。

然而许多人已意识到，最近的艺术市场与经济变革正将沃格尔夫妇这样的中产阶级挤出市场。随着逐渐扩大的财富差距和对艺术日趋常见的投机主义，对新兴艺术和限量版画的竞争已显著增多。在 2019 年纽约佳士得举办的埃德·鲁沙（Ed Ruscha，1937 年生）纸上作品拍卖会上，曾经还买得起的版画作品被拍出了高于估价 4 倍的价格，使那些中等收入、梦想拥有这位艺术家某件作品的收藏家瞬间失去希望。[5] 话虽如此，仍有许多艺术品是能够负担得起的，甚至还有专门为此设立的艺术展会。[6]

深度地收藏某一位艺术家的作品，并通常从不同角度深挖其创作生涯，有时被称作垂直型收藏（有些人称其为欧洲式方法）。有段时间，非常有趣的收藏家让·皮高齐（Jean Pigozzi）喜欢在每位他收藏作品的新兴艺术家那儿挑选 10 件不同的艺术品纳入他的"10×10"收藏中，从而建立一个"仓位"。他持续购入每位艺术家的多种作品，将收藏专注在年轻艺术家身上，此举不仅能支持年轻艺术家，同时还能以便宜的价格买入作品并希望将其投资潜力最大化。[7]

水平型或"蝴蝶型"收藏形容从众多不同的艺术家那里购买个别的作品。交叉型收藏则指跨越了时代，从古代藏品到当代作品均收入囊中的做法，与仅聚焦于特定艺术种类或运动的专精型收藏恰恰相反。

尽管能亲眼见到艺术品的体验是无与伦比的，但互联网仍给予了人们了解艺术品的绝妙机会。Instagram（社交媒体"照片墙"）以其视觉聚焦的特性，成为人们了解所热爱的艺术品的极佳平台，甚至经验丰富的收藏家也爱上了用这种渠道发现艺术作品。许多艺术家开始直接在 Instagram 上推销自己的作品。

无论出于怎样的兴趣和在何处发现艺术，收藏家们都能够且应该尽可能经常地多看不同时期、不同媒材的艺术品，以此来磨炼自己的眼光。一个人必须在看过很多糟糕作品后才能欣赏好的艺术，并学会如何慧眼识珠。最好的收藏家自己就可以是鉴赏行家，可以具备与他合作的艺术品经纪人、策展人或其他专家一样的专业知识和技巧，甚至比他们掌握得更多。

从艺术经纪人那里购买艺术品

按惯例，收藏家们会从专营艺术品销售，并通常专门售卖特定几位艺术家或几种类型艺术品的艺术经纪人或画廊老板[8]那里购买艺术品。经纪人通常有一个用于存放艺术品和向公众展示展览的空间。直到最近，大部分艺术交易都发生在当地的实体画廊中，因此，对于收藏家来说，是有可能熟知一个地理区域内所有画廊的。个人可以参观一家画廊，看看艺术品，与经纪人交谈，并偶尔买上一件作品。如今，在诸如伦敦、纽约和柏林这样的艺术市场，有上百家画廊随着市场的兴衰频繁地起起落落。

在这样的背景下，一名新手收藏家如何找到一名信誉良好的经纪人呢？作为起步，他可以向专业机构咨询符合需求的人员名单，在美国就有例如美国艺术经纪人协会（Art Dealers Association of America，简称 ADAA）或新艺术经纪人联盟（New Art Dealers Alliance，简称NADA）之类的机构。但并非每个国家都有这样的机构。如巴塞尔艺术展（Art Basel）、纽约军械库艺术展览会（The Armory Show）和弗里兹（Frieze）艺术博览会这样著名的艺术博览会，其参展方都经过了严格审查，因此参展画廊名册也是一个寻找能够提供有趣作品的画廊的好选择。大多数开设大量画廊的城市也会每月或者每年举办画廊开放日活动，届时众多画廊会同时开幕，如柏林春末的画廊周（Gallery Weekend）或迈阿密温伍德艺术区的第二周六画廊之夜（Second Saturday Gallery Nights）。在这类活动的带动之后，就是与经纪人或艺术家打交道，并随着时间推移建立关系的过程了。

价格

缺乏透明度这个问题在艺术市场由来已久。众所周知，画廊和经纪人经常是不会主动告知价格的。有些画廊会在前台提供价格清单，有些则不会。新手收藏家会在没有明列出价格时被吓到，这也是很多人在线上市场交易会感到更愉快放松的原因之一。

无论身在画廊还是艺博会，收藏家都不应为询问某件藏品的价格而犹豫。在纽约，法律规定画廊明码标价，然而实际上许多画廊都无视这一规定。 ⁹ 有时画廊的工作人员会将收到的询问转给销售专员。

然而，不能总是对口头报价信以为真。实际上，同一件艺术品向不同收藏家开出的价格不同并不少见，尤其是在竞争激烈的场合（见"购买时查明作品价值"，第77—79页）。

建立关系

虽然经纪人的工作就是与收藏家建立关系并寻找新的收藏家，但收藏家也应尽力与经纪人建立好关系。关系的建立常始于收藏家询问关于艺术的问题，展现真挚的好奇心、所掌握的知识和一定程度上的认真态度。无论是立即用现金支付还是从不错过任何分期付款的截止时间——按时付款是成为重要客户的另一种方式。当两者建立并发展了一段牢固的关系后，经纪人可能会让收藏家抢先看到某位艺术家新作或二级市场的一手资料，并为其保留某件作品，或将收藏家的名字放在某个抢手艺术家未完成即已待售的等待购买者名单中。有些收藏家会邀请经纪人到家中，向他们展示自己收藏中的其他作品，这也是一种加深关系的方式。

然而，一旦与经纪人建立了意义深远的关系，收藏家们应该尽可能避免掉进舒适区，耽于仅从信任的少数经纪人那里购买艺术品。

如果某组艺术藏品仅来自几家耳熟能详的画廊代理的艺术家,将很难激发人们的灵感,同时也意味着这组收藏更像是出自经纪人之手,而不能体现收藏家个人的心路历程。尽管经纪人应该给予收藏家引导、培养和供给,收藏家也应保持开放的思想,持续探索新画廊并扩展其他可能的视野。

一级市场

当经纪人售卖一件首次出现在市场上的作品时,这件作品通常是由艺术家直接委托给经纪人的,这一过程是通过一级市场操作的。这种情况下,艺术家和经纪人通常会将买家支付的零售价平分,但在作品价格上涨时,分成比率会更有利于艺术家。

接触的机会

所有这一切都以画廊愿意将艺术品卖给买家为先决条件。经纪人的工作即建立一位艺术家作品的声誉和市场。顶级经纪人不仅奋力售卖作品,而且将作品交托给受尊敬的收藏家和机构。将作品卖给错误的一方,会导致经纪人失去对艺术家市场的掌控。因此经纪人不太会将作品随便卖给一位恰好怀揣现金的买家,并避免卖给疑似投机者——那种仅会为了在拍卖会上抛售挣钱而购买艺术品的人。一旦艺术品买家被某家画廊得知做出这类举动,即使不被整个画廊群体驱逐,他也会立马被拉进这间画廊的黑名单。尽管艺术界是国际性的,但实际上也是相当小的圈子,收藏家特殊的兴趣和习惯等信息很快就会传遍业界。

在如今竞争激烈的一级市场,即使受人尊敬的收藏家也会有难以接近他们心仪作品的时候。炙手可热的艺术家们,例如生于尼日利亚的尼德卡·阿库尔尼伊利·克罗斯比(Njideka Akunyili Crosby,1983 年生),她所有的作品可能在画廊展览开幕之前就被博物馆全都预订了。另一个案例是艾米·谢拉德(Amy Sherald,1973 年生),

其在 2018 年创作的米歇尔·奥巴马官方肖像备受瞩目并让她成为明星。之后,她在豪瑟 & 沃斯(Hauser & Wirth)纽约分部的第一个新作画廊展中所有画作都不开放给收藏家,而需先等各大博物馆有时间决定是否收藏并筹集数目可观的资金(售价在 37.5 万—75 万美元之间)之后再开放售卖。收藏家们在展览或者艺术博览会之前刚一收到预览清单,就立即表示对某件作品的兴趣,却发现其实已经买不到了,这种情况也并不少见。有些好的艺术家,即使其作品在市场上不那么炙手可热,声誉显赫的收藏家也会被排在其他拥有该艺术家更多藏品的收藏家之后。

有野心的收藏家采用不同的策略来获得他们想要的作品。画廊常期望收藏家也愿意购买画廊名单里其他艺术家的作品,这种对画廊的支持,会为该收藏家之后遇到最梦寐以求的作品或更知名艺术家的作品出售时赢得优先权。某位顶级收藏家会常规性地购买画廊里那些他其实并不感兴趣的新兴艺术家的作品,这样就更有机会买到他真正看中的艺术家的一流艺术品了。有些画廊会毫不掩饰地向买家推销与其原本想要的艺术品毫不相似甚至毫不相关的作品。

另一个在竞争激烈的市场中获得购买顶级作品机会的方式是承诺在未来将作品捐赠给如纽约现代艺术博物馆(Museum of Modern Art)这类令人向往的机构。这种方式也会给收藏家带来极大的折扣,其力度与博物馆出面购藏时相媲美。收藏家们应该谨慎地做出这种承诺,因为无论出于多好的意愿,赠予并不总是能毫无困难地被各机构接受(见"赠予时需考虑的问题",第 321—322 页),而拒绝谈判可能导致关系破裂,甚至导致债务关系。

优先购买权

有时在涉及最炙手可热的艺术家的时候,顶级画廊会要求收藏家购买藏品时签署优先购买权协议,这意味着如果该收藏家在未来某个时刻要出售这件作品时,他们在委托或出售给第三方之前必须有野心的收藏家采用不同的策略来获得他们想要的作品。画廊常期望收藏家也愿意购买画廊名单里其他艺术家的作品，这种对画廊的支持，会为该收藏家之后遇到最梦寐以求的作品或更知名艺术家的作品出售时赢得优先权。

先以同样的价格询问原来的画廊是否愿意购买。优先购买权是一种艺术品经纪人为保护受欢迎的艺术家的作品而控制市场的一种方式，或者单纯是与还不完全信任的新买家打交道时采取的保险措施。这一先发制人的权利也是为了防止艺术品买家在某个指定期限内将作品卖出去。但如果买家签署了这份协议 —— 尽管很少有法庭案件判决可以证明 [10]（大多数此类索赔都在庭外解决了）—— 这几乎是可强制执行的条款。无论如何，任何想要持续从经纪人那儿购买艺术品，并希望避免法律上的麻烦和诸如被拉黑的情况的收藏家，都应认真对待这样的协议。收藏家还应意识到优先购买权通常是不可协商或讨论的条件；它也许会隐藏在购买发票的条款中，或干脆是一条不成文的规矩。

"黑名单"

艺术品买家很清楚快速出售作品以获利会被一些画廊拉进黑名单。尽管在谨慎的艺术世界不会被公开讨论，但艺术家关于在画廊如何出售和托付作品方面可能也有发言权，因此能规定谁不能购买他们的作品。在一个可以说很轰动的案例中，著名的南非艺术家马琳·杜马斯（Marlene Dumas，1953 年生）据说在发现迈阿密收藏家克雷格·罗宾斯（Craig Robins）售出了她的一件早期作品后将该收藏家拉入了黑名单。当罗宾斯试图买一件她的近作时，经纪人拒绝了他，称其是出自艺术家的意愿。[11]

二级市场

艺术品经纪人也会介入二级市场，出售曾被卖出过的作品。有些经纪人专攻二级市场，其他人则将其当作是为了支持他们一级市场主营范围内的展览、出版而推进的后勤业务（在一级市场代理新艺术家并盈利需要多年的时间）。私人经纪人没有实体陈列室或展览空间，而通常在像是家中或办公室这样的非公共空间达成交易。

二级市场的经纪人会囤积作品，并试图控制他们所代理的艺术家的市场。好的二级市场经纪人不仅对其出售的艺术家作品有很深的了解，同时还了解这些艺术家的其他作品都被藏于哪些公共或私人收藏中。相对一级市场而言，在二级市场中购买作品还会涉及其他诸如作品来源及真实性的问题，因此在购买艺术品时需要更详尽的尽职调查（见"尽职调查"，第64—79页）。

藏品预享

资深收藏家有时能够从经纪人那里借一件他们考虑购买的作品，在短期内拥有预享（或"投机"）藏品的机会，以便于能够做最后的决定。这种情况下，经纪人有时会组织藏品运输，甚至会到潜在买家家中安装作品，给收藏家能够实地认真考虑这件作品的机会。这曾是英国传奇艺术经纪人约瑟夫·杜维恩（Joseph Duveen）的成功战略，哪怕客户从未提出要求，他也会将藏品送上门。[12] 杜维恩知道，作品一旦上墙之后就很难再被取下了，因此随后送达的购买发票最终都会被支付掉。有时这样的安排明列于委托合约的条款中，但往往也不过打一个电话就能敲定了，这样的方式在艺术界仍然很常见。不管是哪种情况，误会可能也确实会出现。因此，收藏家应该明了所有细节。比如说，收藏家在预享期内还未拥有这件作品，所以要确保经纪人的艺术保险可为这段时间承保。

折扣

在经纪人和某位收藏家已建立长期关系（或试图建立长期关系），或市场购买需求低迷时，他们可能会在零售价的基础上向买家提供折扣，通常是10%，但有时也会高至15%。但在某些情况下，或得益于他们的特殊关系，艺术家和经纪人可能会统一向某些人提供更高的折扣，其中也包括艺术家的朋友。大多数这样的折扣是面对美术馆或知名收藏家的，这类收藏方的入藏会提高所收藏的艺术家作艺术品买家很清楚快速出售作品以获利会被一些画廊拉进黑名单。尽管在谨慎的艺术世界不会被公开讨论，但艺术家关于在画廊如何出售和托付作品方面可能也有发言权，因此能规定谁不能购买他们的作品。

品的一般价值，因此折扣一般会高至 20%。不过折扣与市场气候及经纪人个人从事方式紧密相关。较便宜的作品可能在定价时就已内置折扣。在艺术展会的末尾，折扣还有可能开放给普通买家。大多数情况下，询问作品价格是否可能有变化的空间都是得体的，但对于需求量很大的艺术家的作品，就不那么建议询问折扣了。

购买发票

画廊销售的所有条款都包括在购买发票或销售单中，这即此类交易的具法律效力的文件。收藏家应该仔细阅读购买发票，并总是在自己的藏品管理系统中存一份复印件（见第二章，"藏品管理系统"，第 83—94 页）。在价格、相关税额之外，销售发票中应该包括作品的细节描述，如特定材质、签名、尺寸和版本号。文件还应说明交易的其他细节，如付款说明、明确哪一方负责装箱、运输和保险。

发票中一般规定作品的所有权直到买家支付全款后才会转移。然而在美国，《统一商法典》（*Uniform Commercial Code*，简称 UCC）规定无论何时，哪怕未付款，货品所有权在其实体交付时就已经转移了。[13] 因此除非另有协议，买家需要负责艺术品相关的所有费用。

艺术博览会

当现称为科隆艺术展览会的科隆艺术市场（Kunstmarkt Köln）于 1967 年在富裕的莱茵兰省创立时，鲁道夫·卓纳（Rudolf Zwirner）与其他 17 位西德艺术品经纪人作为创始人视其为一种重新激活扁平市场的方式，当时这种让竞争者们进行商业合作的想法极为创新。现在全球范围内已有近 300 个艺术博览会——平均一周有 5 个以上开幕——并且估计画廊每年有 30%—80% 的业务都是在展会上促成的。[14]

艺术展会的增长和这一现象给艺术市场造成的影响是极有争议的话题，挣扎着跟上新增展会节奏的经纪人、艺术家和收藏家已渐露疲态。对于收藏家来说，在艺术博览会上购买艺术品带来的是一站式购物的便利，能有机会在同一地点看到和比较来自不同地理区域的画廊提供的作品。根据不同的兴趣和目的，有些收藏家会专注于同期举办的规模更小、参展作品相对不那么知名也不那么贵的卫星展会（类似卫星城市的概念），以期可以发掘和购买当时价格较低的新兴艺术家作品，并在几年之后能够证明这一投资相当明智。PULSE、SCOPE 和新艺术经纪人联盟是依托于迈阿密海滩巴塞尔艺术展（Art Basel Miami Beach）众多卫星展会中的几家，均在主展会周边设立了展销点位。

艺术博览会包含上百家画廊参与以及无数辅助活动，考虑到这种数量上的压倒性，在展会开始前尽可能地做足功课总是好的。收藏家应了解有哪些画廊参加，查看预览信息，决定他们对哪些项目和艺术家比较感兴趣，并制定策略决定到场时应该将注意力集中于何处。话虽如此，艺术展会的乐趣之一就是沿途可能会有新的偶然发现。

无论是哪种情况，潜在买家都应该注意不要一时冲动做出草率决定。由于艺术展会能够在达成交易上提供一个短暂的窗口，且其竞争环境与拍卖行也并非完全不同，因此建议后退一步，在做出购买承诺之前做一些调查。如果有资料的话，诸如：艺术家在公开拍卖会上的拍卖纪录是多少？这件作品在艺术家整个创作生涯中是什么位置？一张吸引人的照片可能不足以准确体现整件作品，并且吸引人眼球的作品在最后也不总是最有趣的那一件。多数收藏家都会在某一时刻做出他们稍后就会懊悔的某个决定。

在强健市场中寻求便宜货的那类收藏家通常不会出现在艺术博览会上，因为这里代表着艺术品零售交易的最高点。一位参加在马斯特里赫特举办的欧洲艺术博览会（The European Fine Art Fair，简称 TEFAF）的收藏家曾兴奋地预留了一件 19 世纪的油画，但她接下来的调查揭示了一个让她清醒过来的事实：这件作品是几年前在拍卖行因未达到其最低估值流拍的（见接下来的"在拍卖会上购买艺术品"），当时流拍的价格仅是艺博会上开价的一小部分。

尽管如此，大多数艺术展会给收藏家带来额外的值得研究的教育机会。在提供艺术品以外，主要的艺术展会呈现数天内容丰富的项目，以此平衡展会的商业性质。这通常包括邀请艺术家和艺术界专业人士围绕市场趋势、投资和艺术实践等主题组织的讲座或研讨会。VIP 项目提供私人收藏导览、某个城市文化景点的游览及各类招待会的出席邀请。最重要的是，在开幕式期间龙卷风般的疯狂社交后，如纽约的军械库艺术展览会或者欧洲艺术博览会这样质量上乘的艺术展在最后几天能够给收藏家提供机会，让他们与经纪人进行具有实际意义的对话，了解关于艺术的大量知识。事实上，很多收藏家出席展会主要是为了调查和联络关系，而不是寻求交易。

在拍卖会上购买艺术品

在某些国家，拍卖行是二级市场的主要竞技场，例如在中国，拍卖行是购藏艺术品的主要渠道。绝大部分在拍卖会售出的艺术品曾经被其他人拥有过，[15] 拍卖行业的人们会说他们卖出的藏品都归功于"3D"：死亡、离婚和债务（三者的英语单词都以"D"开头）——尽管在市场强势的情况下寻求获利机会也成为艺术品被推上拍卖台的另一个原因。

不同于通过画廊购买艺术品的途径，任何一个有信用卡的人都可以在拍卖会上购买艺术品，通常无须建立任何特殊的关系。其实除了财力，拍卖会可以说是几乎没有进入门槛的更开放的市场。估价（拍卖行根据其专家认为作品可达的价格定制的价位范围 —— 有时会故意较低，以引导急剧攀升的竞价）、落槌价（拍卖槌落成时未加上佣金及附加税的价格）、拍卖价格（落槌价加上拍卖行佣金）等信息都是公开的。

所有具备付款能力的有意者均可登记拿到一个代表自身作为竞拍人的带有数字的号码板，并在拍卖期间亲自竞拍。有些收藏家享受拍卖间里的刺激气氛和竞争环境，并为竞拍的体验着迷，而其他收藏家则更偏好保持匿名并指派艺术顾问或信任的经纪人代他们竞价。

收藏家们可能也会在拍卖前提交注明特定价格限制的委托竞拍，或者设置电话竞拍，即拍卖行销售代表在指定拍品开拍前一刻致电收藏家。对于收藏家来说，电话竞拍的优点是能够听到拍卖间里的一些实时动态，即使不在场也感觉和拍卖行动联系更紧密。有些电话竞拍者则本身就是拍卖间里的观众，他们通过他们的手机竞拍，而不是举起他们的号码板。

过去十几年间，无论是通过拍卖行，还是诸如LiveAuctioneers（现场拍卖师）和 Invaluable（无价）这样专营网络拍卖的第三方市场平台，网络竞拍作为参与拍卖销售的方式已得到承认。网络竞拍现在甚至比电话竞拍要更普遍，在古董、设计市场和艺术品低端市场尤甚。买家们能够从世界各处在网上参与实时直播的拍卖。人们在家中、工作地点或无论何处都能舒适地参与线上拍卖，这给收藏家们提供了便利并可以让他们保持匿名。但与此同时，他们也无法体验到拍卖间里的能量并失去了感知出价绝佳时机的确切感觉。

所有在拍卖会上出售的艺术品都有最低及最高估价。大多数在会上售出的作品还有一个秘密的底价 —— 拍卖行与卖家共同对拍品决定的最低可售价，这一底价可能等于或低于最低估价。例如，即使某件作品公开估价为 1.2 万—1.5 万英镑，而如果底价是 8000 英镑，则作品必须在竞拍开始后其竞价达到这一数字才能被售出。若某件收藏家们可能也会在拍卖前提交注明特定价格限制的委托竞拍，或者设置电话竞拍，即拍卖行销售代表在指定拍品开拍前一刻致电收藏家。对于收藏家来说，电话竞拍的优点是能够听到拍卖间里的一些实时动态，即使不在场也感觉和拍卖行动联系更紧密。

作品的竞拍价未达到底价就会被流拍（也被称作"BI"），然后这件藏品的拍卖就被认作是结束了。收藏家应注意到，流拍的作品通常由拍卖行在会后私下售出。对这类拍品感兴趣的人可以带着购买意向联系拍卖行，这样他们通常能以很优惠的价格获得作品。小型拍卖行有时会在接下来的几天内在网上以固定价格出售那些价值稍低的未售出作品，通常售价仅略低于最低估值，但有时也会以估价的一半这么低的价格出售。

　　无论哪种情况，买家都要给拍卖行付一笔酬金（加上给相关介入的中间方的费用）。就像在一级市场和二级市场的销售中，经纪人都要参与抽成，拍卖会上的买家会基于作品落槌价向拍卖行支付一笔佣金。酬金率可高达落槌价的 25%。[16] 如果特别想促成某件作品拍卖，拍卖行可能会为卖家免去或另外商定代销手续费 —— 卖家将作品放到拍卖会时需支付的费用。拍卖行甚至会将买家支付的酬金分一部分给卖家，而买家支付的酬金则没有讨价还价的余地。如果像 LiveAuctioneers 或 Invaluable 这样的第三方平台参与了交易，那么一笔至少是落槌价 1% 的附加费也会增添到酬金中。所有费用和其他重要条款会标明在销售说明中，买家们在竞拍前应该仔细阅读销售条款。销售条款会被包含在拍卖会的图录中，在网上也能够找到。

　　一般来说，对于某些不存在一级市场的藏品来说，拍卖会购买是很好的获得渠道。在欧洲艺术博览会这类艺博会上，人们会很惊讶地看到画廊对于近期在拍卖会上售出的艺术品的加价幅度。古典大师作品画商奥图·瑙曼（Otto Naumann）在展会上对一幅迭戈·委拉斯凯兹（Diego Velázquez，1599—1660 年）的油画开出的 1400 万美元报价看似"合理"，而事实上这件作品是他一年多前刚在伦敦邦瀚斯（Bonhams London）以 470 万美元买下的。在同一展会上，伦敦经销商丹尼尔·卡兹（Daniel Katz）正在以 700 万美元销售约公元前 664— 公元前 525 年的埃及伊西丝雕像，与仅 5 个月前在伦敦佳士得拍卖会上的成交价相比，此时售价已增加了 330 万美元。[17] 收藏家们明明可以在仅仅数月（有时甚至是数周）前以低得多的价格买下一件作品，为什么他们还要为如此飞涨的价格买单呢？也许是因为从艺术品经销商那儿购买能够获得对作品真实性的保证，甚或得到修复作品的服务，即便如此，其中的利润仍然相当可观。

在拍卖会上买艺术品有一个缺点，那就是要遵循拍卖的时间安排。与之相反，走进画廊或画商的展位则可立即买到藏品。不知是否能够成功拥有某件作品的那种不确定性也是个问题，尤其是如果收藏家觉得这件作品是"必须收入囊中的"。更有拍卖的热烈气氛可能诱发过度竞价的问题，事后则会导致收藏家的懊悔。在被炒作的牛市上尤为如此，拍品一波接着一波地都超过了最高的估价。人们太容易受拍卖的环境煽动，尤其是当某件作品对于房间里、电话线上的某位或者某些竞拍人来说极有吸引力，且拍卖师还开玩笑地向观众施压时。在艺术界，收藏家们在拍卖会上以过高的价格拍下作品仅仅是为了击败竞争对手这样的故事比比皆是。精明的收藏家应该在拍卖开始前决定其个人竞价的上限，并坚守自己的原则。所定的上限应该将酬金作为成交价的一部分来考虑。其他诸如税金和运费这样的费用同样也应该被考虑在内。

通常拍卖会不会明示拍品的来源，除非这样的信息能为拍品增值并促进销售，否则一般会被表述为来自美国/欧洲/某重要收藏。出于委托人保密的需求，很难再进一步收集细节信息，然而随着反洗钱计划的进展，这一情况可能在某天会得到改变。

收藏家本应该对"吊灯竞标"（也被称作是"连续竞标"或在英国被叫作"荒唐"竞标）这种做法有意识，即拍卖师假装对着房间的某处喊出了出价，而实际上却并没有人喊价；拍卖师戏剧性的动作并非指向某个真实存在的竞拍人，而是向着天花板上的吊灯或其他方向。大部分行政辖区中，拍卖师能够合法地制造类似的编造喊价，直到竞拍价格超过底价。在房间一侧的某位收藏家会有一种奇怪的感觉，仿佛拍卖师是在和自己叫价一样。

通常拍卖会不会明示拍品的来源，除非这样的信息能为拍品增值并促进销售，否则一般会被表述为来自美国/欧洲/某重要收藏。出于委托人保密的需求，很难再进一步收集细节信息，然而随着反洗钱计划的进展，这一情况可能在某天会得到改变。

经验丰富的收藏家会不厌其烦地学习市场上有的艺术品，搜寻拍卖图录。除了苏富比、佳士得之外，还有例如富艺斯（Phillips，纽约和伦敦）、布考夫斯基（Bukowskis，斯德哥尔摩）、北京保利国际、中国嘉德、多禄泰（Dorotheum，维也纳）、格里斯巴赫（Grisebach，柏林）、豪斯维戴尔＆诺尔特（Hauswedell & Nolte，汉堡）、凯特勒艺术（Ketterer Kunst，慕尼黑）、邦瀚斯和伯德富（Bonhams and Butterfields，伦敦和旧金山）、海瑞德（Heritage，达拉斯）、塔桑（Tajan，巴黎）、艾德（Artcurial，巴黎）和沃丁顿（Waddington's，多伦多），这些知名拍卖行在其他地方设有分支机构。更小的、区域性的拍卖行价格也通常较低，也不应被忽视。随着大多数图录都能在网上找到，对于收藏家来说遍览更广阔的市场也变得更加容易，尽管这也造成了竞争变得更加激烈。一个位于密歇根州名叫格罗斯波因特法姆斯（Grosse Pointe Farms）的城市中的低调拍卖行斯特菲克（Stefek's），过去几乎仅为当地客户服务，现在得益于网上平台已发展了真正意义上的国际业务。

在网上购买艺术品

现在可以在网上购买到种类繁多的艺术品（其质量差异也很大）。虽然初期有许多波动，包括 2010 年建立的历史上首个网上艺术博览会 VIP Art Fair（VIP 艺术博览会）的消失，但在线购买艺术品的形式无疑会继续存在。如今，大约 9% 的全球艺术品销售额是在线上发生的。[18] 不仅诸如 eBay（易趣），亚马逊和 Etsy（易集）这类第三方零售市场开启了线上艺术销售，从还没有多种途径吸引观众的年轻艺术家和画廊，到最为知名的一些艺术商业玩家，无数的各类供应商也在网络上直接销售艺术品。像 Artnet（艺术网），Paddle8（桨8），Artsy（艺术）和 Invaluable 这样的艺术品供应商只有线上业务，而拍卖行和画廊则一直在推动线上交易以增加销量和寻找新买家。

随着电子商务正在逐渐占领零售领域，线上购物的体验舒适度也普遍增高，线上的艺术品销售量也随之增加。有传言说线上艺术品购买主要来自那些怯于进入封闭的画廊界的新手收藏家，但其实早期的线上艺术品买家更多是明确知道自己在找什么的经验丰富的收藏家。[19] 这类收藏家也是在近几年才开始适应线上购买的，同时每年在艺术品上花费超 10 万美元的人也更频繁地在线上销售平台上浏览并进行了更多交易。[20] 与此同时有一个很显著的变化，就是千禧一代的大部分艺术品是在网上购买的，29% 的千禧一代收藏家表示他们更喜欢在网上 —— 通常是用手机来购买艺术品。[21]

线上购买艺术品最大的优点是节省时间，仅需手指一点就能看到大量的艺术品，并能够快速比价。不是所有收藏家都能从他们的日程中腾出时间逛画廊或出席遥远城市里的艺博会。一位 Google（谷歌）高管为他在伦敦和曼哈顿的住处寻找艺术品时，在 1StDibs（一个将世界各地古董、设计、艺术经纪人经营的藏品汇集一体的门户网站）上，从棕榈滩画廊（Palm Beach gallery）那里买了一幅 1.5 米 ×2.1 米的斑马油画，他随后持续在线上购买艺术品和家具，仅仅因为他实在没有时间亲自遍寻艺术品。和 1StDibs 类似，Artnet 作为早期在网上具有多元化艺术品经营的公司之一，能让收藏家在线上搜索其会员画廊提供的可售作品。

具有新鲜概念的网络经销商持续不断地涌现，并将随着时间逐渐整合。Artspace（艺术空间）与选定的艺术家和其他为了募集资金的艺术机构合作出售艺术品的限量复制品，是一个成功的艺术品销售门户网站案例。在众多线上活动之外，Paddle8 与多家艺博会合作在展会开幕前于线上呈现重要的作品，让收藏家能于公众活动开始前在自己家中做调查并进行购买。亚马逊作为世界上最大的线上零售商，于 2013 年 8 月进入艺术市场并引起轰动，所推出的亚马逊艺术（Amazon Art）在运营的第一周给潜在买家提供了以 145 万美元的价格将克劳德·莫奈（Claude Monet）的《拿着杯子的孩子》（*L'Enfant à la tasse*，1868 年）放入购物车的机会。**22**

当大多数画廊的线上销售通常依赖 Artnet 这样的第三方平台时，只有世界上最大的几家画廊自行推出线上画廊。2019 年 3 月，高古轩在中国香港巴塞尔艺术博览会之前的线上画廊以约 600 万美元的售价出售了阿尔伯特·厄伦(Albert Oehlen, 1954 年生)的一幅油画《无题》(*Untitled*, 1988 年)，在几小时内创造了该艺术家的销售新纪录，尽管卖家在购买之前从未亲眼见过这件作品。几个月后，卓纳画廊在巴塞尔艺术展期间推出了"线上巴塞尔"（Basel Online），这一精美的虚拟平台展示了网上独家销售的艺术品。在这个数字化平台上呈现的艺术品与在实体展位上的水准相当，从本质上扩展了展会上昂贵的空间，并吸引了那些无法亲至巴塞尔但又不想错过这场让人兴奋的盛会的人。包括草间弥生、唐纳德·贾德（Donald Judd）、哈罗德·安卡特（Harold Ancart）和卡罗尔·波维（Carol Bove）在内的艺术家的约 500 万美元的艺术品迅速售出，其中超过一半的线上交易来自新客户，而最高价的销售都来自画廊没有设置实体空间的那些地区。**23** 所有这些都发生在新型冠状病毒出现之前，而疫情则迫使整个 2020 年中国香港巴塞尔艺术展（Art Basel Hong Kong）和随后艺术界的大多数活动都转战线上，以创纪录的时长对业务进行更新和改变。

不过艺术品与其他动产并不相同。大多数艺术品是独一无二的，其真实品质与状况只能通过亲自接触来充分理解和欣赏。信任也是高端市场的一个问题。对于作品状况、真实性和价格透明的担忧都在抑制线上市场的发展，因而绝大多数线上艺术品销售单价还是低于 5000 美元。尽管早前线上艺术品销售空间被接受了，但疑虑仍在，互联网仍然主要被当作观看艺术品、买家与卖家联络的门户平台而未成为主要的实际交易媒介。尽管可以看到大拍卖行有可靠的往绩记录，顶级画廊也仍然愿意将顶级作品放到线上，因此在此类高端市场上购买艺术品的舒适度越来越高。但除非买家对于出售的作品已有第一手的了解，大多数收藏家仍然更想能够亲眼看到艺术作品，以便于在承诺购买前能够检查整体品质。

即使收藏家没有在网上购买艺术品的兴趣，很多网站提供的文章、访谈和大量其他消息仍然值得挖掘。观察网络如何持续地为收藏家打开新的大门、为购买和学习扩展平台是很有趣的。

艺术顾问，其他中间人和相关冲突

有些收藏家选择与艺术顾问一同合作，建立自己的收藏。当亲自发掘艺术品的兴奋感是收藏的乐趣之一时，为什么人们还要和顾问合作呢？有两个原因，原因之一是能够学习。新手收藏家，或者可用时间不多的资深收藏家会感谢顾问能够提供的快捷途径。艺术顾问负责调查和跑腿 —— 看艺术品、与经纪人交谈、审查价值、往返艺术展会 —— 并根据收藏家特定的兴趣给予推荐。

另一个原因是，与顾问合作是一种入门方式。热切但未与重要画廊建立关系和可信度的收藏家求助于顾问的服务，能够为自身争取入门的途径。知名的顾问在向新手或时间不够用的收藏家提供知识之外，还能够确保与经纪人达成默许保证，让艺术品不至于轻易错失于他人。

一对来自纽约切尔西的夫妇和知名艺术顾问合作开始建立他们的收藏。那位顾问向这对收藏家介绍了许多以他俩自身之力绝对无法找到的艺术家，并向经纪人保证这对新手收藏家是可靠的。没有与顾问的这层关系，他们简直无法买到其收藏中的很多艺术品。数年过去后，这对夫妇对于市场的了解已加深，他们自己也成了著名的收藏家。尽管不再依赖顾问的帮助买到艺术品，但他们视那位顾问为宝贵的参谋和讨论伙伴并一直雇用她。一名好的顾问能提供的最重要的好处是给予中立的建议。

　　知名顾问的费用是需要预付且明码标价的。常见的做法是顾问向收藏家收取通常相当于其购买作品成交价的 10%~15% 作为费用。一般来说，标价越高，抽成的百分比越低，但也需要视不同情况而定。面对同一个标价，顾问与画廊的关系通常会带来折扣，而没有关系的收藏家则无法获得，所以收取适当费用也是公平的。理论上来说，艺术顾问将折扣带给客户，那么客户就可以为顾问支付报酬了，所花费的也不比以零售价原价购买艺术品更多。其他艺术顾问会向藏品众多的客户们收取固定费用（通常在购买艺术品之外还管理收藏）。固定费用包括为客户提供持续研究、教育和特别咨询的费用。仍然还有一些顾问是按小时或按日收取工资或费用的。有时候，费用包括了以上所有类型的综合。怎样的安排最为合适，需要视不同的情况和关系而定。

　　无论如何计费，顾问都只能从单一一方，最好是客户那一方收取费用。有些顾问未向客户透露从经纪人那里的收费，同时还基于零售价以百分比向客户收取费用，这种做法被称为"双重收费"，这并不常见且有违职业道德，还会在雇用这些顾问的客户那里造成不良印象。买家还应该对那些提供不带详细数据的发票的顾问保持警惕。急切的新手收藏家渴望与当下热门（或看起来如此）的顾问合作，容易无视不明确的发票，这样他们只会被坑。在这类关系，甚或是艺术界所有商业关系中，透明度都是极关键的问题。为了保护自己，收藏家应该在顾问合约中加上禁止他们从任何卖家那里收取费用的条款。

　　还应该将艺术顾问和私人艺术经纪人加以区分。位于美国的专业艺术顾问协会（Association of Professional Art Advisors，简称APAA），是艺术界众多旨在于不受监管的市场真空中建立标准的专业协会之一，该协会要求其入会会员坚守一些做法，例如自身没有艺术品库存。收藏家还应对一类顾问十分小心，他们不促成经纪交易，而是像经纪人一样出售自身所存的艺术品，因为一般这样的售价可能会很高。

如果买家因为作品真实性或产权问题而寻求撤销交易，麻烦也会随之而来。卖方可能因合同或法定义务必须退还已收到的所有款项，但买家将无法收回成交价中付给第三方的那部分。因此收藏家应该在每份购买协议中包含信息披露的需求。在销售发票中包含相应的要求披露信息的语句也是可以的。

如最好的经纪人一样，最好的顾问感兴趣的是建立长久的关系，并为构建有意义的收藏提供帮助，而不在于做一次性的交易来填满自己的钱包。就如同这缺少管控的行业中的众多经纪人一样，肆无忌惮的顾问也大有人在。事实上，由于没有任何必要的证书和认证机构，任何一个人都能自称为艺术顾问，并且很多人就是这么做的。这名顾问是否被媒体报道过？他的教育和从业背景是怎样的？大多数顾问名副其实地有艺术史的教育背景，身怀商业艺术界多年的从业经验，无论是在画廊、拍卖行还是二者皆有。如果没有值得信赖的收藏家推荐顾问，那么专业艺术顾问协会能提供很好的资源，因为申请加入该协会成为会员的人必须通过会员引荐并被审查。

并不是只有艺术顾问才能够促进艺术品的购买和出售。其他包括策展人、经纪人和单纯在艺术界有关系网络的人也经常扮演中间人的角色，有时也会在这些过程中赚取利润。画廊和拍卖行向代理交易的人支付酬金（被称作介绍性酬金或简称为"ICs"），这些大多不为收藏家所知，也与收藏家的最佳利益不符。

在一个案例中，某位艺术顾问经常向另一位顾问提供符合其客户需要的某个主题的合适的艺术品。这位"伯乐"型顾问会从达成的每一份交易中收取 5% 甚或更多的酬金，这笔费用将直接由画廊支付，并不会显示在收藏家的购买发票上。理论上说，各方利益都得到了满足。收藏家为其收藏获得了合适的作品；客户的顾问获得了额外的专业知识、扩大了行业接触面，并少了许多跑腿的工作；而"伯乐"型顾问也能够赚到钱。问题是这笔额外费用是由画廊、客户的顾问或是收藏家本人支付，结果就是总有一方要支付更高的价格。

如果买家因为作品真实性或产权问题而寻求撤销交易，麻烦也会随之而来。卖方可能因合同或法定义务必须退还已收到的所有款项，但买家将无法收回成交价中付给第三方的那部分。因此收藏家应该在每份购买协议中包含信息披露的需求。在销售发票中包含相应的要求披露信息的语句也是可以的。

对于艺术品出售也同理，掌握关系的人可能会知道谁需要出售一幅油画，并建议卖家将作品委托于某一家和他有关系的拍卖行。那么拍卖行就会向这个人支付发掘费或介绍性酬金。卖家并不知道这笔费用有可能会转嫁到自己头上，因为拍卖行很可能会调整合同将介绍性酬金包括进去。中间人还会将卖家的信息提供给拍卖行（或经纪人），这样一来就削弱了卖家的议价力度。在某些情况中，寄售协议中会写明第三方，但一般不这样做。因为拍卖行会倾向于将责任转嫁给第三方，让第三方和其自身所代表的当事人公开他与拍卖行之间可能会有的经济利益。因此符合卖家利益的做法是，在所有寄售协议中要求信息披露，并要求顾问或代表说明交易中是否涉及经济利益。

走访工作室

如果想要了解艺术家的创作方式，没有比走访艺术家工作室更好的方式了，它提供了解艺术家的工作环境与媒材的机会。在走访过程中可能会发生有益的对话和建立良好的联系，有时会延伸成终生的友谊。在一级市场上售出作品时，走访工作室能够成为极重要的一部分经验。对于某些收藏家来说，这是艺术品收藏最有趣也最有意义的一面。

在这样的访问中，收藏家有时会有机会直接向艺术家购买艺术品。如果艺术家是由某家画廊代理的，那么收藏家在与艺术家直接达成交易前需要三思。如果一位知名艺术家已经与某家画廊联合，通常不会跳过经纪人直接销售作品（但有可能通过经纪人安排折扣），收藏家也不应该绕过这样的系统。

这样的走访也有缺点。万一和大多数体验相反，收藏家发现并不喜欢艺术家本人怎么办？这样的体验会如何影响他们对于艺术家的客观看法？有位收藏家就曾表示过，在真正见到一些作品的创作者之后，他会失去对曾经喜爱的作品的兴趣。有些收藏家不想要这样的个人关系来"混淆"他们对艺术家作品的看法。

购买作品的压力也可能不利于这样的访问。当收藏家表示对某位艺术家的作品感兴趣后，画廊可能会热切地邀请收藏家参观艺术家的工作室。如果艺术家在其比较私密的工作空间（一般经纪人都在场）招待收藏家，最后收藏家会迫于现场压力而不得不购买。如果收藏家当时还没有做好购买的准备，自己还没有合适的地方展示作品，或者就是没有喜欢上作品本身，这种压力就会让人感到不适。有一位顶级收藏家说他因此已经不再进行访问了，因为他感到每次在收藏上犯了什么错误，都是因为走访了工作室。在已经买了作品后再接受访问邀请可以减轻这种购买压力，或者在造访时艺术家已经开始介入某个合作项目。另一个解决方式是参与团体工作室访问——经常是艺博会的项目，或者是附近区域的工作室开放活动，这样的话人们能够免去一对一的压力，同时还能有同样的深入了解。

委托创作一件艺术作品

另一种购买艺术作品的方式是直接向艺术家委托创作一件艺术作品。委托作品可能是收藏家拥有的最值得和感到最满足的作品，这经常是为了特定的空间和特别的目的来创作，并会取得出色的效果。这样的项目也是与艺术家从概念到实施长时间合作的极好方式。但这当然也会有风险。如果收藏家最后并不真的喜欢这件作品呢？如果现实情况阻碍了作品完成呢？因此必须谨慎处理安排这类项目。

如果艺术家由某位经纪人代理，那么经纪人通常会代理这一委托并收取常规费用。有时候当一名经纪人代理某位艺术家时，另一名经纪人也许也在代理这个艺术家的委托项目。也有可能直接向艺术家本人委托艺术品。如果收藏家与艺术家相熟，那么艺术家通常会接受委托，收藏家可直接询问艺术家如何推进委托。

无论哪种情况，都应该拟定委托合约，规定付款、运输和委托作品相关的其他多种权益的条款，包括版权。如果委托通过画廊洽谈，并有某个制造商或任何第三方介入，那么三方之间的协议应该分别由画廊来处理。比如说，2018 年瑞银集团委托威尔士出生的艺术家塞里斯·怀恩·埃文斯（Cerith Wyn Evans，1958 年生）为其在伦敦的总部办事处专门创作一件霓虹灯雕塑装置。霓虹灯制造商位于维也纳，由于该项目涉及 160 件手工制作的荧光灯，因此他们与艺术家紧密合作并参与到项目中。然而他们并不是委托合同中的某一方，因为该合同是在艺术家的画廊和瑞银集团之间签订的［附带一提，这位艺术家之所以被选中，是因为瑞银集团艺术藏品收藏了两幅以他为对象的肖像画，一幅是由卢西安·弗洛伊德（Lucian Freud）于 1989 年绘制的色粉画，另一幅则是加里·休姆（Gary Hume）于 1998 年创作的版画］。在考虑委托作品时，收藏家不仅应该考虑哪些艺术家的作品在特定空间中可能具有视觉吸引力，还应该考虑它们在情境中的意义。

通常，收藏家需付一笔不退还的定金来支付艺术家的时间及材料费用，其余的则在作品完成或安装时支付。根据作品规模不同，可能会在这之间有另一笔分期付款。委托方还应该通过协商尝试获得可以在不满意作品的情况下拒绝接受作品的权利。在项目完成前绝不应该支付全款。

需要的话，还应该考虑迁移艺术品的权利。有一个案例是，某位收藏家曾委托一位世界顶级艺术家专门为其租用的空间创作了一幅壁画，数年后这位收藏家不再租用该地。艺术家被告知，收藏家遵从艺术家的指示销毁了这件作品，并给艺术家提供了照片证据。而 18 年后，艺术家同意在新的空间中通过"重新想象"来改造这幅壁画，只收取制作成本和合理的艺术家费。

通常，收藏家需付一笔不退还的定金来支付艺术家的时间及材料费用，其余的则在作品完成或安装时支付。根据作品规模不同，可能会在这之间有另一笔分期付款。委托方还应该通过协商尝试获得可以在不满意作品的情况下拒绝接受作品的权利。在项目完成前绝不应该支付全款。

新技术数字艺术

值得一提的是，虚拟现实（VR）、增强现实（AR）、混合现实（MR）艺术，以及人工智能（AI）创作的艺术，这些形式日渐常见并标志了相对新且正在拓展的前沿。它们也给收藏家提供了新的探索可能。

虚拟现实技术通常通过使用头戴式显示器和高分辨率技术为观者创建沉浸式体验。很多艺术家，如乔丹·沃尔夫森（Jordan Wolfson）、乔恩·拉夫曼（Jon Rafman）和雷切尔·罗辛（Rachel Rossin）就是用前沿的技术来创作艺术品。对于刚开始接触这一媒介的艺术家来说，2019 年创立于伦敦的一家新兴公司 Acute Art（尖锐艺术），可以与国际上很多艺术家合作创作此类作品。

增强与混合现实技术融合了现实世界和虚拟世界。增强现实技术将数字生成的内容叠加在真实世界中。伦敦弗里兹艺术博览会2019 年在摄政公园安装了展会第一件增强现实作品，让参观者通过手机的应用软件在现场看到了韩国艺术家具贞娥（Koo Jeong-A，1967 年生）创作的巨大冰块。混合现实将 3D 数字内容投射到现实世界中，或反过来把现实世界投放到 3D 数字世界中并让使用者可以进行操控，实现数字化的内容和现实的互动。玛丽娜·阿布拉莫维奇（Marina Abramović，1946 年生）的混合现实技术作品《生命》（*The Life*，2019 年）被安排在 2020 年 10 月于伦敦佳士得进行拍卖，是此类作品中首件被拍卖的作品。

艺术家持续使用人工智能创作作品已超过 50 年了，设计算法可"学习"特定美学，然后基于所学来生成新作品。尽管人工智能作品仍然引起争议（由非人类创作的艺术品真的是艺术吗？），但市场却已转变。佳士得和苏富比如今都拍卖过人工智能作品，前者于2018 年纽约拍卖间内拍卖的此类作品达到其估价的 43 倍，这件《来自贝拉米家族的艾德蒙·德·贝拉米的肖像画》（*Portrait of Edmond de Belamy, from La Famille de Belamy*, 2018 年）由巴黎的艺术家团体 Obvious 创作，最终以 43.25 万美元售出。[24] 有些人将人工智能作品看作观念艺术发展的下一步。

有一些地方是能够学习此类技术发展的，例如：Artnome 博客和纽约机构新艺术学院（New Art Academy）；位于布鲁克林，致力于对进行实验性电脑创作实践的艺术家提供支持的非商业性质画廊 TRANSFER，苏黎世的画廊 Kate Vass Galerie（凯特·瓦斯画廊）；以及创立于 2019 年并不断扩大的全方位关注新媒体艺术的当代与数字博览会（Contemporary & Digital Art Fair，简称 CADAF)。对此类实验性创作感兴趣的收藏家也应该考虑更新换代的问题并注重交流对话（见第六章，"当代艺术"，第 225—228 页）。

与他人一起购买艺术品

有时与别人一起购买艺术品也是很吸引人的。最常见的情况是配偶或亲属作为一对家庭搭档一起购藏艺术品，在一同追求共同的兴趣中获得满足感。很多收藏搭档都表示共享对收藏的追求加深了彼此的关系。在一些案例中，配偶之间就收藏什么或者在一同的住处展示什么有否决的权利以表示相互尊重。但普遍认为，反复经过妥协、牺牲个人偏好来收藏艺术品终究不会形成强大的整体收藏。

人们偶尔也会因为投资的原因和他人一起购买艺术品［见第七章，"集体投资（私人投资计划）"，第 245—246 页］。人们联合共同出资购买个人无法担负的艺术品，而作品被售出后，每人都能分到一部分收益。

虽然不太常见，但也有熟人间一起购买艺术作品的情况，他们视其为一种兴趣、一种学习方式和一个在与他人对话的过程中拓宽个人视野的方法。有一群欧洲的朋友勇敢地创立了一个非正式收藏每当艺术作品被多人分享，就会引起一个显著问题，即谁拥有作品的产权，以及产权可以持续多长时间，谁负责管理和支付作品运输、保险及其他开销。只要作品涉及多人分享，那么用书面方式澄清产权，保证所有藏品管理系统和购买发票都准确反映所有信息是很重要的。万一遇到离婚或其他利益冲突的情况，购买发票通常会成为重要文书。

联盟，从他们的个人资金中抽出一部分购买当代艺术作品，并轮流选择要购藏的藏品。这个联合收藏中的作品会在小组成员之间轮流在各自家中展示。与读书俱乐部类似，成员们乐于接触他们自己可能不会选择的艺术品，享受在当代艺术世界中的发掘探险，还不必背负个人投资的重担。

也有个体收藏家为了以未来捐献作品为目的而一同购买艺术品。在其中一个案例里，当一件很重要的抽象表现主义作品出现在市场上时，一个十分高调的纽约收藏家三人组一同买下了这件作品，并愿意最终捐给他们都担任董事的一家当地美术馆。在过渡期间，他们能够共同拥有这件作品并分享作品带给他们的快乐。

每当艺术作品被多人分享，就会引起一个显著问题，即谁拥有作品的产权，以及产权可以持续多长时间，谁负责管理和支付作品运输、保险及其他开销。只要作品涉及多人分享，那么用书面方式澄清产权，保证所有藏品管理系统和购买发票都准确反映所有信息是很重要的。万一遇到离婚或其他利益冲突的情况，购买发票通常会成为重要文书。

经过数年的联合收藏，前文提到的欧洲收藏小组的众成员认为他们的努力已经实现了，是时候售出藏品了，一系列问题也随之而来。如果有些成员想要保留某些作品呢？如果不止一位成员都想要同一件作品呢？谁有优先选择权？他们是否能够自由且方便地售出作品以结束联合收藏，还是说市场会不会并不如人所愿呢？和他人一起拥有艺术品可能会有风险，这些风险都应该明确讨论并以书面方式阐明。

限制和额外花费

限制

收藏家应该意识到，转移艺术品有可能遭到限制，尤其是涉及国际运输时，在购买前应仔细调查任何可能的障碍。很多国家都有保护文化遗产和禁止出口的法律。一位法国收藏家很想购买一件稀有的文艺复兴时期的银质啤酒杯送给他的哥哥作为 50 岁的生日礼物。而位于斯德哥尔摩一家拍卖行的销售专员则在拍卖图录中指出了一条注释：瑞典政府将这类啤酒杯视作国家宝藏，因此是禁止出口的。也就是说，即使这位法国收藏家赢得拍卖后即可自由购买这件藏品，但物件本身必须留在瑞典，送礼的初衷仍无法实现。

在英国，有些超过 50 年的文化物件也被视为对国家文化极为重要并有可能暂时被禁止出口，这样能够给英国买家足够的时间募集资金并将藏品保留在国内。伦敦国家美术馆（National Gallery）2004 年从洛杉矶盖蒂博物馆（Getty Museum）购买的拉斐尔（1483—1520 年）的《手持康乃馨的圣母》（*The Madonna of the Pinks*，约 1506—1507 年）就曾给其当时的拥有者诺森伯兰公爵（Duke of Northumberland）报价 3500 万英镑，并暂时禁止这件作品出口。这类出口禁令在购买后可能持续数月，有时会让已经投入大量资金的收藏家陷入困窘的境地。

在出口限制之外，艺术作品本身的材料也会导致一些问题。如果物件由诸如象牙、鲸骨、玳瑁、犀牛角等濒危物种材料制成，在进出口时则会被要求提供证书。即使买家成功地获取了出口许可证或证书，也不代表就能在另一边拿到进口许可证，反之亦然。

有些作品可能根本就不能被出口或售卖。美国对于原住民艺术品和文物的交易有一系列联邦禁令，比如阿那萨吉陶罐（Anasazi pots），使得其收藏领域变得困难且富有争议。美国白头鹰及金雕保护法和 1918 年颁布的候鸟条约法，使得占有、出售、购买、易货贸易、运输、进口和出口某些鸟类（无论是活体还是遗骸）均构成犯罪，羽毛或者巢这种局部也不例外。因此，美国经纪人伊莲娜·索纳本德（Ileana Sonnabend）的继承人继承了罗伯特·劳森伯格（Robert Rauschenberg）的名作《峡谷》（*Canyon*，1959年），这件雕塑中因为包含了一只白头鹰标本而无法出售 —— 即使美国国税局在2012年遗产估价时对其估值达6500万美元[25]（《峡谷》最终于2012年被捐给了纽约现代艺术博物馆，作为与国税局遗产结算的部分和解结果）。

税金

> 进口和运输所购买的艺术品需要支付的税金和费用也可能是笔不小的开销，从一个辖区至另一个辖区之间金额可能相差很大并经常变化。因此，即便收藏家已多次购买过同类型艺术品，仍然必须在购买前留意和确认需要缴纳什么样的税金。

销售税及使用税

购买艺术品总是需要考虑的一点是销售税，其税率在不同辖区各不相同。美国在拍卖行酬金、中介费或经纪人抽成之外，收藏家还必须为每件购买的艺术品支付当地的销售税（在美国，如果收藏家严格地根据投资目的来购买艺术品，并满足国税局极难达到的标准后被归类为"投资人"，则在购买艺术品时无须支付销售税）。

例如在纽约，销售税率在2013年被设定为8.875%。中国和欧洲也在购买价格基础上增收消费税，即增值税（VAT）。增值税一般税率至少是15%，不过有些国家对于艺术作品有减税政策。美国收藏家在欧洲的展会或画廊购买艺术品可以不用支付增值税，但需要在收藏家的居住州缴纳销售或使用税，并且有义务自行在所得税报表里上报此类购买。在美国，海外购买的艺术品需要缴纳使用税，在州内购买的则需要缴纳销售税。很重要的是，应该注意到艺术品进行交易的所在地辖区也会征收消费税，并且"进行交易"的定义也一直在变化，很多州规定即使只是"经济联系"而非实体交易也满足"进行交易"的概念。**26** 比如说，苏富比拍卖行根据美国法律的要求，其在纽约成交的艺术品由运输商运送至康涅狄格州都要加征康涅狄格州销售税，因为美国苏富比是在该州注册的企业。收藏家在考虑税金时应该总是检查拍卖行的公司在何处注册，并记住税率税法总会时不时发生变化。

收藏家应随时了解各州税法及其变动。即使是主要收藏家也无权让其信任的供应商随时告知此类变化，虽然这些信息对于他们的购买影响重大。曾经的一个案例中，一位收藏家曾长期向一家纽约拍卖行购买作品并将作品送至居住州之外的地点，拍卖行当时也没有在该地点注册经营业务。在某个季度，这位收藏家在该拍卖行一次千载难逢的机会中购买了上百万美元的作品，却发现购买发票中出人意料地包括了总额高达数十万美元的州税。在激烈的电话交谈中，这位收藏家愤怒地得知拍卖行的业务注册已转移到作品目的地所在的那个州，即使这位收藏家与同一家拍卖行进行了多年类似的交易，却仍然无法预料会发生这样的事情。

长久以来，收藏家为了规避这笔不小的税费，一直在追寻创造性的方法。通过将作品送至管辖区之外的地址来避免销售税曾是常见的做法。在画廊助理准备销售发票时问的问题："您想要将这件作品送到哪里？"就是在暗示让收藏家提供征税州以外的地址以避税，即使这件作品注定要留在或者返回至征税州管辖区。有些经纪人甚至会为了让客户满意或保全自己的利益将空箱子运到州外，同时秘密地将真的作品送至客户的本地住处。

这样的做法导致了美国泰科（Tyco）前首席执行官丹尼斯·科兹洛夫斯基（Dennis Kozlowski）的下台，他因为在购买艺术品时逃税招致调查并最终在 2005 年入狱，同时还面临着 1 亿多美元的罚款和补税。科兹洛夫斯基经常让经纪人将购买发票送至他在新罕布什尔州的办公室，但是艺术品实际上被送到了他在曼哈顿的公寓中，其经纪人和运输公司的沟通记录清晰地证明了这一事实："这里是 5

幅送到新罕布什尔的油画（眨眼的表情）。请制作与作品数量相等的纸板箱或者木箱。十分感谢。"[27]

这些被税务机关制裁的案例受到 21 世纪初期曼哈顿地检针对违反者的积极运动的鼓舞，而近期对于州际贸易和艺术相关的关税的整体监管力度变得更大了，艺术界的此种操作也大大减少了。事实上，在包括纽约的很多辖区现在要求拍卖行和画廊在客户提取作品时就缴纳州税，即使该作品会合法且永久地离开该州。因此买家应该做些计算工作，衡量将作品送至州外的运费和销售税之间孰轻孰重。为避免监察，收藏家应该让销售专员来组织运输。

还有其他方法来避免购买艺术品的税金。收藏家可能会将作品直接运往免税港，例如美国在 2015 年开设了特拉华州免税港，以便给税金支付留一段缓冲时间。特拉华州是 5 个"免税州"之一（译注：NOMAD，美国 5 个免税州首字母合起来的统称），其他 4 个州是新罕布什尔、俄勒冈、蒙大拿和阿拉斯加，这几个州都不征收销售税或使用税。如果艺术品是在美国以外或免税州内购买，并直接运送至免税州内，那么就无须估计税金，直到该作品转移到非免税州内。由于这些地区的部门实体与包括美国海关在内的联邦税务机关几乎没有交流，收藏家的任何税务申报很大程度上是靠自我约束。

在美国，如内华达州，如果收藏家买了一件艺术品，在作品最终安置在其住处前送至免税州内"使用"一段时间，也能够避免缴纳销售税。这可以应用在杰出的艺术作品上，比如说 2014 年弗朗西斯·培根（Francis Bacon，1909—1992 年）的《卢西安·弗洛伊德肖像习作三联画》（*Three Studies of Lucian Freud*，1969 年）在纽约佳士得以 1 亿 4240 万美元的价格拍出（创造了该艺术家作品价格的新纪录，也是当时拍卖出的最贵的作品），并在购买后于波特兰艺术博物馆（译者注：波特兰是免税州之一俄勒冈州最大的城市）展出了数月。这一策略为其居住在另一州的新主人免去了约 1000 万美元的税金。[28]

很多收藏家都设立用来购买艺术品的公司。如果该实体有艺术商业的业务并有再出售的资质（就像是二级市场的经纪人一样），那么其在购买艺术品时能免除销售税，但在向个人或非艺术商业公司实体出售任何作品时，这些公司需要上报、预提及缴纳州内的销售税。

在与税务部门打交道的时候，适当的文书工作是最为重要的。如果作品要转移至州外的其他住处，那么必须有据可查。在为了展览目的申请租借作品时，收藏家也必须在处理文书工作和运输指示上额外小心。有一次，艺术品运输商在将作品从境外送回其拥有者处时没有明确标注该运输为"送还给拥有者"性质。两年后收藏家从纽约州税务局收到了基于报关价格计算的使用税账单并附加惊人的罚金。所幸这位收藏家能够提供所要求的已付销售税的购买发票原件、出口许可证、展览租借合约等所有文件，以证明这件作品并不是新购入的，并最终撤销了费用。

增值税和进口税

有些国家还要求收藏家从海外购买艺术品后支付一笔相当大的进口税。增值税是世界各地主要的交易税，从欧洲到中国再到沙特阿拉伯等超过 165 个国家均征收该税。比如在中国，增值税和进口税曾高达 23%—33%（中国香港地区则没有这些征税），这就会导致问题。在 2012 年 3 月的一起案件中，德国艺术品装卸人员和中国货运公司艺泛嗣艺术品咨询服务有限公司（Integrated Fine Art Solutions）合作人因涉及艺术品走私而入狱，他们被政府指控在进口艺术品时低报价值以逃避关税。[29] 在此期间，收藏家经常将高价值的作品存在保税仓中进行避税，中国增值税税率曾被下调。

在有些情况下，政府已认识到重税阻碍了艺术品交易，因此免去了诸如地方税和进口税等税种。比如在巴西，艺术里约（ArtRio）和圣保罗的圣保罗国际艺术博览会（SP- Arte fairs）的组织者，说服在与税务部门打交道的时候，适当的文书工作是最为重要的。如果作品要转移至州外的其他住处，那么必须有据可查。在为了展览目的申请租借作品时，收藏家也必须在处理文书工作和运输指示上额外小心。

政府机关免去了在展会中购买的艺术品州税，但这一免税政策仅适用于本地居住者，也因此导致了很多混乱。[30] 随着艺术品经济的持续发展，税金与关税成了中心问题，这类费用也许有望得到改变（见第五章对税收等的完整讨论，第 183—189 页）。

艺术家的福利税和艺术家转售版税（追续权）

另一个值得注意的是艺术家的福利税，在像德国这样的地区购买艺术品时会附加此种税来支付还在世的艺术家们的养老金和健康保险。其他一些国家地区对还在世的艺术家的作品售出时征收艺术家转售版税，也被称作"追续权"（译者注：法语原文 *droit de suite*）。在英国实行欧盟的艺术家转售权指令之后，要求英国艺术市场的从业人士必须代艺术家收取转售版税。例如在 2020 年英国脱欧之前，伦敦苏富比的卖家对于落槌价超过 5 万英镑的所有作品都需要再支付 4% 的转售版税。[31]

后勤费用

包括保险、仓储、运输、装框和安装等这些艺术品购藏相关的大量后勤费用也不能被忽略。这些部分会在第四章到第六章进行长篇讨论，其费用会超过购买价格的 25%，因此必须在购买的阶段进行考虑。

尽职调查

货物售出，概不退换：一个不透明的市场

就如前文提到过的，收藏家应该警醒并认识到艺术界的市场并不透明。[32] 几乎没有监管，掌握艺术品的关键信息也可能很难。

　　购买艺术品的陷阱很多。无数收藏家都曾被卖家的随意保证欺骗，之后才发现他们购买的作品在所属权、真实性或状况方面都有问题，这些都会影响作品的价值，使作品即使并非完全不可能，也极难转售。如果他们最初进行一些调查的话本可以规避这些问题。

　　在美国，联邦法律法规《统一商法典》规范了所有 50 个州的销售和其他商业交易法，为买家提供了一些保护，要求交易商和拍卖行对其出售的艺术品具有完好的所有权，并强制卖家提供明示或暗示的担保。有些州，譬如纽约州还会为艺术品买家提供进一步保护，比如对艺术品的既定著作权创立经纪人担保制度。然而，卖家可以限制或放弃这类担保，法院在解释这些限制时有矛盾的地方。³³ 即使买家能够成功地证明他们被卖家欺骗，例如取消销售这样的补救措施并不总是令人满意。

　　为了避免这些问题，收藏家必须在考虑购藏时追踪和深挖艺术品相关的所有信息。每一件艺术品的任何事实都不应根据其表面来评判，独立查证是非常关键的。尽职调查就是针对某件潜在购藏的作品问对问题并收集信息，这一步在购藏步骤中十分必要。收藏家应采取有用的措施保证他们购买的艺术品满足以下几点：（1）状况良好；（2）是真品；（3）产权清晰明确；（4）价格合理。尽职调查有时可能只要几分钟就能完成，对于更老派的二级市场来说，则可能得花上数月甚至是数年时间。

作品来源

　　一件艺术品的来源指的是这件作品从艺术家创作完成时到当下实体被占有的全部历史。当购买一件比较老的作品时，一份完整连续的来源记录至关重要。艺术家作品全集，作为艺术家所有已知作品的全面学术性汇编，是调查艺术品来源的关键工具。国际艺术研究基金会（International Foundation for Art Research，简称 IFAR) 提供可免费访问包括引文在内的所有已出版和正在准备出版的作品全集（catalogue raisonné）的在线数据库。这些数据会持续保持更新，人们可以单独在一个数据库中搜索，或同时搜索所有数据库。在许多拍卖目录和经纪人信息表中会提供作品来源信息。盖蒂来源索引数据库（Getty Provenance Index Databases）包括了所有权文献记录、销售图录、经纪人库存图书、艺术家付款记录和公共收藏相关文件在内的丰富资源。最后，艺术品自身也不应被忽视。油画背后、雕塑基座上的标记标签，比如邮票、展览标签和其他能证明艺术作品所有权及历史的标志，都能够提供珍贵的信息。

由于作品来源信息能够被操控甚或是完全伪造，所以仍不应从表面来判断，而应细致研究。收藏家个人应查看艺术家作品全集和所有相关拍卖行、展览的图录。收藏家还应联系曾在画册中被提及的学者来协助调查，由于有些学者当时在作品卖家支付费用后参与出版物编纂，因此这些学者本身也应被调查。在美国，大学艺术学会（College Art Association）的从业道德准则中概述了此类利益冲突并提供了指导原则。34

作品状况

一件艺术品的状况直接影响其市场价值。有时候，作品状况的问题非常明显，比如说画布的裂痕、颜料脱落、龟裂或褪色。但其他时候，对于未经训练的收藏眼光来说，作品的状况问题并不那么明显，有时甚至会被不诚实的卖家掩盖。较早的作品会有过去的历史，例如它们可能曾经有过对作品不利的修复、重新装裱或重托(relined)。

除了那些从艺术家的工作室中新鲜出炉的抢手作品之外，收藏家应该总是对想要收购的作品要求状况报告。声誉良好的经纪人或拍卖行通常对重要的作品提供细致的报告，有时候是在作品开始寄售时就委托藏护师出具报告了。拍卖会通常会为所有拍品制作图录并附有简要的状况报告，但这些信息可能比较模糊。在销售条款中多会明确说明，藏品按藏品状况报告"原样"出售，即合约不对超出报告以外的任何问题提供担保。因此收藏家不应该犹豫，而应直接联络销售专家并就艺术作品的状况展开讨论。由于糟糕的修复措施也能深刻地影响作品状况，因此也应该要求出具一份修复历史报告。

虽然销售专家通常提供作品状况的咨询服务，但是建议收藏家在考虑购买重要作品时，总是保留让独立的藏护师进行状况检查的服务。如果在未经亲自检查的情况下购买一件艺术品，那么细致的状况报告显得尤为重要。一旦未来出现了状况问题，这些报告也会成为最好的保障。不过收藏家也必须意识到，有时候状况报告和其他作品相关的文件是为了促成某个诈骗性交易而伪造的。

作品产权

即使是经验丰富的收藏家在作品来源、状况、真实性方面做足了功课，有时候也会忽视相关的产权问题。艺术品的合法产权与作品来源不同，被定义为作品过去和现在完整的合法所有权。绝大多数情况中，买家在购买艺术作品的同时即获得该作品的产权。然而，有些情况中真诚的买家没有得到完美产权，这会给收藏家带来可怕的后果。与不动产不同，艺术品没有产权登记，没有留置权搜索的渠道，因此就算有详细的来源报告，也没有能够对某人拥有某件作品完整产权的证据进行验证的方式。一件艺术作品有可能是被抢劫、偷盗来的，或是常受制于留置权或其他产权负担。虽然在美国可以对在抵押留置中或有产权负担的作品进行统一商法典产权查询，但这也并非万无一失。

由于艺术品行业普遍缺乏透明度，无法注册登记或检查艺术品的所有权，即使在购买时进行尽职调查的收藏家也无法保证他们实际拥有所购买的藏品。正如在 20 世纪末和 21 世纪初的数十起第二次世界大战时期艺术品归还案件所证明的那样，个人可能会在假定拥有数十年所有权后失去其艺术品，或者在花费了所售艺术品的收益很久之后，突然发现自己对第三方负有责任。

被抢劫和偷盗的艺术品

自 20 世纪 90 年代初期以来，被纳粹劫掠的艺术作品重现艺术市场并引来大量关注，2012 年还在慕尼黑的一个宝库中发现了 1400 件精美艺术品。有些评估声称在纳粹期间有上百万件艺术品被劫掠，其拥有者大多是犹太人。辨别是否为被劫掠的财产的警告标志之一是其作品来源链上通常会有一个缺口，或者会显示某些艺术品经纪人的名字，比如说卡尔·哈伯斯托克（Karl Haberstock）或弗里德里希·韦尔兹（Friedrich Welz），他们都售卖过纳粹劫掠的艺术品。

被纳粹没收的艺术品的继承者持续向那些后来收购了作品的个人和机构提出索赔。1998 年当埃贡·席勒的《沃莉肖像》（*Portrait of Wally*，1912 年）从维也纳利奥波德博物馆收藏（Leopold Collection）出借，并在纽约现代艺术博物馆展出时，美国海关没收了这件作品，因为犹太艺术经纪人李·邦迪 (Lea Bondi) 的继承人声称自己拥有该作品的合法所有权。当事各方在接下来长达 13 年的时间内于法庭上争夺对画作的所有权，与此同时，作品被存在一间仓库中直到判决落定。[35] 古斯塔夫·克里姆特（Gustav Klimt，1862—1918 年）的《阿黛尔·布洛赫-鲍尔肖像 1 号》（*Portrait of Adele Bloch-Bauer I*，1907 年）也因法律诉讼成为焦点，最终阿特曼家族（Altmann family）从奥地利政府那儿赢回了作品，并在 2006 年以 1.35 亿美元的破纪录价格卖给了劳德。

　　另外，有来源显示，偷盗艺术品是继毒品及军火交易后最大的国际犯罪活动，每年都有价值数十亿美元的艺术品遭到偷盗。[36] 包括欧洲大部分国家在内的大陆法系国家往往会在一段时间后保护随后的无辜购买者（购买了有价值的财产而不知该财产是被偷盗来的买家），而实行普通法的美国和英国对于随后的这些买家则并不友好，除非受限制法令或其他某些技术性限制，否则被偷盗的艺术品的原拥有者仍保留收回作品的权利。在国际市场中，产权相关的问题会因为法律之间的冲突和法律选择的问题而变得更加复杂。[37]

　　如果遇到存疑的情况，收藏家应该向国际失踪艺术品登记组织（Art Loss Register，简称 ALR）咨询某件作品是否被报为丢失或被盗。国际失踪艺术品登记组织的数据库建于 1991 年，有近 70 万件被报丢失或被盗的艺术品记录在案。随着在国际失踪艺术品登记组织数据库中进行搜索，被法庭认定为收藏家寻求建立作品所有权时需履行的尽职调查中的必要步骤，这一数据库也就被认为是记录失窃艺术品的主要数据库了。但是，由于很多盗窃受害者都不会报案，因此，即使收藏家的某件收藏品在国际失踪艺术品登记组织数据库中没有任何记录，也不能保证该作品不会被另一方声称是自己失窃的艺术品。

　　一个相对较新的记录失窃艺术品的资源是 2014 年以来由伦敦维多利亚 & 阿尔伯特博物馆（Victoria & Albert Museum）以数字形式发布的清单，其中记录了当年被纳粹宣布为"堕落的"并从德国公共收藏"没收"的艺术品。根据当时的德国法律，从博物馆中没收艺术品是合法的，导致通过这种方法被夺走的艺术品不受私人索取偿还的约束。因此当第二次世界大战时期艺术品的来源出现缺口时，这份清单便成为收藏家和专业人士的有用工具，并且它本身也是一份非常引人入胜的历史文件。[38]

抵押留置和产权负担

虽然艺术品失窃会登上报纸头条，但其实更多艺术品购买涉及的产权问题常常是由更平凡的问题导致的，例如涉及家庭或财产纠纷、债权人索赔、未经授权的销售和违反进出口行为而导致的抵押留置权和产权负担。只拥有部分产权的卖家将作品寄售到经纪人或拍卖行的情况也并非闻所未闻。在一个备受瞩目的案件中，一位前经纪人将马克·坦西（Mark Tansey，1949 年生）的《天真之眼的测试》（*The Innocent Eye Test*，1981 年）寄售到纽约高古轩画廊，并以 250 万美元卖给第三方。然而寄售人忘记了大都会艺术博物馆（Metropolitan Museum of Art）当时已拥有这件作品 31% 的所有权，而自己的母亲只拥有剩下的所有权。❸❾

2019 年，阿里斯产权保险公司（ARIS Art Insurance）为准买家提供一项产权风险评估的新兴服务。这项"了解你的产权"服务通过对物品来源、产权链和介入艺术交易当事方的综合调查分析，来提供预售风险评估和建议。❹⓿

作品真实性

只要艺术市场还存在，就会存在很多假货和伪造者，例如传说中的荷兰古典大师伪造者汉·凡·米格伦（Han van Meegeren），这些伪造者最终自身也变得非常有名。沃尔夫冈·贝尔特拉基（Wolfgang Beltracchi）因伪造了约 50 位表现主义和现代艺术家的作品于 2011 年在德国和其他人一起因伪造入狱。在 20 年间，贝尔特拉基和他的同伙靠伪造诈骗一众包括收藏家史蒂夫·马丁（Steve Martin）、专家维尔纳·斯皮斯（Werner Spies）和经纪人理查德·费根（Richard Feigen）在内的著名人士而一攫千金。❹❶ 随着中国艺术品市场的爆炸性增长，伪造中国文物、绘画、瓷器和青铜器本身已成为一种行业，有早期评估表示，中国境内小型到中型拍卖行中 80% 的拍品都是赝品。❹❷

正如前文提到的，美国的《统一商法典》要求经纪人和拍卖行对其售卖的作品真实性给予保证。从声誉良好的经纪人和公司那里购买艺术品总是明智的，但这并不能百分之百保证作品的真实性。作为纽约"最有价值的画廊"[43]，诺德勒（Knoedler）在持续经营了165年后，因为被指控伪造抽象表现主义艺术家威廉·德·库宁（Willem de Kooning，1904—1997年）、弗朗茨·克莱恩（Franz Kline，1910—1962年）、罗伯特·马瑟韦尔（Robert Motherwell）、巴尼特·纽曼（Barnett Newman）、杰克逊·波洛克（Jackson Pollock，1912—1956年）、马克·罗斯科（Mark Rothko）和克莱福德·斯蒂尔（Clyfford Still）的作品并售卖，于2011年关门。收藏家们应该注意，有时候对于已经过世的艺术家的作品而言，过分"完美"的作品来源实际上是证明作品为伪作的最好线索。

事实上，那些被判定为假货的艺术品经常会再回到市场上。有一种情况是，拍卖会上的作品售出后被证明为伪作时，售卖会被撤回；而这件伪作被拍卖行接着卖给了出价较低的人。[44]随着艺术品价格的飞涨，这类丑闻和对于收藏家的危害必将成倍增加。

建立作品真实性并非易事。真实性的证据是见仁见智的，其本质是主观的，专家们自己也经常无法对某件作品是否真品达成统一意见。在某些情况下，作品真实性就是无法完全建立的。随着专业知识和科技的发展，对于作品真实性和归属的意见可能也确实会随着时间改变。

另一个让真实性的建立变得更具挑战性的原因，是现在收藏家想要获得专业意见变得越来越难了。大多数收藏家在购买艺术品之前都会征询这些专业意见，长期以来，艺术史学家和其他鉴赏家的标准做法是将提供这样的意见作为他们职业的一部分，甚至是出于道德义务。令人不安的是，随着一系列诉讼，此类专家因为提供不利或最终不成立的意见而被抵制了。因此，受人尊敬的专家、身份验证机构甚至作品全集的作者现在都拒绝发表自己的意见。随着有对新兴艺术家的新作来说，收藏家想要尽可能多地了解艺术家：这位艺术家之前是否有过展览？如果有的话，在何时何地举办？艺术家受到的训练和背景如何？还有谁在收藏其作品？其中是否包括那些在识别有前途的作品上独具慧眼的知名收藏家或艺术家？最后，这位艺术家作品的价格相对于处在相似职业阶段的其他艺术家作品来说是高是低？并且作品得到的评论如何？

些艺术品的价值暴涨，这些意见能够真正造就或摧毁一笔财富，法律风险太高了，不能冒错误或所谓错误的风险。像纽约现代艺术博物馆前首席策展人约翰·埃尔德菲尔德（John Elderfield）这样的著名学者和像是安迪·沃霍尔视觉艺术基金（Andy Warhol Foundation for the Visual Arts）及罗伊·利希滕斯坦基金会（Roy Lichtenstein Foundation）这类机构已经不再进行作品真实性鉴定的工作，以避免任何潜在的法律诉讼带来的消耗成本，很多人害怕由于这些有资历的专家被迫自我约束言论，会有更多伪作找到进入市场的途径。[45]

真品证书

真品证书，即带有艺术家签名（或艺术家的继承人、遗产管理者、基金会的签名），宣称是可以承认作品真实性或原创性的文件。20 世纪 60 年代，当艺术变得更加观念化并重新思考创作方式时，真品证书的重要性增加了，变得不仅能够代表艺术作品的"契约、法律声明和发票"，还代表着作品本身，甚至能够让非物质的作品在市场上占有一席之地。[46] 对于像是丹·弗莱文（Dan Flavin，1933—1996 年）和勒维特（1928—2007 年）这样的当代艺术家来说，作品的价值并不体现在其实体物件本身，而在于真品证书，没有证书佐证，作品本身就几乎或完全没有任何价值了。

莫瑞吉奥·卡特兰（Maurizio Cattelan，1960 年生）的仅由一根被胶带粘在墙上的香蕉构成的观念作品《喜剧演员》（Comedian，2019 年）可能是最为生动的例子了。这件限量作品在 2019 年迈阿密海滩巴塞尔艺术展上艾曼纽·贝浩登（Emmanuel Perrotin）的展位上开价 12 万—15 万美元，当时引起了轰动。当这件作品被一位行为艺术家从墙上剥下并吃掉后，经纪人解释道该作品的真正价值体现在其真品证书（还包括一份说明书，给出了选择哪种香蕉、以什么角度贴在墙上等其他细节的指导）。[47] 这件作品被售出了 3 版。买家分别购得了香蕉和胶带，而作品的价值在于该作品的想法。

在法国，出现过另一个强调真品证书重要性的案例。一家拍卖行曾售出过由某位 20 世纪杰出艺术家创作的一件作品，拍卖图录上声称该作品附有一份真品证书，但实际上却没有提供。数年后当买家试图售出这件作品并向拍卖行索取真品证书时，他得知证书已在一次仓库失火中被毁掉了。没有真品证书，艺术家的遗产管理者拒绝承认这件作品，最终使该收藏家收藏了一件无法出售的藏品。

2013 年，在一个当代艺术作品拍卖会前夕，拍卖行意识到有件藏品的委托方还未提供真品证书。经过拍卖会前数小时疯狂地寻找证书，仍不清楚到底是一开始代委托方购买作品的著名艺术顾问就没有提供真品证书，还是这位收藏家的员工后来将证书弄丢了。唯一找到的证据是顾问文件中一张模糊的便笺纸。这件作品必须从拍卖中撤出，并且收藏家需支付撤出的罚金。尽管本应由作为代理人和受托方的顾问对收藏家负责，但此事是为了强调收藏家需在购买时主动向供应商和代理商索要所有相关的文件，并仔细加以存档。

即使如此，为了促成销售目的，有时真品证书这类文件也是伪造的。比如说市场上充斥着据说是由毕加索、萨尔瓦多·达利（Salvador Dali）或马克·夏加尔创作的限量版画，并附有带着水印或华丽字体的证书。这些都是危险的信号。如前文提到的，作品的状况报告和展览历史被伪造的概率也比人们想象的更大，因此收藏家们在对某件作品真实性产生疑问的时候不应过分简单地因所附文件而动摇（再次强调，最好向经过审查且声誉良好的卖家购买艺术品，并在必要的时候寻求额外的专业意见）。

即使有真实的真品证书，就足以保证能永久享有一件艺术作品吗？在一个案例中，艺术家弗莱文接受委托为一间办公室的空间专门创作一件作品，最终为多个窗框安装了多色霓虹灯装置。数年后整栋建筑被翻新时，就产生了装置的一部分是否能够为了适合新设计而被移走或去除的问题 —— 或者说对于原来的装置做任何的修改是否会使作品真实性作废，因而让其 300 万美元的价值归零了呢？真品证书并未为此类情况提供任何指导。鉴于这类情况，在提供证书的同时还附有一份合同的行为变得越来越常见了，其中要说明未来可能会出现的情况以及明确届时的标准如何。在很多情况下，和艺术家或其遗产管理者之间有没有关系以及关系如何，会最终决定不同的结果。

区块链

区块链技术将有望帮助艺术市场变得透明。这个想法指的是收藏家与其在购买艺术品时依赖信任关系，不如通过搜索对公众开放的登记数据库来获得某件艺术品的重要信息，就和目前在购买一幢房子时能做到的一样。事实上，区块链为各类产权登记提供了可能性，这能够为市场创造更多信心。

2018 年 11 月，纽约佳士得拍卖行记录下了通过区块链以 3.18 亿美元出售了巴尼·A. 艾伯斯渥斯珍藏（Barney A. Ebsworth collection）的过程，该拍卖行也成为以这种方式销售的首家拍卖行。和佳士得合作的 Artory（阿德利）是 2016 年成立的在艺术界面向公众的数据库。Artory 通过受人尊敬的专家核实艺术品的数据和藏品来源，然后颁发具有唯一加密签名的区块链安全注册证书。这个记录就和提供给收藏家的真品证书类似。

区块链的好处仅在于所提供的数据，但并未经过大范围的测试，没有统一标准，也没有纠正错误的手段。对于该技术长期运营的有效性仍旧存疑，但这个领域的发展是值得关注的。

著作人身权和知识产权

在购买一件艺术品时，收藏家们也必须考虑作品的知识产权，以及作品真实性和价值是否可能被艺术家或任何遗产管理方的主张所影响。

在欧洲以及美国的加州、纽约州等州，著作人身权法使艺术家有权保护其作品的完整性。著作权（或发表权、作者身份权）给予艺术家主张或否认作品的作者身份的权利。此外，根据美国联邦法律《视觉艺术家权利法》（又称为"VARA"），"艺术家有权在以下情况下阻止视觉艺术作品使用其名字作为作者名：对作品的歪曲，损毁或可能损害其荣誉或名声的其他修改"[48]（检查当地法律总是很重要的。尽管在美国可以在合同条款中明确放弃著作人身权，但在欧洲则一般不会这么做，同时地方层面上还会有进一步的细微差别）。

理论上来说，在这样的法律规定下，如果艺术家因作品的某些物理变化而拒绝承认该作品，那么不知情的收藏家可能会因此购买一件一文不值的艺术品。在 2011 年 11 月一次拍卖的前一天，苏富比收回过一件由卡迪·诺兰德（Cady Noland，1956 年生）创作的名为《挤牛奶的牛仔们》（*Cowboys Milking*，1990 年）的铝板丝网印作品，因为这位艺术家行使了《视觉艺术家权利法》的权利拒绝承认这件作品，声称这件作品若在经过修复后的状况下出售会使她的名誉受损。这件丝网印作品当时估价 25 万 ~35 万美元之间，由诺兰德创作的另一件类似的作品则在前几天刚以 600 万美元成交，突然间因为此事其价值备受质疑，因此拍卖的委托方同时起诉了拍卖行和艺术家，要求数百万美元的赔偿。这个问题最终根据拍卖行合约中的明确解除拍卖交易的权利得以解决。[49] 但艺术家是否能够合法拒绝承认一件状况恶化了的作品这个行为仍留有争议。后来，当某位收藏家购买了诺兰德的另一件作品《小木屋》（*Log Cabin*，1990 年）时，通过协商他争取了若艺术家因作品修复拒绝承认作品 (后来艺术家也确实因此拒绝承认了) 则有权解除购买合约的权利，但这仍不足以完全保护他的投资。[50]

另一个案例中，理查德·普林斯（Richard Prince，1949 年生）2017 年在推特上发了他某件作品的照片，该作在 2014 年由一位艺术顾问委托创作完成，是出自其"新肖像"（New Portraits）系列的一幅印有"挪用"（appropriation）字样的绘画，图像则来自伊万卡·特朗普（Ivanka Trump）照片的屏幕截图。在艺术家发送的这条推特中，他声称"这不是我的作品。我没有创作过它。我否认。我谴责这件伪作"[51]（特朗普女士曾在 2015 年在这件作品旁边拍下一张自拍照并上传在网络上，似乎是在证实其对这件作品的所有权）。即使最初并不清楚这是一个恶作剧还是激昂的政治抗议，但艺术家声明自己已退回当初出售作品后收到的 3.6 万美元，因为他无法忍受自己的一件作品由特朗普家族所拥有。[52] 目前尚不清楚普林斯为了抗议而拒绝承认作品的做法是否最终会影响到作品的价值，但如有影响，则只可能会增加其价值（见第三章"价值评估"中围绕恶名对作品价值的影响的讨论，第 108—137 页）。

购买时查明作品价值

尽职调查也意味着避免以过高价格购买艺术作品。艺术品经纪人要价过高并不少见，有时还会非常严重。2015 年在一个轰动艺术界的案例中，作为艺术界全方位的内幕人士 —— 瑞士艺术品运输商、经纪人伊夫·布维尔（Yves Bouvier）被控对来自美国、亚洲、欧洲等地的高净值资产人士进行诈骗，其中最著名的是常驻于摩纳哥的俄罗斯寡头德米特里·雷博洛夫列夫（Dmitry Rybolovlev）。在这个后来被称作"布维尔事件"的案件中，雷博洛夫列夫指控布维尔在大约 10 年间帮助其构建的一系列包括保罗·高更（Paul Gauguin）、亨利·马蒂斯（Henri Matisse，1869—1954 年）、毕加索和罗斯科在内的壮观的艺术收藏的约 20 亿美元的艺术品交易中，布维尔共骗走了 10 亿美元。雷博洛夫列夫声称布维尔是他任命的代理人，而布维尔则坚称他仅作为私人经纪人并因此能够收取他想要收取的费用。[53]

收藏家如何避免遭受诈骗呢？如何能够知道某件作品的要价是公平的呢？为艺术作品建立价格体系是很难的，并且定价本身又似乎是完全主观武断的。出自同一个艺术家的同一个时期的相似作品在同一个艺术展会上有时会由不同的画廊开出完全不同的价格（如果收藏家想在展会上买一件作品，那么应该查看展会图录上艺术家的索引，查看该艺术家的作品是否也在其他展位上出售。如果是，那么应该去调查并比价）。

即使画廊私下售卖没有公开记录的艺术品，但像 Artnet 和 Artprice（艺术价格）这样的线上价格数据库能在付费后提供视觉或装饰性艺术家已有作品的过往拍卖记录。这些可参照拍品能够作为有用的比较依据。但在此需要警告的是，其中并不包括能够对价值产生影响的作品状况或其他相关问题（见第三章，"价值评估因素"，第 114—128 页）。因此，这些数据库既是福也是祸，对于经验丰富的收藏家来说则是很有帮助的工具。

对新兴艺术家的新作来说，收藏家想要尽可能多地了解艺术家：这位艺术家之前是否有过展览？如果有的话，在何时何地举办？艺术家受到的训练和背景如何？还有谁在收藏其作品？其中是否包括那些在识别有前途的作品上独具慧眼的知名收藏家或艺术家？最后，这位艺术家作品的价格相对于处在相似职业阶段的其他艺术家作品来说是高是低？并且作品得到的评论如何？

还需考虑艺术家的代理画廊。这间画廊代理的其他艺术家是谁以及他们的事业发展如何？画廊声誉如何？过往历史如何？这家画廊是否参加艺博会？参加哪些艺博会？该画廊是否有出版物？有些画廊如此强大，以至于他们与艺术家的联合为其艺术作品附加了价值。由于画廊每次在为艺术家举办展览时都会抬高其作品的价格（一般两年一次展览），因此在此类画廊中购买艺术品几乎能够保证作品增值——有时候能为了短期获利而在几年内将作品卖回给原来的画廊。对于这种类型的售回，收藏家需要知识、经验，以及大多数投资都需要的运气。但即使是一间很强大的画廊也不会保证艺术家的作品会长期持续增值。

关注市场

对于收藏家来说，购买艺术品时能判断价格、免于被不道德的经纪人或顾问欺骗的最好方法，是成为市场的积极关注者。这意味着要经常外出参观画廊和展会并询问相似作品的价格，研究拍卖会的估价，并且关注来自拍卖行和价格数据库的出售结果。尽职调查意味着阅读美术馆和画廊展览的评论，参与专家和收藏家伙伴们的讨论。当代艺术的收藏家们还通过参加双年展和其他艺术节来注意哪些艺术家最近正被策展人重视。

那些沉浸在市场中、尽可能多地解读和欣赏感兴趣的艺术家的收藏家，往往会在这一过程中获得极大满足。从长远来看他们会成为最精明的收藏家，将最好的也最珍贵的收藏汇集在一起，并且自己也能随着时间推移成为真正的专家。

第二部分

建立收藏范围与价值

第二章

库存管理

管理艺术收藏的第一步是要清楚知道它由哪些信息组成，以及如何把这些信息依次放进安全、全面、便于访问的系统中。并不了解自己收藏的全貌的收藏家多得令人惊讶，尤其是考虑到如果灾难突袭或收藏家突然离世，将会引起的严重后果。一件艺术品在情感方面和经济方面的价值都由作品相关联的信息决定：该作品由什么材料制成？由谁制作？在什么年代构想和制作的？作品源自哪里？价格多少？作品含义是什么？作品收藏所在地也是相关信息之一。如果这些信息都未曾被记录，那么对于继承者、执行人或保险公司来说，要把这些信息整合在一起是一项几乎不可能完成的挑战。

此外，即便这些记录存在，除非这些记录可以清晰地对应某件藏品，不然这些记录也不会有多大帮助。收藏家之间出现收藏作品相似的情况并不罕见：作品出自同一个艺术家，或者有着相似的审美，又或者喜欢某种特定类型的家具。如果作者本人不再能够详细说明，那么像是"较大尺寸购于中国香港"或"祖父最爱的画作"这种个人注解，对试图识别作品的第三方来说几乎没有帮助。这就是为什么标识符（给物品和其对应信息分配的编码）对于合格的艺术品收藏管理来说至关重要［见后文内容"库存（入藏）编号"，第96—97页］。收藏家以及照管收藏的人都应以具体和清楚的方式处理记录维护以及系统管理工作，这样，一旦当这些人不再能够介入管理，所有记录对于随时准备接替负责的任何人来说都应该是可以完全理解的。

　　鉴于收藏这一行为本身的性质，收藏时缺少有条不紊的藏品管理系统也是可以理解的。人们一开始通常不会以成为一名收藏家为目标进行收藏，也不会为这项新事业准备管理工具。相反地，他们可能是某一天在画廊或朋友的工作室里购买了一幅画，然后接着买了一幅又一幅。或者有些人继承了一些艺术品，并因此慢慢累积更多。积累收藏品的方式有很多，但人们是从哪一刻起从购买变成收藏的呢？是从 3 件艺术品起吗？或是从 30 件起？什么时候人们会停下来想：我现在有了一系列收藏，需要把它们记录并整理好吗？

　　即使那些最有意识的收藏家，在面对那些与艺术品有关的资料和票据时大多也和常人一样，东扔西放：比如画廊的作品发票放在文件夹里，作品相关的展览画册放在书架上，画廊提供的作品 JPEG 格式图片则保存在电脑中。这种零散的记录方式能持续几年，直到突然积攒成了一大堆只有收藏家自己才能解析的"密码"——当然，前提是他们还能找到或记得细节信息。藏品会被转移或存储到别的地方，又或是被送人；文件可能会丢失，电脑里的文档会被删掉，硬盘可能被更换，记忆则会衰退。还有一些很老的收藏品，也许细致的记录已被很好地保存，但也很难被后代或新的主人破译。而对于年代较久远的收藏品来说，即使是最细致的记录保存，也很难被收藏家的后代或下一任的所有者破译。

藏品管理系统

　　过去十几年里，数字时代的进步彻底改变了艺术收藏管理，也使收藏家管理、欣赏，甚至是使用其藏品时变得更容易。以软件及现在以网络为基础的系统被统称为藏品管理系统（Collection Management Systems，简称 CMSs），这些系统不仅能让收藏家全面地掌握他们的藏品，而且可以帮助他们做决策、记录及管理。现在收藏家可以做到在任何时间、任何地点在线查阅藏品，还可以根据地点、艺术家、主题、价值等一系列选项搜索藏品。藏品管理系统不仅可以将信息打印成彩色目录，还能允许收藏家线上查阅所有信息，这样，他们就可以在足不出户的情况下参考和欣赏自己的整套收藏或与他人分享藏品。现如今最难的反而是选择哪种系统会更好，而最大的挑战，则是确保选择一个一直处于飞速发展的科技顶端的系统。就像艺术品的价值一样，藏品管理系统的技术在一年内能发生翻天覆地的变化。下面讨论的几个例子，虽然目前被大众认可，但以后也许会完全改变。

文件

我们在数字时代有着便利的藏品管理系统，正逐渐远离纸质时代，也习惯通过电子邮件处理发票和其他的文字工作，但是最好的艺术品收藏管理实践仍是包括了维护相应的纸质文件以存放原始文档的行为。理想情况下，收藏中的每件艺术品都应有相应的纸质档案及存储在本地或线上的电子版文档。这些档案包括发票、运输类或藏护类工作的文件、真品证书、提货单和艺术品相关的所有通信记录。随着时间推移，这些档案原件资料甚至本身也会具有价值。

如果原文件没有提供电子版，收藏家亦应小心扫描并在藏品管理系统中保存电子版。大多数家用打印机和智能手机如今也有这样的功能，使扫描变得日常化也更易于操作。人们可以随时在藏品管理系统里浏览扫描件，并且还有一个额外好处，即人们不需要动手查阅原始文件，反而能更好地保护原始文件。

大多数情况下，在收藏形成时，包括收藏家自己在内也无法猜测这些收藏会持续多久。藏品可能会在家族的几代人中传承，即便这些信息都被细致地记录在纸上，但纸本身的寿命也有限。所以长过去十几年里，数字时代的进步彻底改变了艺术收藏管理，也使收藏家管理、欣赏，甚至是使用其藏品时变得更容易。以软件及现在以网络为基础的系统被统称为藏品管理系统（Collection Management Systems，简称 CMSs），这些系统不仅能让收藏家全面地掌握他们的藏品，而且可以帮助他们做决策、记录及管理。

远来看还应使用系统管理, 采取标准的存档方式。首先我们需要知道, 订书针、回形针以及粘胶在归档前都需要被清除, 因为它们会随着时间推移腐蚀纸张。而日常用纸和文件夹中含酸, 会加速纸张的变质, 所以收藏家应使用无酸文件夹来存放文件。而寿命更短的相关文件应被存储在无酸的盒子中, 这种盒子在许多专卖店可买到, 也很容易在网上订购到。虽然价格比普通办公用品商店出售的材料贵, 但就其能提供的保护的价值来看, 还是相对便宜的。

20 世纪 60 年代, 在归档材料工具还未被普及的时候, 一件精心整理的重要藏品档案记录的状况到了千禧年年末还是恶化得很严重。生锈的订书钉在宝贵的文件上烧出了洞; 胶水让纸染上了深褐色; 页面开始散脱, 再也经不起拿放。这些文字记录都出自包括贾斯珀·琼斯 (Jasper Johns, 1930 年生), 利奥·卡斯特利 (Leo Castelli), 还有阿尔弗雷德·巴尔 (Alfred Barr) 等一些当时最为重要的艺术家、经纪人, 以及艺术界的大人物, 因归档不善所致的文件腐蚀最终导致了一个令人羞愧的事故 —— 尤其是收藏家还曾费尽心血地在第一时间把所有的信息汇编和组织好。

对于处理年代久远的收藏来说, 打理的第一步是用归档级别的材料将藏品相关文件重新放好。小心地清理掉有害物质, 扔掉老的文件夹, 用不含酸的文件夹替代, 并将所有文件进行扫描记录。[1] 对于那些易碎的资料, 不建议过多地触摸以及复印, 在这种情况下再次需要查看时, 与其直接查看原件, 更建议使用数字版的复印件, 因为很多文稿是在超薄的洋葱纸上手写的。

即使达到最高的档案标准, 这些原始记录当然仍易受到各种因素和命运的影响。因此, 这些原始记录应保存在防火柜中, 而不是在易发霉或易遭受水灾的地下室。同时, 建议将这些原始记录 (或至少复印件) 保存在其他更适合的场所以防被灾难损毁。尤其是对于真品证书这类文件来说, 银行保险库或比较安全的艺术品存储场所也是很好的选择, 因为这样的文件一旦受损后就无法替代。

藏品管理系统可选项：Excel等软件和关系数据库

　　藏品管理系统有哪些选择？收藏家又要如何选到正确的那一种？选择很多，并且不断在变化。藏品管理系统的选择取决于收藏家的需求和预算。以下的讨论并不是为了对藏品管理系统进行全面的分析，而是给收藏家提供一个概览，了解当下的基本信息和可选项。

　　许多收藏家一开始用 Microsoft Excel 来保持对自己收藏的跟踪记录，因为它作为大家已经熟悉的系统，无须投入太多即可以自定义的方式存储数据。作为电子表格，Excel 是很好的信息存储工具，对于那些只想大致掌握收藏信息的收藏家来说功能完全足够。尽管藏品管理系统有了巨大进步，Excel 在藏品管理方面也存在局限性，但有些人仍然坚持使用 Excel，因为这是他们习惯的系统。要知道，至少有一个国际公认的知名典藏依然仅使用 Excel 管理，因为该收藏的策展人在二十几年前就开始使用 Excel 进行藏品盘点，现在再改感觉会比较麻烦。还有一个收藏家，他在使用 Excel 表格的同时，将对应藏品的图像保存在 Dropbox（多宝箱）里。虽然与大多数定期提供数据导入服务的藏品管理系统供应商理念不同，但 Excel 对于活动不多的稳定收藏来说可能确实是足够的。不过 Excel 并不一直和收藏家的利益相符，尤其如果他们更希望能轻松查阅与收藏相关的图像和文档的话。

　　数据库相比前者不仅可以让收藏家得到相同的信息，还能有无数的应用方法，是一款强大而灵活的工具。在艺术界，最早和最流行的专业收藏管理系统是 1989 年发明的 Artsystems（艺术系统），以及 1993 年创建的 ArtBase（艺术基地），这两款软件系统都是基于 FileMaker Pro（一种数据库软件）创建的。许多艺术品交易和收藏家都会根据自己的需要用 FileMaker Pro 来建立自己的藏品管理系统。

　　有些藏品管理系统软件会受到艺术行业中一部分特定领域的用户青睐，但可能并不适用于其他用户。例如，被称为 TMS 的博物馆系统（The Museum System）是 1981 年专为纽约大都会艺术博物馆建立的藏品管理系统。这个系统软件价格昂贵，往往受到诸如纽约的古根海姆博物馆这样大量举办展览活动的大型机构的喜爱，但对于个人收藏家并非最好的选择（Zetcom 创立的 MuseumPlus 则是在欧洲开发的同类系统）。同样，Artsystems、ArtBase 和 ArtBinder（艺术捆绑）则更适合商业画廊，因为这几个软件更侧重销售。不过有很多私人收藏家也依赖于这几个被公认的软件。

　　上述这些软件的升级版也可使用，并在持续开发中。例如 ArtBase 就提供了 4 种开箱即用的版本，为画廊、收藏家及艺术家提供了不同的设计及定价。一些专业性更强且定制开发的藏品管理系统则可用于管理葡萄酒类或其他类型的收藏。

　　这些以本地安装软件为基础的藏品管理系统到底提供哪些服务，无法在这里一一说明，仅以 ArtBase 为例，许多艺术界专业人士将其描述为"将所有文件柜、名片册、图书馆和储物架里的所有内容都汇集于电脑桌面上，只需按一下按钮即可全部访问"。 [2] ArtBase 和其他藏品管理系统软件都属于关系数据库，这意味着人们只需在一处输入一条信息（例如邮件列表中的地址），就不用再次输入了（比如无须在发票或借展表格中填写）。这些系统能替用户自动处理很多工作，从自动生成登录号、调整图片尺寸，到为税务、资产和保险进行财务计算，再到度量和货币转换。通过相应的应用程序，收藏家可以在任何地方使用 iPhone 或 iPad 查看自己收藏的各色藏品（虽然艺术界有时抗拒改变，也不愿浪费时间适应新的科技，但几乎一夜之间，艺术品经纪人就都依靠 iPad 来管理其在艺术博览会上的库存了）。

　　以上这些系统最大的缺点也是所有软件的普遍限制，即用户和实体软件捆绑在了一起。例如一个收藏家在旅行中或有其他的住所，想通过其他位置的电脑更新信息就变成了一个难题。通常，建立数据库的藏品管理人员是在自己的电脑上或者部分在工作场所之外（例如在自己的家里）完成工作的。所以，保持收藏家数据库处在最新状态有时需要重复和乏味的复制粘贴和更新活动，也会有数据不统一的风险。

有了云端访问和其他网站服务，如 Dropbox，Google Drive（谷歌云端硬盘）工具的选项，与藏品管理系统软件结合后，以上障碍就不那么重要了。曾在纽约为一位国际知名收藏家打点收藏的艺术品管理员，即使 2005 年搬至亚利桑那州后，依然替该收藏家处理他分散于 5 个国家的藏品。一开始，她从位于偏远沙漠的住所利用 VPN(虚拟专用网) 连接到收藏家的 ArtBase 藏品管理系统中。[3] VPN 允许她访问位于纽约的计算机并将大量图片传输至数据库。此后，科技和互联网服务发展让 VPN 也过时了，这位管理员及她在纽约、巴黎、日内瓦的同事如今在网络上共享一个云端服务器。

所有电脑记录应该始终在外部硬盘上进行备份（虽然硬盘在某些方面也较脆弱或可能被盗），也可以备份于苹果 iCloud、Dropbox或 Google Drive 中，所有这类后台工作都是为了之后有恢复的需要而进行的增量文件拷贝。

藏品管理系统可选项：网络系统

这一选项是基于云端的藏品管理软件的起始点。基于网站的计算机信息处理，或者说"云端处理"，指的是通过互联网进行信息处理服务，而不是通过软件提供服务。云计算已改变我们的信息框架，也彻底改变了艺术收藏管理。同时，iPad 和智能手机在很短的时间内改变了收藏家与作品的连接方式。因此藏品管理迅速倒向基于云端的系统也就不足为奇了。这类系统中例如 Collector Systems（收藏当然，一切操作的前提是需要有无线网络或蜂窝网络链接。如果没有互联网，收藏家也没有提前下载数据到硬盘或 iPad 上的话，就不能访问其基于网络的藏品管理系统。这是这类网络系统的普遍缺点，也是软件藏品管理系统拥护者争论的重点。

系统)，全世界排名前 200 的艺术家中有超过 20% 的人都在使用。而总部设在伦敦的 Artlogic（艺术逻辑），艺术家艾萨克·朱利安（Isaac Julien，1960 年生）和维多利亚·米罗画廊（Victoria Miro Gallery）在其客户之列。**4**

安全一直都是云端存储信息的首要问题。随着过去几年大型企业和个人遭遇的层出不穷的"黑客攻击"，人们对云端是不是安全可靠的藏品管理平台存有意见分歧也是可以理解的。但是，在经济全球化趋势下，大多数大型公司、美国政府，甚至我们大多数个人用户都依赖云端系统进行加密交易，很多收藏家认为这利大于弊。现实情况是，亚马逊网络服务（AWS）、Google、Microsoft Azure（云计算服务）及其他大型数据中心等公司能比个人更好地保护我们的数据。这些数据中心有能力通过引导资源来解除日常威胁，并为终端用户提供符合行业标准的最佳安全体验。

如上所述，本地安装的藏品管理系统也不完全是安全的。毕竟，安全措施无论对于用户还是对于提供软件或服务的公司来说，都不是日常的优先考虑事项。事实上数据始终处于风险中。

云端藏品管理系统的优势是，收藏家和数据管理者可以在任何地点访问和更新藏品信息。此外对于艺术行业的从业者，如运输方、评估师和藏护师，都能通过系统与所需数据实时"对话"。例如，运输方收到邀请后可通过云端藏品管理系统了解他们需要的尺寸信息，或直接从他们的 iPhone 上传提货单并制作一份状态报告，而收藏家这边也会即时更新，收到邮件提醒交易事务正在处理中。云端的收藏系统（Collector Systems）管理未来还有更多的可能性，也在持续地发展中。

当然，一切操作的前提是需要有无线网络或蜂窝网络链接。如果没有互联网，收藏家也没有提前下载数据到硬盘或 iPad 上的话，就不能访问其基于网络的藏品管理系统。这是这类网络系统的普遍缺点，也是软件藏品管理系统拥护者争论的重点。然而，随着手机运营商提供的数据连接服务不断增加，这个问题也慢慢被解决。甚至，像 ArtBase 这样的基于软件的藏品管理系统公司如今也增加了云端选项。

存储数据的服务器所在的位置也会影响数据访问。云端存储并不是我们想象中那样由单一个体实现，而是由数千台分布在不同数据中心的服务器组成。如果收藏家在纽约，那么访问位于漂洋过海的伦敦服务器上的数据，将比访问本地存储的数据稍微多花费一些时间。但是需要注意的是，任何藏品管理系统供应商的数据中心（及其单点或多点服务器）的位置和安全性都值得确认。

收藏家在选择藏品管理系统时需考虑的另一个重要因素是数据存储的实际位置以及谁拥有数据的问题。如果提供服务的公司不复存在或供应商关系被切断，存储在云端的数据会怎样？或者说如果提供服务的公司被出售给了可能对收藏家私人数据感兴趣的收购方时，存储在云端的数据又会如何？ 2015 年，在佳士得以 1600 万美元的价格收购了 Collectrium（收藏馆）时，该公司已提供了 4 年的艺术品存储管理服务。Collectrium 的创始人曾向客户们保证他们的私人信息在佳士得绝对安全。在使用软件时，收藏家的数据仍然存储在他们个人的电脑里。但云端系统则完全不同，数据在本质上并未存储在收藏家那里。所以在与云端系统供应商合作时，收藏家要注意隐私、安全性的条款和条件。选择其他的备份方式也会是个明智的选择。

还有许多关于技术故障、电脑遭窃和其他可怕的事件，会使收藏家花费大量时间、精力和费用建立藏品重要记录的努力付诸东流。所以，保留纸质的备份是十分重要的。无论收藏家选择哪种类型的藏品管理系统，一个好的公司都会根据客户的要求为其数据制作数字副本，或者系统中有备份导出功能，便于收藏家可以在任何时候卸载数据。

报告

　　无论哪种类型的藏品管理系统，它们与 Excel 最大的区别及最大优势是可以生成多种格式的复杂报告。例如，一个收藏家希望查看仓储中的所有比萨拉比亚（Bessarabian）地毯，以决定哪一款放在新客厅里最合适，管理系统可立即调出一份带插图的报告，其中包括尺寸和价格等细节信息，无须再前往仓库查看。收藏家还能轻松创建用于保险的评估和藏品位置报告，或根据某一位艺术家、某种特定媒材或特定房间来搜索相关的所有作品。事实上，了解所有这些管理系统为了满足广泛需求而设计的复杂功能，本身就为艺术行业各方面提供了一个非常有趣的教育窗口。

费用及服务

　　安装这类复杂的藏品管理系统需要多少成本呢？价格范围可从几百美元的一次性购买费用，到几千美元的初始费用加上每月数百美元的用户费不等。对于后者，每位用户通常需购买许可证，再通过定制系统设置按月收费。如果是如 Collector Systems 这样的基于网络的系统，一开始的月费相对不会太高，但随着时间的推移，这些月费也可能增加（不过 Collector Systems 允许藏品管理员免费访问藏品管理系统的账户）。

　　对于总量不大或不是特别活跃的收藏来说，复杂的系统可能有些大材小用。除了 Excel 和 FileMaker Pro，一些简单的软件也是容易获取的。虽然相比于更复杂的藏品管理系统，这些软件提供的工具和选项有限，但其功能（包括搜索和报告功能）对大多数收藏家来说已经足够。Collectify（集锦）收藏和 My Art Collection（我的艺术收藏）是可立即下载且价格实惠的众多软件中的两个可选项。

不过这些更普通且即时可用的系统通常不提供无限的服务和软件更新。随着技术的快速发展和艺术品业务变得越来越复杂，大多数藏品管理系统每 2~3 年更新一次。而使用更基础系统的收藏家则必须自己主动更新系统，这也可能会涉及额外费用。

每位收藏家和艺术机构都有自己的需求和藏品管理方式，所以建议一定要先行研究。找到合适系统的最佳办法是与值得信赖的艺术界同行交流，查看各公司官网的产品演示。最重要的是，看看公司的业绩记录。他们经营多久了？有外部投资者吗？他们的客户是谁？他们的产品多年来是否始终稳定？

为藏品编目

一旦选择了藏品管理系统后，下一步就可以开始为藏品编目了。艺术收藏目录中都包含哪些基本要素？每件艺术品相关的信息总量和把所有藏品的所有信息整理进一个管理系统的这个想法，听起来就令人生畏。导致这种困难的一部分原因来自很多收藏家认为需要收集到每件作品的所有相关信息后才能开始编目工作的想法，但事实上并非如此。

第一步只需要简单地识别收藏中的所有作品。当这些信息保存在易于访问的地方时，收藏家可以把信息分阶段进行编目，例如从最基本的信息开始：艺术家名字、标题、年份、媒材、当前位置和图片。下一步可能包括导入文档和对作品进行测量等。作品出处和展览记录这样的信息则需要进行一些研究，这些工作可以随着时间的推移完成。

数据库收到的数据有多优质，之后生成的数据就有多准确。因此给藏品编目时要求人们注意每个细节。对藏品进行检查、测量、描述以及研究是一个和藏品亲密接触的过程，这会带给收藏家极大的满足。要成为自己收藏的专家，没有什么比亲自经历这个过程更好的方法了。

编目清单

藏品目录的基本组成部分如下：

媒材（物件类型）

物件属于什么种类？这个字段指的是艺术品类型，如绘画、纸上作品、雕塑或装置。大部分数字化的或网页版的藏品管理系统在这里都有一个下拉菜单，可以由用户进行自定义。此字段是强制性的，如果没有进行选择或完成填写通常无法保存当前记录。

艺术家

在记录艺术家的姓名时，通常将姓录入在名之前，例如将约瑟夫·霍夫曼录入为"霍夫曼，约瑟夫"。藏品管理系统通常会将姓与名设置成两个独立的字段，以及另设一个"别名"字段。如果碰到未知艺术家的情况，比如需要为古董编目，则可以用时间或地区代替，如"古埃及"，或者也可以写"未知"。

标题

如果情况适用的话，应使用艺术品的原始标题。虽然这看起来是个简单的问题，但有时情况可能会很棘手。例如，一件艺术作品可能多年来被冠以不同的名称，尤其是还涉及翻译的情况下。因此最好的方法是，如果原标题是法语，那么标题则应始终保持为法语。译名最好添加在括号中或保存在记录的"注释"部分。一些藏品管理系统中也为译名提供额外的字段。

有时候，艺术家也会有意无意地改变作品标题。一件艺术品可能以一个标题进行展出，多年后展出时标题却变为了另一个，久而久之这就会造成一些困扰［并非所有艺术家都对作品标题很挑剔。一位法国收藏家在 20 世纪 60 年代购买了西格玛·波尔克（Sigmar

Polke）的一件作品，2007 年收藏家联系这位艺术家以求得知该作品的标题，波尔克回答"怎样都行"。于是收藏家和经纪人就为作品取了个新名字〕。

如果是古董藏品，则往往由古董商命名，如：埃及的青铜猫坐像。

没有标题的作品会用带方括号的［无题］来标记，这是为了和本身标题就是《无题》的作品区分开。

库存（入藏）编号

给收藏中的每一件作品分配一个入藏编号是很重要的。为了避免人工输入可能产生的错误和重复，应该使用数据库自动生成的入藏编号。这应该是唯一一个无法编辑的字段。

收藏家可以根据收藏的重点、需求和规模设计自己的库存编号系统（如收藏年份是 2019 年，编号格式可设置成 2019.001，或艺术家姓名缩写等要素）。如果作品是被几个不同的收藏家（比如父亲和儿子）共同拥有，并且都在同一个系统中进行编目，那么藏品的入藏编号需要以拥有者姓名缩写作为开头进行编号，以便于识别藏品拥有者（如 CRF.014 和 NRF.003）。

库存编号也应被标记在艺术品表面的某处，合适的标记位置和方法需根据作品而定，但应尽量在不显眼的地方，且同一类作品应该在统一的位置进行标记。对于绘画作品来说，最理想的选择是在画框或内框背面用铅笔标注或贴上不干胶标签（绝不可在画布上标记）。对于雕塑来说，可以在基座上贴上不干胶标签。如果在作品上没有这样的库存编号标记，就会出现重复记录的情况。

（一些画廊和艺术品仓库使用条形码和微芯片来记录作品入库，一些藏品管理系统为此也会以免费或付费形式提供条形码技术。但此类系统对个人收藏家来说既昂贵又繁重，还可能对艺术品造成侵害，一旦有问题也难以进行追溯。）

标签内容在格式上应一致，除了库存编号，其中还应包含与作品相关的基本信息，如艺术家的姓、名、年份、材料（"标签式拷贝"）。有了这些信息，识别一件艺术品会变得容易得多。标签可通过用激光打印在无酸不干胶纸上的方式制作。

库存编号也应在相关的照片和包括展览画册及文献在内的文件上进行标记。画册与收藏记录通常是分开保存的，一般会放在图书馆或大厅的书架上。时间一久，收藏家可能会累积数百册此类出版物。相关作品对应的库存编号和资料中的相关页数应在画册或文件较显眼的地方标明（比如在封面内页上）。最后，无论选择什么系统，编号都应统一。

签名

作品是否有签名或题词？如果有，是如何制作的？位置在哪儿？是印刷的还是手写的？签的是全名还是首字母？签名或题词位于画作的正面还是背面？是用墨水、铅笔或颜料写的还是刻在作品上的，还是说是用印章落款的？这些都需要具体说明。例如可写成："签名、正面、用铅笔写于右下角：'M.Beckmann'"，或者"艺术家的印章在作品反面的中间"。

尺寸／重量

尺寸信息通常是需要同时设置英寸和厘米两种计量单位，一些藏品管理系统可以自动转换单位。能针对此类信息提供多维度字段，对于藏品系统来说是一个优点，这对于能同时记录带框的和无框的尺寸很重要。对于摄影作品，印刷品的尺寸和图像尺寸是有差别的，所以都应该被记录下来。在某些情况下，可能还需要包括板条箱尺寸、装置展示的房间尺寸、视频时长等。

工艺

作品是由什么构成的，该字段应尽可能清晰描述。例如："薄的灰白编织纸上的影印石版画""编织纸上的毛笔和墨水""刺绣布面的档案级别染色"。这些信息应在画廊的收据或拍卖目录中提供。例如，一件用回收的、盖满油墨印章的城市海报组成的作品，在发票上被描述为"纸上的油墨，拼贴画"。

就摄影而言，由于印制过程和使用的纸张差异很大，精确的描述至关重要。例如，"显色彩色印刷，迪亚赛克（Diasec）专利工艺装裱"、"明胶卤化银印制"、"Museo Silver Rag 喷墨相纸"（一种档案级别的亮面喷墨相纸）。

日期

作品是什么时候创作的？日期的格式保持一致也很重要。例如，需要决定是使用"*c.*"还是"*circa*"（约），是写成"*c.*1950"还是"1950s"。如果日期格式不一致，搜索日期会变得麻烦（使用一致的格式也会使报告整体看起来更简洁）。

版本

对多版限量艺术品、印刷品和摄影作品来说，版本是最为重要的信息之一。完整的版本编号包括印刷品的特定版本号以及版本的总数，例如需写成"3/20"，而不仅仅是"3."。如果版本总数中还有艺术家自存版（"AP"版）和其他的试验版（trial proof），那么都应明确记录（如"3/20 + 2 AP"），以及需记录特定系列中的版数，例如"《试观此人》系列版画中第 75 版"。

作品全集

来自作品全集画册的参考资料都应该被记录下来，包括画册作者，出自哪一卷，以及参考资料的编号，例如，"杜克斯·S. 卷一，75"。

对多版限量艺术品、印刷品和摄影作品来说，版本是最为重要的信息之一。完整的版本编号包括印刷品的特定版本号以及版本的总数，例如需写成"3/20"，而不仅仅是"3."。如果版本总数中还有艺术家自存版（"AP"版）和其他的试验版（trial proof），那么都应明确记录（如"3/20 + 2 AP"），以及需记录特定系列中的版数，例如"《试观此人》系列版画中第 75 版"。

购买价格

购买价格及日期也应该记录在藏品管理系统中。购买价格指的是作品的支付价格或计税基础价，但收藏家还需记下所有可能得到的折扣以及支付的消费税。拍卖时附加的酬金也应被视为购买价格的一部分加以记录。

请注意：购买价格与价值或零售价是不同的。零售价是指不含税或未经打折的价格。

卖方／作品来源

购买作品的准确地点，无论是在拍卖行、画廊、艺术家工作室还是私人住宅，都应该被记录。卖方的完整地址也应包括在内。

作品出处

正如第一章中讨论的（见第 65—66 页），所有艺术品的出处在二级市场上是影响其价值的关键信息。应列出所有已知的前任拥有者、转让的日期，和诸如遗赠、捐赠或出售等转让方式，顺序应从最早的拥有者开始，例如：

［1963 年 8 月］从艺术家手中购买；

［1979 年 9 月］委托给纽约的利奥·卡斯特利画廊；

［1980 年 6 月］由纽约的德·帕斯卡尔收藏（de Pasquale Collection）购买；

［1983 年 11 月］委托给巴塞尔的贝耶勒画廊（Galerie Beyeler）；

［1995 年 1 月］现所有者收购。

作品价值

所有类型的估值及其相应日期都应包含在编目信息内（如公平市价、保险、遗产等，见第三章，"什么类型的价值？"，第 113—

114 页）。在这一栏的注释中标注其他可参照价格的艺术品是一个不错的主意，无论是通过价格数据库获得的当前参照作品价格，还是从市场上（如艺博会或画廊里）直接获得类似作品的价格，都是很有参考价值的。

作品状况

作品的大致状况及记录状况的日期都应该被标注。收藏家应花时间亲自仔细地观察每一件艺术品。

作品状态描述的基本术语包括"崭新""非常好""良好""一般""差"。任何破洞、裂痕、污渍、颜料脱落、霉点、脆裂、褪色等情况都要注明，并记录这些缺陷在作品上的确切位置。所有出现问题的地方都应被拍照，并录入数据库中的作品保护区域。

藏品位置

这一字段指的是艺术品被放置的实体位置，如"图书馆西墙的右上角"。不要把"位置"与"状态"混淆（见下文）。

作品的保护历史

与作品保护有关的文件和记录都应被录入数据库。其中包括作品状况报告的扫描件和电子版本，保护工作相关的收据和诸如"处理前"和"处理后"文档这样的图像记录。

对于绘画和摄影这些光敏作品，收藏家应对作品暴露在外的历史保持记录，标注作品展出的时间范围。

作品的展览历史

数据库中应包含作品展出的历史记录、相关展册和确切的放置位置。其中应包括展览的完整名称、日期及地点，例如：

纽约，所罗门·R.古根海姆博物馆，展览《6位画家与物体》（*Six*

Painters and the Object），1963 年 3— 6 月。

沃斯堡美术馆；华盛顿赫什洪博物馆和雕塑花园；纽约大都会艺术博物馆，展览《1940—1970 年纽约绘画及雕塑》（*New York Painting and Sculpture: 1940—1970*），1969 年 10 月 —1970 年 2 月，见同名展册第 216 页，228 号（插图）。

纽约，惠特尼美国艺术博物馆分馆，展览《漫画艺术展：绘画和流行文化中的卡通》（*The Comic Art Show: Cartoons in Painting and Popular Culture*），1983 年 7—8 月，见同名展册第 69 页（插图）。

纽约，高古轩画廊，展览《特里梅因收藏的波普艺术》（*Pop Art from the Tremaine Collection*），1985 年 10—11 月，第 60 页（彩版）。

作品描述

这里指对作品进行具体的视觉上的描述，例如"印象派风景，蓝紫色背景中央的落日，左侧为抽象的帆船"或"金属花瓶，用黑漆装饰，瓶口饰有镀烙斜纹，并与圆形边缘匹配"。该字段还应包括对画框及其他材质的详述，例如"2.54 厘米宽 ×2.54 厘米深的现代风格画框，光滑、亚光黑色表面"。

艺术家简介

艺术家简介应总是以艺术家生平开始，需要在艺术家姓名后的括号中指明艺术家的出生 / 逝世时间，例如"西格玛·波尔克（1941 年 2 月 13 日 — 2010 年 6 月 10 日）"。如果信息来自网络，则应注明出处。方便的是，由于大多数藏品管理系统数据库之间的关联性，一旦某个简介与收藏中某位艺术家的一件作品关联，在数据库中就会与同一艺术家的所有作品关联。画廊通常也会在购买作品时一并提供这些信息。

参考书目／文学作品

指对作品的所有评论和引用。画廊通常都可以提供这些信息，即使没有画廊代为处理，当代艺术家也会亲自保存最新的清单。例如："马蒂亚斯·温岑（Matthias Winzen）编，《托马斯·鲁夫：从 1979 年到现在的摄影》（*Thomas Ruff: Photography 1979 to the Present*），科隆，2001 年，第 192 页，第 14 号彩色插图。"

作品图片

藏品的彩色照片是藏品管理系统中的关键内容。收藏家应在这部分内容中包括签名、题字、破损状况、识别标志，以及安装过程的快照图片，这些对藏品投保会有帮助。此外，藏品背面通常也带有如展览标签、批号、结构参考及附加题字这类重要的作品信息，也应该被拍照记录。画框也应被拍下来，因为有时画框比艺术品本身更重要。

收藏家在购买时应该让卖家尽可能多地提供他们拥有的照片（画廊网站的图片往往太小，不符合需求）。大多数画廊都有作品的高分辨率照片，可以便利地通过电子邮件发给收藏家，以便立即上传到藏品管理系统中。如果某件作品外借展出，那么在博物馆或画廊为画册、宣传等需要拍摄了专业摄影照片之后，收藏家再索要照片会是个明智的做法。

艺术品的照片需要达到什么要求？任何质量的照片都比没有照片好多了，但通常建议在藏品管理系统中存储打印质量为 300 dpi 的照片。不过如果仅满足识别藏品的话并不需要高分辨率的照片，以免照片过大导致超过管理软件容量或产生额外的维护费用。高分辨率的照片可以存储在其他地方，比如 Dropbox。

不过需要注意的是，照明物和镜面上的灰尘反射会导致眩光和变形。有时，为了拍出好的照片需要一些小技巧，如调整灯光、用白纸为背景创造光源，或把艺术品放置在自然光下再进行拍摄。

严谨的收藏家会发现，请专业人士拍摄所有自藏的艺术品，或至少最珍贵的艺术品是值得的。有时某位编撰艺术家作品全集的作者也会向收藏家提出进行专业拍摄的需求，因为作者自己通常没有支付此类服务的资金。由于作品被收录在作品全集中能提高其价值，大多数收藏家还是倾向于接受请求。

出于对艺术品的保护，应请专业摄影师来现场拍摄，虽然这样的服务会产生额外费用，但收藏家必须在成本和风险之间有所权衡。大多数摄影师可携带合适的设备，按小时或按天收费。纽约的一位重要收藏家每年会请同一位摄影师拍摄过往一年的新藏品。由于拍摄操作考究，费用接近 2500 美元一天（周末 3500 美元一天），数字后期制作是每小时 110 美元。当然还是有更便宜的选择，例如一些艺术家／摄影师兼职做商业摄影，而经常使用这些摄影师的画廊自己也愿意分享他们的联络方式并给予推荐。

作品状态（包括销售状态）

艺术品的状态也应在数据库中注明，以便记录艺术品当前是处在展示、存储、借出、寄售，还是藏护等状态中。藏品的销售记录应该包括在数据库中 (而不是在售出后删除记录)，这通常可以在"作品状态"这个类别中注明。

保持一致的重要性

录入的数据质量决定了藏品管理系统的好坏。为了效率最大化，数据输入的一致性和准确性至关重要。如果收藏家把某件作品的位置写为"门厅"，但管理者却将同一位置称为"大厅"，那么搜索"大厅"就无法看到在该位置的所有作品。同样，如果拼错了一次艺术家的名字，那么搜索该艺术家后其结果不会包含那件作品。尽管数字版或基于网站的藏品管理系统相较以往更易操作，能够捕捉和纠正差异，但所有管理系统的用户共享统一的术语和方法是至关重要的。也可通过尽可能使用系统设定下拉菜单来减少术语不一致的情况。如果是更成体系的工作需要，则建议定制并和所有系统用户共享一个登记手册或指南。在藏品管理系统中创建和编辑记录的访问权限还应进行严格限制，并与可能有访问权限的人（如收藏家的家庭成员）区分开。

从编目的角度，如何界定"艺术品"？

　　一旦收藏家建立了藏品管理系统，通常随之而来的问题是，究竟要在系统中录入哪些东西？怎样才算是值得被编目的艺术品呢？拥有伟大艺术品的收藏家也可能碰巧拥有更多业余的作品，比如朋友或亲戚的作品，或一些不太著名的艺术家的作品。还有一些艺术家会制作可被视为版画原作的圣诞卡，收藏家则无法确定是否这类物件值得被包括在数据库中。

　　对装饰艺术来说，哪些物件能够被包括在数据库中的决定就特别具有挑战性。财产、收藏品和艺术品之间的界限有时的确很难划清。虽然大多数收藏家会觉得应将从维也纳经纪人那里购买的维也纳工坊（Wiener Werkstätte）吊灯录进数据库，但当婚礼时收到一件由威尼斯穆拉诺岛的维尼尼（Venini）工作室定制的家用银器或精致玻璃花瓶时，他们则无法确定该如何处理了。20 世纪 70 年代，一位收藏家参加纽约现代艺术博物馆的筹款晚宴时，收到一件 16.5 厘米的白色彩绘木雕作为晚宴礼物。这件小装饰品实际上是雕塑家路易斯·内维尔森（Louise Nevelson，1899—1988 年）创作的一套限量 950 版的复制品中的一件。直到几十年后这个系列开始慢慢出现在市场上，这件木雕都未被视作收藏的一部分。

　　除此以外，家中的物品也可以用藏品管理系统编目，特别是那些有价值或有意义的家具和物品。这些物件虽然严格意义上不被视为艺术品，但对于收藏家来说也具有美学、经济和情感价值。很多时候，家族中经过多年收藏、积累的，诸如瓷器、银器等物，在我们还未来得及了解其来源和历史时就被传给了下一代。当然，全面的记录对于保险与遗产方面来说也非常宝贵。因此，收藏家应考虑在藏品管理系统中设置多个目录：其中一个专门记录艺术品，一个专门记录家具，以此类推。除了能够按类别定制、设置不同编目的通用系统，还有为设计、邮票以及其他收藏品专设的藏品管理系统（例如，为私有资产管理设置的可共享版本）。编目中到底要包括哪些东西最终还是取决于收藏家自己，这通常视个人能够在档案管理上投入的时间和资源而定。

库存管理外包

与房屋维护和保持税务记录一样，藏品及库存管理无疑是一项艰巨的任务。随着收藏家日益增长的需求，越来越多的艺术专业人士出现了，包括评估师、艺术顾问、私人财富经理和保险公司。在其提供的核心服务之外，他们还提供了一系列额外的艺术收藏管理服务。

在需要分享藏品细节时，相互间的信任则是最重要的。不仅因为收藏品是金融资产，鉴于艺术世界中充满竞争的现状，艺术品的信息本身就是珍贵的商品，所以需要绝对谨慎。今天的艺术界比以往任何时代都更加变幻莫测。博物馆的策展人可以跳槽至花旗银行，花旗银行的顾问可以成为艺术经纪人，接着成为博物馆馆长，艺术品收藏管理者有一天也可以进入商圈，因为画廊和拍卖行委托的藏品便是这个领域的流通货币。经纪人和拍卖部门负责人都善于获取私人收藏的信息，利用画廊酒宴提供吸引人的免费服务（诸如鉴别艺术品和专家咨询服务），从掌握藏品的人那里获取有价值的信息（也许某天还能得到委托寄售的机会）。因此，严谨的收藏家需要与受委托管理藏品的人签署保密协议。

在有些幸运的情况下，收藏家可以在管理收藏中获得帮助，那么沟通就至关重要。正如掌握自己收藏的数据很有挑战性一样，收藏家经常会忘记将藏品的相关信息传递给他们的专业人员。众所周知，艺术品的所有者常会心血来潮地挪动自己的藏品，例如把郊区仓储柜中的一系列印刷作品转移到曼哈顿的办公室，或者为了减轻税务而将某些艺术品赠予子女，尽管作品仍放在家里（见第十章，"赠予及遗产规划"， 第 313—326 页）。如果作品存放的位置或作品所属权产生了变化，但藏品的管理人员并不知情，那之后会产生一系列问题。收藏家忘记自己收藏的艺术品的位置，甚或忘记其存在的情况也并不少见。

第三章
价值评估

站在藏品管理的立场来看，要做好藏品维护，最为关键和最具挑战的方面之一是对其进行价值评估。无论是为了保险、纳税、财产规划，还是出于融资或者投资等目的，藏品"价值几何"这个问题总会屡屡浮现。不同的情况赋予藏品不同类型的价值。更复杂的是，评价估值具有高度主观性。从瞬息万变的市场，到反复无常的审美品位，估值是高度主观化的，并且一件艺术品的价值可以在任何特定时间根据多种因素发生变化。此外，艺术市场本身即一个由大约 300 个代表特定行业的小市场组成的综合体，[1]并且这些行业之间并不同步。尽管为某件艺术品赋予价值不再是属于少数人的领域，新的鉴定工具及清晰的估价流程和指导也已逐步形成，但评价估值不是 —— 并且永远也不会是一门精确的科学。

大多数收藏家都急切地希望知道自己的藏品价值几何，但又可能不愿意投入鉴定所需的时间和金钱成本。有时需要以某个事件为契机 —— 一份贷款、赠予税，或是某人离世，才促使收藏家对作品进行估价。对于更大型的收藏或是那些继承而来的藏品，可能会很难知道从何处着手进行价值评估。本章节将研究不同类型的价值，并探讨价值是如何被确定的，以及重新评估价值的频率。本章还将就邀请哪类专家进行评价给予建议并说明建议的原因，而且强调潜在的利益冲突。

价值评估与鉴定估价

尽管"价值评估"（valuation）与"鉴定估价"（appraisal）这两个用语常常被互换使用，但它们之间其实存在着重要区别。

艺术品交易活动中的很多人都在为艺术品赋予价值。其中最首要的就是那些经纪人，他们承担着给艺术品定价这项艰巨任务。拍卖行里的专家同样需要给出价值评估，不过往往给出的是从最高估价到最低估价的一个范围，由于包括客户意愿在内的许多商业竞争因素，这些估计并不总是与实际潜在价值严格相关。策展人也经常被要求衡量价值，无论是为了有收购意愿的博物馆董事会，还是为了请他们就寄售作品提供意见的经纪人。收藏家自己在购买或出售作品时，至少在他们心里也会评估价值。

另外，鉴定估价是受过专业教育、具备经验和资质的人员给出的专业意见，并且这些人员因此能够获得报酬。在美国，"合格评估师"是特定领域内公认的专家，是符合美国评估促进会（Appraisal Foundation）制定的《专业评估统一执业标准》（*Uniform Standards of Professional Appraisal Practice*，简称 USPAP）的独立个体。在估值监管缺失的情况下，《专业评估统一执业标准》被制定出来作为指导准则。

如果是因为捐赠、赠予和遗产相关的税务（见第十章"退藏、赠予和遗产规划"，第 298—326 页），美国国税局（Internal Revenue Service，简称 IRS）要求以符合《专业评估统一执业标准》主旨和原则的方式进行估价。[2] 这也是使用艺术品作为抵押品的银行贷款的通常标准。虽然合格的评估师受制于《专业评估统一执业标准》，并可能因评估不正确而受到国税局的处罚，[3] 但需要注意的是，与某些专家不同，评估师不是作品鉴定人：合格的评估师对一件艺术品价值的评估仅是基于手头已有信息的价值陈述。

选择一位评估师

与艺术品收藏管理的其他方面一样，在寻求估价时，收藏家应向值得信赖的来源 —— 如其他收藏家、博物馆策展人或其他可靠的同事寻求推荐。应始终对评估师的资历凭证进行评估。这位评估师的教育和从业经验如何？这些经验是否与评估所需的确切专业领域相符？他 / 她是否至少拥有艺术史学士学位，以及在特定市场领域的受训和从业的经验如何？一位好的评估师将专攻特定的媒介和时期。虽然精通印象主义的评估师也可能有资格对哈德逊河派的一幅画进行估价，但这位评估师很可能没有资格为非洲部落艺术给出估价，只是因为专业领域之间实在相距太远。声称能够同时做出这两种估价的评估师应受到质疑。在美国，美国评估师协会（Appraisers Association of America，简称 AAA）是在专业领域和地理区域内寻找合格评估师的可靠资源。

在选择评估师时，还需要讨论一些工作条款。评估需求的性质是什么？收费结构如何？工作是按小时收费还是按项目结算？评估工作需要多少时间？在任何情况下，都不应以评估对象估价的百分比收取费用，任何提出这种收费方案的评估师都应被取消资格。

一旦选定了评估师，收藏家就有责任提供与被评估作品相关的所有信息，并提供一个工作环境，使评估师能够在尽量无须移动艺术品的情况下完成最佳工作。照明应该足够，并且可能需要艺术品装卸人员在场。

价值评估的替代来源

专业评估可能非常昂贵。费率既可以按小时计算，也可以按报告定价，并且会因地理区域而异。如果需要评估整个收藏，花费确

在选择评估师时，还需要讨论一些工作条款。评估需求的性质是什么？收费结构如何？工作是按小时收费还是按项目结算？评估工作需要多少时间？在任何情况下，都不应以评估对象估价的百分比收取费用，任何提出这种收费方案的评估师都应被取消资格。

实会相当高昂。而且，虽然保险公司可能需要对超过一定货币价值的作品进行评估，但保险公司对评估来源和真实性通常漠不关心：只在发生纠纷时这才会成为一个问题。此外，一些收藏家虽急于了解其藏品现值，却对"外人"进入他们家并了解自己拥有的藏品这个想法感到不适（有些人甚至会在评估师或其他专业人士进行现场访问时遮盖或移开那些不需评估的艺术品）。基于所有这些原因，在无须有资质的评估时，收藏家通常会依靠其他可信赖的来源获得估价，但有些问题需要被考虑。

拍卖行定期提供估价，对于尊贵的客户是不收取任何费用的。这类评估通常由一份带有作品价值的简单艺术品清单构成（在没有配备内部专家的区域，拍卖行也会提供帮助，介绍外部专家）。众所周知，拍卖行会利用这些机密信息向潜在买家购买艺术品，甚至将这些信息输入自己的数据库中，因此收藏家应当谨慎行事，只与确认不会做出这类行径的信任的个人合作。收藏家还需谨记，拍卖行有时会在短短几天内评估数百件物品。鉴于数目繁多的细微差别均可影响单件艺术品价值，这些评估也许并不总是足够的。正如按小时计费的专业评估师标明的，有些作品比其他作品需要更多的研究。

同样，艺术品经纪人也会为其重要客户提供同样的估价服务。收藏家往往回头去找他们最初购买艺术品的经纪人，询问他们对（艺术品）当前价值的看法，因为他们是收藏家多年一直信任的专业人士。由于经纪人和拍卖行专家对于他们出售的艺术品具有专业知识，并且自己本身就能决定市场价格，所以他们实际上可能最适合提供估价。毕竟，谁会比这些经营艺术品市场的人更了解这个市场呢？

尽管以上两种选择都可让收藏家免除巨额费用及不必要的曝光，但这种估值可能会引发其他担忧。显然，拍卖行提供这些服务是希望有一天能够得到藏品并接受寄售委托，即便这些财产不是那些被评估的艺术品。在向尊贵客户提供这样的免费服务时，这些拍卖行有时会过分热情。在一个案例中，一位重要的德国收藏家请求拍卖行的客户服务部门为其收藏的一组艺术品提供保险评估，这是一种常规做法。由于内部沟通失误，拍卖行在为即将到来的一场拍卖的拍品目录精心制作实体模型时，将这位收藏家的其中一件待估藏品大肆展示在封面上。由于根本无意售出藏品，这位收藏家对于这样毫无根据的推断非常震惊并深感冒犯。因此，对于利用这类服务的收藏家来说，确保自己的目的被正确理解是非常重要的。

艺术品经纪人也定期帮助客户为其收藏的作品评估价值。但如果进行评估的经纪人就是最初将藏品出售给收藏家的人（通常是这种情况），那么即使这件藏品自出售后并没有升值，也要让客户觉得藏品升值，这才符合经纪人的利益。此外，经纪人也总是对获得藏品寄售感兴趣。如果感到有可能达成一项寄售委托，经纪人可能倾向于提供实际低于当前市价的估价，以便在商定的净值上将潜在利润最大化（见第十章，"通过艺术品经纪人出售"，第 308—309 页）。

总之，拍卖行和经纪人都是利益相关方，他们提供的估价可能并不总是客观公正的，也不一定会被税务机关或借贷方采纳。

什么类型的价值？

在讨论价值的时候，重要的是认清待讨论的是哪一类型的价值。价值的类别众多，而对于艺术品收藏家而言最重要的是以下 3 类价值。

公平市场价值（FMV）

公平市场价值的定义是在买卖双方充分了解所有相关事实的前

提下（例如在同一个拍卖环境中），自愿买家支付给自愿卖家的金额。公平市场价值一般用于遗产和税务估值。人们可以将其视为批发价值。

零售重置价值（RRV）

零售重置价值有时被简称为"重置"价值或是"零售"价值，往往高于公平市价，并主要用于保险估值。它代表的是在任何特定时间内的零售情境下，用于替换某件物品的实际花费金额。零售重置价值与画廊售价相当。

适销现金价值（MCV）

这一价值是公平市价减去因出售物品产生的费用，比如拍卖行酬金或经纪人佣金，以及其他交易成本。适销现金价值通常在需要分割资产时使用，例如在解除合伙关系和离婚的情况下。

价值评估因素

就如同其他市场一样，艺术品市场同样以供需为基础。然而，确定一件艺术品的价值是一个复杂的命题。评估师需权衡许多因素，其中一些因素非常难以量化。他们依赖于事实，但估价最终的本质是一个知情判断或意见。虽然也有以下概述的某些准则可依，但每条准则都有例外。因此，估值这件事没有所谓的"公式"。每件艺术品都是独一无二的，必须对其与众不同的特点加以审视。

在确定一件艺术品的价值时，会发挥作用的有以下因素。

作品真实性

这件作品是真品吗？也就是说，这件作品是否如声称的那样，是由特定艺术家在特定时间完成的？真实性调查涉及艺术史研究与鉴赏，在某些情况下还涉及对材料的科学测试。作品签名和其他注释也能提供某些线索。当学者们无法就某件作品的归属达成一致时，可以寻求技术测试 —— 例如"马特"系列绘画这个案例，当有些人试图将一系列小尺寸画作[译者注：据称被发现于艺术家朋友的儿子，亚历克斯·马特(Alex Matter)拥有的一个旧储物柜中]归于杰克逊·波洛克时，材料分析表明，绘画中使用的一些颜料是直到杰克逊·波洛克死后才出现的。**4**

显然，假如一件艺术品是赝品，其价值则与真品价值大相径庭。但正如第一章讨论过的（见第70—75页），真实性并不总是那么容易确定，关于某一特定作品是否真实的看法会随着时间而改变，在古典大师领域尤其如此。一些当代作品，如弗莱文或勒维特的作品，只有在作品附有真品证书时才具有价值，其艺术品的价值更多留存于真实性的有形证明，而非实物本身。

作品品质

品质同样也是决定价值的因素。但是构成"品质"的是哪些内容呢？如构图、调色和技法完成情况这类形式特征当然是作品质量的一部分，但品质也可以存在于作品不那么明显的特点中，存在于鉴赏者和评论者感受到的那些微妙和难以言喻的特质里。对于品质的判断是主观的，也会随着时间推移而改变。

对许多艺术家而言，那些往往象征着其创作顶峰，或是观念或智力突破的某些创作时期比其他时期更具有价值。例如，创作于毕加索的蓝色、玫瑰或立体主义时期的作品通常比他后期的作品具有更高的价值。然而，毕加索晚期作品的价值，尤其是前一阵子其"火枪手"主题作品的价值急剧上升的这一事实表明 **5**，人们对艺术品的品位确实在变化，作品价值也相应地发生变化。这也再次证明，每一个普遍性都有例外。

某些图形或主题 —— 如毕加索的传奇情人多拉·马尔（Dora Maar）、弗朗索瓦·吉洛（Françoise Gilot）或玛丽–泰蕾兹·瓦尔特（Marie-Thérèse Walter）—— 被认为更受欢迎，也有助于相应作品的品质评估。2010 年 5 月，以泰蕾兹·瓦尔特为主角、创作于 1932 年的作品《裸体、绿叶和半身像》在纽约佳士得拍卖行以 1.065 亿美元成交，尽管创作时间较晚，它依然成为当时拍卖会上最昂贵的艺术品（这件作品出处过硬，售出前被洛杉矶收藏家西德尼和弗朗西斯·布罗迪夫妇收藏了近 60 年）。就摄影作品而言，原始照片 —— 艺术家自己冲印或原始图像在 20 年内冲印的作品通常比之后的印制版本更有价值。对于后者，必须确定它们是否已获得授权。

作品稀有性

与价值密切相关的品质是作品稀有性。对于某件作品而言，首先有多少类似作品存在？其次，其中有多少作品能在市场上找到？据说纽约大都会艺术博物馆支付了 4500 万美元购买了意大利文艺复兴时期大师杜乔·迪·博尼塞尼亚（Duccio di Buoninsegna）的一幅小版画，该作是已知的最后一件被私人收藏的杜乔作品，这次交易也成为该博物馆最昂贵的一次购藏。这位锡耶纳画家创作的作品只有大约 12 件幸存至今，而该博物馆的《圣母与圣婴》（*Madonna and Child*，约 1300 年）—— 也被称为《斯托克雷圣母》或《斯特罗加诺夫圣母》—— 是为数不多的独立完整的作品之一（而不是祭坛的装饰碎片）。其原始的 14 世纪画框及证明作品早期祷告用途的蜡烛火焰燃烧痕迹，令这件作品更为稀有，它的确是一幅价值空前的画。[6]

尽管爱德华·蒙克（Edvard Munch, 1863—1944 年）的《呐喊》（*The Scream*）有 4 种不同版本，但鉴于图像的高度标志性，且其中 3 件作品已经归博物馆所有，不太可能购得，因此第四个版本，即 1895 年完成的粉彩画，2012 年在纽约苏富比拍卖行进入市场时被认为"稀有罕见"，其价值也被推高至 1.2 亿美元（并打破了前文提到的毕加索作品的纪录）。

作品印数和版数

对于多版限量艺术品来说，一般规则是版数越多，单件作品的价值就越低。在所有其他条件相同的情况下，版数为 300 的多版限量艺术品中的单个版本，其价值将低于版数为 30 的艺术品的单个版本。

在一个强调了版数价值的新颖案例中，一位收藏家起诉一位艺术家，理由是该艺术家将一件已经关闭版数的作品重新开放并制作了更多的版本，该收藏家声称他现藏的这位艺术家作品的价值因此被削弱。美国收藏家乔纳森·索贝尔（Jonathan Sobel）收藏了 190 张由威廉·埃格斯顿（William Eggleston, 1939 年生）于 20 世纪 70—80 年代拍摄的限量版摄影作品。当这位艺术家决定利用旧底片制作 36 幅更大型的数码印刷作品时，这组藏品当时估值为 300 万—500 万美元。然而随着新版作品的价格在佳士得纽约的专场拍卖会上打破纪录，这位收藏家争辩道，如果他早知道这位艺术家打算制作这些新作品，他就不会购买现在自己拥有的这些藏品了。换句话说，作品的市场价值在于它的稀缺性：如果同一幅照片制作出了多幅作品，那么单幅作品就变得不那么有价值了。艺术家反驳说，作为作品的版权所有者，他有权使用数字技术制作更多的印刷品，而且这些照片无论如何都是完全不同的。[7]

对于多版限量艺术品来说，一般规则是版数越多，单件作品的价值就越低。在所有其他条件相同的情况下，版数为300的多版限量艺术品中的单个版本，其价值将低于版数为30的艺术品的单个版本。

对于印刷品中的版次编号是否影响价值（例如 1/30 和 25/30 相比），似乎存在着令人困惑的地方。印刷类的作品和多版限量艺术品不一定按照其制作的顺序签名，因此编号为"1"的印刷品可能并非在任何情况下都是第一版。印刷作品的质量将是价值的决定性因素。对于那些古典大师作品和现代版画来说，因为用到了版印、石印和木版印刷技法，印制的清晰度和明快度则造成了作品品质的不同。而涉及更先进的技术——如数字印刷时，限量作品中的每一个版本几乎相同，这时候价格通常会因此组作品的销售一空而上升，比如所有未售出的版本都在某个特别的卖家（如艺术家一级市场的经纪人）的控制下，这就使得作品变得更为"罕见"。

还有一个问题也不明确，即被称为"AP"版本的艺术家自存版（或 EP，即 *épreuve d'artiste*）和有版次编号的印刷作品相比价值更低还是更高。从传统意义上看，艺术家自存版是艺术家在印制过程中所做的测试版，但它也意味着是一组印刷实体，有时数量还多得令人惊讶，可能实际上多于艺术家在正式版本外保留所有权的版本数量。因此在某些情况下，一件艺术家自存版由于本身并非已经完善的作品，所以品质有所不及。然而如果这件艺术家自存版被艺术家自己保存，或是赠送给了某位密友，那么这个版本就被赋予了特殊的"优品标志"。因此，说到艺术家自存版的价值这一问题，答案仍然是因情况而异，并强调需要征求专家的意见。

涉及成套的印刷作品时，如果拥有了一整套印刷作品，则会在其本身价值上增加一个溢价。以安迪·沃霍尔（1928—1987 年）的"玛丽莲·梦露"系列为例，这套由 10 幅丝网版画组成的作品于 1967 年首次制作，每一幅的调色都不同。原初的版数包括 250 套系列及额外的 26 件艺术家自存版。在这个系列的单件印刷品市场价大约在 1.5 万美元时，一整套在市场上的售价则为 25 万美元，显示了系列集合后的显著加价。

最后，本身就是一种艺术性成就的印刷品可能比以复制目的制作的印刷品具有相对更多的内在价值。德国象征主义艺术家马克斯·克林格尔（Max Klinger，1857—1920 年）是现代版画创作的首要拥护者。与跟随他的表现主义者同胞一样，克林格尔断言，正是版画复制过程的物理性使它成为最直接、最真实的艺术表现手段。他 1881 年著名的叙事序列蚀刻版画《一只手套》（*Ein Handschuh*，英译为 *A Glove*)，用其偏好的艺术媒介，从一位美丽的年轻女子在溜冰场失去手套开始展开了一段引人入胜的梦幻叙事，而因此备受艺术史学家和收藏家的青睐。

作品状况

艺术品的状况是其最关键的价值驱动因素之一。颜料是否脱落？有没有任何撕裂或褪色？如果是较旧的画作，它是否被加过新的衬里或者经过了图像修复？当一件作品受到损害，该受损作品在得到修复后，其价值几乎总是会有所损失（如果作品已投保，那么相应损失能够得以赔付）。然而，价值损失的评估可能难以捉摸，并非所有的评估师都有能力做出这样的判断。

在 2008 年艺术市场崩盘前的高峰时期，一家画廊曾经向数位客户提供了一幅被收录在格哈德·里希特（Gerhard Richter，1932年生）作品全集里的经典油画肖像作品，并将其在各个主要艺博会上展卖，该作却从未被售出——尽管当时艺术市场火爆，且对里希特的作品的需求与日俱增。原来经仔细检查后，人们可以从作品颜料表面上的一个靶心图案辨别该处的画布曾被戳破过，并显然无法完全恢复。一幅画作虽然杰出，但有缺陷且无人愿意购买，那么它的价值几何？

　　然而说到价值，对所有的作品损伤并非一视同仁。当涉及某一媒介或某一时期的作品，例如古典大师的绘画作品时，瑕疵和修复是在预料之中的。似乎只要一件艺术作品足够罕见，艺术市场足够火爆，那么即使作品状况存在重大问题也可以被谅解。例如 2017 年轰动一时的列奥纳多·达·芬奇的《救世主》（Salvator Mundi，约 16 世纪），尽管这件艺术品有漫长的修补历史，当时依然在纽约佳士得拍卖行以 4.5 亿美元成交，创造了新的世界纪录［就在 12 年前，这幅作品曾被认为是达·芬奇的学生乔瓦尼·安东尼奥·博塔费奥（Giovanni Antonio Boltraffio，约 1467—1516 年）的作品，在一个地区拍卖行以低于 1 万美元的价格售出］。作为这位艺术家不到 20 幅作品中的一幅，这幅作品除了有其他问题外，底板为劣质的胡桃木面板，遭受了蠕虫侵蚀，并且被"怪异地重新粉刷过" [8]，对许多人而言，这些都严重影响到了作品的价值。

　　另外，对另一类艺术品造成的轻微伤害也可能会产生严重后果。例如，对一件崭新的极简主义作品的损坏将极有可能大幅降低其价值。一位评估师报告说，布林奇·巴勒莫（Blinky Palermo，1943—1977 年）的作品《布料图画》（Stoffbild，该标题被用于为 20 世纪 60 年代一系列单色布料缝合图案作品命名）的一个轻微的瑕疵导致了巨大的价值损失。同样，当卢齐欧·封塔纳（Lucio Fontana，1899—1968 年）的铝版上石墨作品《空间概念》（Concetto Spaziale，1965 年作品，2008 年价值 280 万美元）的左下方的颜色和光泽因安装不当产生了变化时，其价值暴跌了200 万美元。 [9]

　　令艺术品状况问题更具挑战性的事实是，在某些极少数情况下，作品遭受的损坏似乎反为其带来价值提升。赌场大亨兼收藏家史蒂夫·永利（Steve Wynn）在 2006 年不小心用手肘击穿了 1932 年的毕加索画作《梦》（Le Rêve），令作品遭受到相当严重的伤害，但最终却似乎并未影响作品的价值。事故发生时，永利刚刚同意以

1.39 亿美元的价格将这幅画卖给收藏大亨史蒂文·A. 科恩（Steven A. Cohen）。[10] 在取消拍卖并修复了这幅画作之后，永利于 2013 年以 1.55 亿美元的价格将它卖给了科恩 —— 据报道，这是美国收藏家为单件艺术品支付的最高价格。这 1600 万美元价值的提升能够仅归因于艺术市场的飙升（况且这个市场在 7 年时间里还出现过偶然的崩溃）吗？还是说事实上对于毕加索的杰作来说，经过专业修复的 15 厘米的裂痕影响可以"忽略不计"？又或者正是这场广为人知的灾祸带来的恶名其实增加了它的价值？

近期，也是最臭名昭著的一件事，是 2018 年 10 月 8 日伦敦苏富比拍卖行的拍卖会上，一位被称为班克斯（Banksy）的匿名英国街头艺术家在自己的作品落槌成交的那一刻，用一把秘密安装的内置碎纸机"毁了"这件价值 104 万英镑的艺术品。尽管如此，买家依然决定购买它，许多人猜测这件被粉碎了一半的作品相较于其完整的时候可能更值钱。[11]

作品来源

正如第一章讨论的那样（见第 65—66 页），一件作品的来源指的是自艺术家创作出这件作品开始至今其实体的归属历史。就价值而言，像杰奎琳·肯尼迪·奥纳西斯、伊丽莎白·泰勒和伊夫·圣洛朗这些引领时尚的名人曾拥有过的艺术品带来的令人振奋的销售结果，证明了一件曾被名家拥有过的艺术品往往都存在溢价（与此相对应地，可疑的作品来源则会降低价值）。

这件艺术品是否直接购自艺术家的工作室？是否通过例如丹尼尔 – 亨利·康威勒（Daniel-Henry Kahnweiler）、保罗·卡西勒（Paul Cassirer）、安布罗斯·沃拉尔（Ambroise Vollard）、保罗·杜兰德 – 鲁埃尔（Paul Durand-Ruel）或卡斯特利这样著名的、有历史的艺令艺术品状况问题更具挑战性的事实是，在某些极少数情况下，作品遭受的损坏似乎反为其带来价值提升。

术品经纪人出售？这件艺术品是否曾经为著名收藏或鉴赏家所拥有？除了稀有性以外，前文提到的蒙克的《呐喊》（见第 116—117 页，"作品稀有性"）还拥有令人信服的出处：该作品不仅曾由可敬的阿姆斯特丹艺术品经纪人雅克·古德斯蒂克（Jacques Goudstikker）之手售出，且是继承自其父亲的，而他的父亲又正是蒙克的朋友和赞助人。

　　一件来自著名鉴赏家、传奇经纪人或收藏家的艺术品，可以说比来源自名人拥有的艺术品具备更经久不衰的价值，除非该名人本身就是一位受人尊敬的收藏家或爱好者。也就是说，一幅在 20 世纪 60 年代直接从卡斯特利那里购买的画作也许总能被声称具有更强的作品来源（因此也能要求更高的价值），而休·格兰特拥有的某件画作就没有这样的待遇了，即使这位演员曾在 2007 年以创纪录的金额出售了他收藏的名为《丽兹》（Liz）的安迪·沃霍尔的作品（他承认在买下这幅画的时候自己喝醉了 [12]）。

出版及参展历史

　　正如上段提到的"作品来源"那样，艺术品"这一生"的其他方面也会对其价值做出贡献，即它被包含在展览或是公认的文献里，尤其是作品全集中。两者都能证明这件艺术作品在学术界的重要性及接受度。例如，蒙克的粉彩作品拥有令人印象深刻的展出历史，其历史可以追溯到 1923 年，这些都毫无疑问地增加了作品的价值。

参展历史

柏林，艺术学院，展览"春季展"，1923 年

曼海姆，曼海姆美术馆，展览"爱德华·蒙克：绘画和图形"，1926—1927 年，No.80a

柏林，国家美术馆，展览"爱德华·蒙克展"，1927 年，No.54

切姆尼茨，切姆尼茨艺术博物馆，展览"爱德华·蒙克"，1929 年，No.10

莱比锡，莱比锡艺术协会，"爱德华·蒙克展"，1929—1930 年，No.7

汉堡，汉堡艺术协会，1930 年

柏林，国家美术馆，在世艺术家展厅，以借展方式与美术馆永久馆藏一同展出直至 1933 年 6 月 12 日

阿姆斯特丹，J. Goudstikker N.V. 画廊（以前文提到的雅克·古德斯蒂克为名），展览"现代艺术展"，1933 年 No.42，载于目录

奥斯陆，艺术家协会，展览"私人收藏的蒙克照片"，1958 年，No.48（标注日期为约 1893 年）

基尔，基尔美术馆，展览"挪威私人收藏的爱德华·蒙克素描与油画"，1979 年，No.6，载于展册封面的彩色插图

华盛顿，国家美术馆，临时借展，1990—1991 年

文献收录

赖因霍尔德·海勒（Reinhold Heller）著，《蒙克，呐喊》（*Munch, The Scream*），伦敦，1973 年，图文载于第 118 页

拉格纳·斯坦（Ragna Stang）著，《爱德华·蒙克——男人与艺术家》（*Edvard Munch, The Man and the Artist*），伦敦，1979 年，在第 90 页脚注 107 中提及

扬·克内赫（Jan Kneher）著，《1892—1912 年展览之间的爱德华·蒙克》（*Edvard Munch in seinen Ausstellungen zwischen 1892 und 1912*），沃尔姆斯，1994 年，No.106，作品列于第 358 页

《爱德华·蒙克在切姆尼茨》（*Edvard Munch in Chemnitz*，展览目录），切姆尼茨，艺术收藏，1999—2000 年，载于第 230 页

格德·沃尔（Gerd Woll）著，《1880—1897 年爱德华·蒙克画

作全集》（*Edvard Munch, Complete Paintings, Catalogue Raisonné, 1880—1897*），卷1，慕尼黑，2008年，No.372，载于第359页

地理背景

对于那些区域性更强的作品，例如美国西南部地区的艺术品，其收藏家群体主要扎根于新墨西哥州圣达菲地区，这类艺术品可能在相应的地理背景中比其在其他地区价值更高。相反，由于供应有限和"异国情调"加持，某件作品在国外市场可能出现价值增长。以20世纪中期斯堪的纳维亚的设计为例，它在斯德哥尔摩的价值不及在纽约贵，在纽约，这些主要的作品并非那么普遍，但在收藏家中需求相当大。而全球化和线上销售的持续发展将如何影响这种地域差异，还有待观察。

作品尺寸

一件作品的大小同样能够影响其价值。在其他因素相同的情况下，一位艺术家尺寸更大的作品通常会比小件作品更具价值。这在一级市场的艺术家个展中最为明显。一家当代艺术画廊给一件30.5厘米×43厘米的涂料印刷多版限量作品报价3300美元。同样的画面但尺寸为114厘米×142厘米的作品报价为1.2万美元，并且这两个版本的版数是一样的。

但这里依旧出现了例外。由于技术、方法、品位及收藏家类型的不断变化，尽管过去这几十年来的趋势是"越大越好"，但作品的价值相对其尺寸好像正在递减。事实上，有多少艺术品买家有足够的空间摆放一幅1.8米×1.8米的画作呢？更不要说要让其过门而入或通过楼梯间了。如此大件的作品其运输和装卸所导

致的是额外的费用、物流的难题以及各种风险，所有这些都足以让买家退却。里希特的气势磅礴的油画作品《米兰大教堂广场》（*Domplatz, Mailand*，1968 年）2013 年在纽约苏富比拍卖行以超过 3700 万美元的价格售出，这一价格在当时创下了仍在世艺术家作品的交易纪录。但有传言说，尽管当时艺术市场炙手可热，该作品质量也无可争议，可是实际上吸引到的竞拍者却并不如拍卖行预期的那么多。专家将此归因于作品 2.7 米 ×2.7 米的尺寸问题。

　　有时候作品的大小是其意义的核心。20 世纪 80 年代末的杜塞尔多夫学派摄影师们开创的大型彩色印刷，以巨大的打印版式推动了摄影技术的边界，也有助于将世俗、商业、私密题材提升到不朽的高度。对于这些作品而言，尺寸大小是有意义的。这种尺寸带来高度的提升在目的性更加"浅薄"时更为真实，例如一些作品制作大尺寸的版本明显是为了满足买家的对于作品能够具有"如一面墙一般的冲击力"的期望。

其他因素

　　估值难题的另一个重要部分是任何特定时刻或特定时期的流行品位的影响。正如我们在当代艺术市场看到的，对某位"炙手可热"的年轻艺术家的渴望能够驱动价值向上急速攀升。洛杉矶艺术家雅各布·卡赛（Jacob Kassay，1984 年生）的作品就是一例。2010 年 11 月在纽约，他的一件银色画作（银离子沉淀于帆布布面）在富艺斯的一场日间拍卖中售价达到 8.65 万美元，是其最低估价的 10 倍。这位艺术家当年才 27 岁。次年春天，他的另一幅银色画作在竞拍开始仅 20 秒钟，出价就跃升到 29.05 万美元，而该作当时最新的市场预期价是 6 万—8 万美元。[13] 如此被大肆炒作的艺术家是否能够成为经典，以及随着时间的流逝他们的作品是否能够保值，这些都有待确定。事实上，例如威廉－阿道夫·布格罗（William-Adolphe

Bouguereau，1825—1905 年）、特奥·凡·杜斯伯格（Theo van Doesburg，1883—1931 年）、唐纳德·苏丹（Donald Sultan，1951 年生）和安塞姆·雷尔（Anselm Reyle，1970 年生），这些艺术家曾一度拥有强劲的市场，但人们也见证了其作品逐渐失宠，价值一落千丈。[14]

有时，一些更加非理性的因素会增加价值。拍卖中的竞争虽然在价值的标准决定因素方面是"不合理的"，但也会暂时影响市场上同类作品的价值。当然，全部这些因素都会受到经济状况的影响。2008 年金融市场崩溃后，许多艺术品的价值大幅缩水，拍卖利润总额接连暴跌。然而即使在如此严峻的经济环境下，那些顶级艺术作品的价格仍在上涨，突显出整个艺术品市场的分裂性质。尽管艺术市场通常与经济大环境有关，但是顶级杰作领域似乎与之并无关联。事实上，经济衰退期间出现在市场上的令人垂涎的作品往往价格比经济黄金时期更高，因为收藏家不愿意将他们最好的艺术品投放到市场，所以导致这种顶级作品的供应量很少。

价值评估的方法

何时需要价值评估，以及收藏家可以期待获得什么，除了满足对藏品价值的好奇之外，在许多情况下，收藏家都需要了解艺术品的价值或需要进行估价。甚至有时需要对整个收藏进行估价。

何时需要鉴定估价？

以下情况都需要进行鉴定估价，无论其形式是非正式的还是有资质的。

有时，一些更加非理性的因素会增加价值。拍卖中的竞争虽然在价值的标准决定因素方面是"不合理的"，但也会暂时影响市场上同类作品的价值。当然，全部这些因素都会受到经济状况的影响。2008年金融市场崩溃后，许多艺术品的价值大幅缩水，拍卖利润总额接连暴跌。

购藏作品

当一件艺术品价格昂贵或对于收藏家来说意味着一笔较大的投资，那么建议通过独立的第三方对这件艺术品进行估价，或向值得信赖的顾问咨询价值。

出售作品

同样，在出售一件重要的艺术品时，专家的鉴定估价也有助于确定销售代理开出的价格及条款是否公平合理。

藏品修复

如果某件艺术品受损，则需要通过鉴定估价来判断税收和保险范畴的价值损失，并确定这件艺术品是否还值得修复。假如这件损坏的作品已经得到了修复，则需二次评估来判定（基于投保价值的）实际价值损失以及赔偿金额。

慈善捐赠与礼物

如果艺术品在收藏家生前被捐赠给慈善受赠者，则需要对所得税进行估值。美国的收藏家在向博物馆或是向其他 501(c)(3) 组织（非营利组织）捐赠艺术品时，有权享受公平市场价值的税收减免。当某件艺术品在收藏家在世时被转让给一位非慈善受赠者（例如他们的子女）时，这种情况同样需要价值评估（见第十章，"生前赠予"，第 315—322 页）。

遗产规划

艺术品是极重要的资产，遗产规划的第一步就是价值评估。在资产拥有者去世的那一刻就需要进行合格的价值评估，以确定应缴纳的遗产税。如果这些作品随后被继承人出售，那么评估的金额还构成确定资本利得税（determining capital gains tax）的计税基础（见

第十章，"离世时的遗产处理"，第 323—324 页）。

离婚

离婚的情况也同样需要价值评估来分配财产。如果当前还没有估值，那么夫妻双方则需商定由哪位（或哪几位）评估师来进行收藏估值；分别单独估值只会阻碍这一过程，而且会被证明代价高昂。在分割财产时，评估出的价值应该与将来的维护费用，以及作品售出时缴纳的资本利得税一起考虑（见第十章，"离婚"，第 312—313 页）。

艺术融资

为了以艺术品作为抵押来延长贷款期限，贷款人通常会针对作品的公允市价，要求进行有资质的价值评估（见第 114 页）。这类的估价每年审查一次（由借款人出钱），在市场不稳定的时候估价有时更加频繁 [见第七章，"艺术融资（贷款）"，第 255—263 页]。

保险理赔

保险价值评估是风险管理的一部分，对确定保费也是必需的。对于这一目的，除非作品超过一定价值，否则通常不需要进行有资质的价值评估。估价只要能够被认为是"来自该领域合格专家研究后的知情意见"就足够了。[15] 在作品遗失或损坏时，需要最新的价值评估来提供保障，但保持估值的实时更新可能是一项挑战。在一次事件中，一幅价值 600 万英镑的印象派画作在一场从邻居公寓的壁橱蔓延开来的电气火灾中被毁。事发时收藏家还没来得及更新她收藏的估价，仅为这件作品投保了 25 万美元。她收藏的画作不仅付之一炬，而且损失了几百万美元，因为即使作品经过 20 多年已经升值，但她在失去作品时仍只是支付了对应其估价一小部分的保险费用。

保险价值评估是风险管理的一部分，对确定保费也是必需的。对于这一目的，除非作品超过一定价值，否则通常不需要进行有资质的价值评估。估价只要能够被认为是"来自该领域合格专家研究后的知情意见"就足够了。

应该多久评估一次作品价值？

上面提到的事例向我们提出了一个问题，即为了保险或其他目的，收藏家应该多久评估一次自己的收藏的价值。如今作品价值变化迅速，更新往往需要比以往更加频繁。不久前，大部分收藏还是每 5 年进行一次重新评估，如今则更推荐每 1—2 年作为时间范围。对于更高端的收藏品，尤其是那些集中于当代艺术的收藏品，艺术专业人士现在建议每 6 个月重新评估一次价值。这是因为市场具有波动性，并且高价值作品往往比价值较低的作品价格波动更大。普林斯"护士"系列作品的"一夜暴涨"便具有启发性。他的作品《人物—疯狂的护士 2 号》（*Man-Crazy Nurse #2*，2002 年）于 2003 年以 10 万美元的价格被购买。仅仅 3 年后的 2006 年，它的估值达到了 25 万美元。而在 2008 年 5 月市场高点时，这幅作品在纽约佳士得拍卖行以 743.3 万美元出售。[16] 这样的例子大量存在。正如让 – 米歇尔·巴斯奎特（Jean-Michel Basquiat）的《无题》（1982 年）2017 年在纽约苏富比拍卖行以创纪录的 1.105 亿美元成交，当时其估价仅接近这一金额的一半。[17] 一场拍卖便能极大地影响任何一位艺术家的作品价值 —— 至少在一定时期内有影响。因此，了解收藏品中不同作品的各种市场非常重要。

为整个收藏进行估价鉴定

对全部藏品进行估价，并保持这些估价与当下情况相符，想象起来简直令人心悸。收藏家应该有策略地决定对哪些项目进行评估、何时评估以及如何评估。由于艺术品市场由许多更小的市场组成，并且所有这些市场都在变化，因此关键是认识到收藏中的哪些物品其市场是不断变化的。对于规模较大的收藏，特别是包含来自不同领域艺术品的收藏，估价最好分阶段进行，并且让许多不同的评估师参与其中。举例来说，收藏家可能会要求信得过的艺术品经纪人对一组属于他专业领域的 19 世纪绘画进行估价。同一收藏家还可以安排拍卖行专家对其当代作品收藏进行进一步的补充评估。但是对于可能无法联系这类资源的艺术品门类，收藏家可能需要聘请专业评估师并支付相关费用，请记住，对相同作品的后续评估不应非常昂贵，因为基本调查之前已经完成。

估价方法和报告

评估师有责任仔细查看估价对象并分析所有相关的销售数据。一般来说，资产价值越高，估值就应该越详细。如果可以，评估师将首先查找已发布的市场比较数据，例如在 Artnet 和 Artprice 等数据库中发现的既定拍卖价格。假如这件艺术品没有拍卖市场，或者假如评估是为了保险而需决定其零售重置价值，评估师就会考虑画廊销售数据。因此，价值评估取决于对象。下一步则是考虑前文列出的每一个评估因素，并且相应地调整比较数据。

评估报告有多种形式。虽然艺术品经纪人和拍卖行通常提供一份艺术品清单及其评估价值，但在美国，美国评估师协会要求在任何给定的评估中提供更多细节，包括详尽描述：估价结论的理由和证明；评估目的的陈述（例如用于保险、捐赠等）；解释所使用的估价方式和方法；以及详述所涉及的工作范围。为了捐赠、遗产或赠予相关的税务，国税局还规定任何价值超过 2 万美元的作品都应提供照片。

费用

鉴定估价并不便宜。如果是本地进行估价，所有合同通常最低为半天，现场工作最少为 1 小时。2019 年，纽约一家行业领头公司对艺术品的零售重置价格进行现场检查和场外研究，费用为每小时 375 美元（研究助理级别为每小时 225 美元）。处理，包括收藏管理和数据整理，每小时为 125 美元。数字化报告交付、加急及装订副本还需额外费用。

在雇用评估师时，必须明确说明正在寻求艺术品的哪种价值。一位收藏家可以出于保险目的为一组作品寻求零售重置价格，也可以为可能出售的作品寻求公平市场价。后者需要额外付费。由于艺术品状况在其价值中扮演重要角色，任何有可能进入市场的作品都需要被评估师亲自查看，以便公平地评估状况。在美国，如果报告需提交给美国国税局，那亲眼查看作品就显得尤其重要，因为如果评估师没有亲自查看这件艺术品，那么税收部门将更有可能质疑提出的价值。这样的检查涉及差旅费用，不过在为高价值的作品进行估值时，这项费用可能就不算什么了。

如果一位收藏家雇用相同的评估师或者公司，那么在完成首次鉴定估价后，再次为了保险进行估值所需费用就会降低，原因是关于作品的基础调查应该已经完成。

自我评估价值

艺术品的市场价值永远无法保证。虽然听起来是陈词滥调，但对于大多数收藏家来说，艺术的主要价值是享受作品和获得"精神回报"（psychic return），这些价值都是难以量化的。[18] 尽管如此，如果收藏家本身对其作品的市场价值没有良好的感知，又怎么能依赖于经纪人或其他专家的建议呢？因此对于收藏家来说，参与市场、关注与自己藏品相类似的作品的拍卖结果和画廊零售价是很重要的。经验丰富且市场参与度高的收藏家对作品的真实市场价值有很强的认知，这使他们能够知道，如果对其作品的鉴定估值或任何价值评估看起来似乎"太低了"，他们应何时寻求第二种意见。了解自己拥有的艺术品的真正价值是保护和充分利用藏品的最佳方式。

在雇用评估师时，必须明确说明正在寻求艺术品的哪种价值。一位收藏家可以出于保险目的为一组作品寻求零售重置价格，也可以为可能出售的作品寻求公平市场价。

第三部分

收藏管理

第四章
保险

在撰写本文时，大火正在洛杉矶的盖蒂中心外肆虐。由于采取了极为复杂的保护措施，博物馆内的宝藏得以安全保存，但气候变化的破坏对艺术作品产生的影响仍是不可否认的。2019 年 4 月，巴黎圣母院在一场举世震惊的火灾中失去了其标志性的尖顶、大部分屋顶和部分珍贵的艺术品，造成的损失估计达数亿欧元。2012 年飓风桑迪导致纽约切尔西区各画廊遭受的损失估计达 5 亿美元，使其成为历史上最大的艺术保险损失。这一数字甚至超过了卡特里娜飓风造成的难以估量的损失。[1] 2004 年 5 月，也就是卡特里娜飓风出现一年以前，一批来自例如达米安·赫斯特（Damien Hirst，1965 年生）、翠西·艾敏（Tracey Emin）和查普曼兄弟（Chapman brothers）这样的英国当代艺术领军人物的作品（其中很多件为备受瞩目的收藏家查尔斯·萨奇所有）和 20 世纪伟大的英国艺术家帕特里克·赫伦（Patrick Heron，1920—1999 年）的 50 件作品毁于伦敦莫马特（Momart）仓库大火的烈焰中。超过 5000 万英镑的私人艺术收藏被毁的新闻瞬间成了国际头条。4 个月后，德国魏玛精美的安娜·阿玛利亚公爵夫人图书馆（Duchess Anna Amalia Library）遭遇悲剧性的火灾，5 万册珍本书籍被毁，超过 6.5 万册受损。所有这些都发生在 2001 年纽约世贸中心的"9·11"恐怖袭击之后，在这场灾难中，价值 1 亿美元的企业收藏——包括奥古斯特·罗丹（Auguste Rodin）、胡安·米罗（Joan

Miró)、亚历山大·考尔德（Alexander Calder）和杉本博司（Hiroshi Sugimoto，1948 年生）的作品在内的巨作当场被毁。[2]

居家空间也无法避免此类损失。一对纽约的收藏家在几周内发起了 3 项艺术保险索赔。首先，他们位于第五大道古早的公寓中的管道分别爆裂了两次，导致陈列了历史悠久的欧比松挂毯和塞尚静物画的房间被淹并长出了霉菌。随后几天内，闪电击中了他们位于巴巴多斯的度假屋，致使屋顶坍塌，古董收藏因此受到了严重损失，数件纸上作品被毁。

尽管上文所述的事件都是灾难性的案例，但事实上收藏家面临的大多数损失都由琐事造成。在被毁掉的艺术品中，大约 65% 是在运输过程中发生的。[3]一件艺术品的任何一次移动，都可能被置于风险中。如作品发生断裂，作品表面附着了玻璃胶、有了碎屑和剐痕。罪魁祸首一般都是简陋的包装，比如一幅价值超过 6 万美元的辛迪·舍曼（Cindy Sherman，1954 年生）的摄影作品就是这样的情况。当时这件作品被（一家可以算是名牌画廊）装在仅比纸板盒好一点的包装中，其装配玻璃在运输过程中不出意外地碎了，并最终不可逆地毁了这件作品。

在住宅中发生的事故也很常见：一件凯绥·珂勒惠支（Käthe Kollwitz，1867—1945 年）的石版画遭受了一次小小的撕裂；一个孩子在塞·托姆布雷（CyTwombly，1928—2011 年）作品的画布上用铅笔涂鸦；一名管家打翻了一个有 600 多年历史的中国盘子；或聚会的客人绊倒了，他们的香槟泼洒在了罗斯科（1903—1970 年）的油画上。[4]其他的不幸事故则更加具有想象力。在荷兰的一个案例中，一个别墅工程现场的落锤击穿了联排别墅隔壁的某位收藏家的餐室墙面，将挂在墙上的乔治·德·基里科（Giorgio de Chirico，1888—1978 年）的画作砸出了一个洞。[5]在另一个案例中，一只蝙蝠飞到画作上，导致作品被划伤、穿孔，框架开裂。[6]不正确的清理和修复，故意破坏，不适当的照明、安装或存储也会导致作品损坏。

一幅画作被装在电视机盒中放在地下室，成了家里年幼儿童的击球练习靶。 **7**

因此，艺术作品容易受到多种外力的伤害，其中也包括偷盗。艺术品犯罪（包括抢劫）造成的损失估计每年高达 60 亿美元，其中 1990 年在伊莎贝拉嘉纳艺术博物馆（Isabella Stewart Gardner Museum）发生的伦勃朗的《加利利海上的风暴》（*The Storm on the Sea of Galilee*，1633 年）和维米尔的《音乐会》（*The Concert*，1658—1660 年）盗窃案直至几十年后的今天仍旧铭记在公众的记忆中。不断增长的价值使得艺术品周遭的风险变得越来越大。在采取安保措施和保持预防性的护理之外，收藏家能够通过保险减轻损失风险。本章将概述不同种类的保险，解释关键条款及概念，并讨论收藏家在选择和商议保护其艺术品的保险范围时需考虑的问题。

基本原则

保单

保险的保单是一种合同，其范围由各保单的措辞约束。保单解释了所投保险涵盖了哪些类型的损失（也称作"风险"）。不包括的损失类型被列为责任免除。保单可能极其复杂，因此应该仔细审查其中的条款，可能需要请律师或可信赖的顾问审阅，以便被保险人完全理解保单。

对保单的任何更改（如被保险人的姓名、其他被保人、地点地址变更等）都需签署批单认可。如果保单本身的语言有变化也需要批单，有时也可以是手写批单。有时给保单增加批单是为了避免责任免除，在核保人已评估完风险后再延伸保险范围。保单的变化可能会收取额外费用或退还保费。

收藏家需要记住的是，一份保险保单是可协商的合同，每年的保单更新则是另一个做出变更的机会。既然藏品或藏品环境在保期内有可能改变，并且世界上的诸多情况都在持续变化，那么这一点是很重要的。就如之后会提到的，在经历"9·11"的数周后，大多数保险商就将恐怖主义排除在了保单范围之外，在保险续订时，收藏家可能会在精美的印刷品中忽略这条细节。所幸随着时间流逝，美国的《恐怖主义风险保险法》（也称为 TRIA）现在已能被大多数保单认可，包括在对重大威胁投保的范畴中。飓风桑迪后的保单对洪水地图做出了修改，因此所有位于受洪灾最严重地区的艺术作品无论是否曾有遭受洪灾的历史，都被排除在受保范围之外。由于加州野火，灌木区域和野火区域的投保也同样被改变了。

保险经纪人

大多数收藏家不会与保险公司直接打交道，而是通过保险经纪人。保险经纪人扮演的是中间人的角色，通过解释术语、协助收藏家评估符合其需求的最优保单来帮助被保险人避开前文提到的诸多问题。保险经纪人还能够协助收藏家将不同种类的保险（车险、房屋保险、游艇保险等）整合在一起以优化保险费率。最终，经纪人还负责管理及促进索赔，作为收藏家的辩护方提供服务并递交索赔凭证。

保险经纪人自身对损失并不承担经济责任，但会收到一笔从收藏家付给保险方的保费中抽出的经纪人佣金作为报酬。这笔费用在保费中占有固定比例，经纪人应该总是对被保险人保持完全透明，公开这笔费用。亨廷顿·T. 布洛克（Huntington T. Block）、德维特·斯登（DeWitt Stern）、纳斯科·卡拉格兰（Nasco Karaoglan）和 R.K. 哈里森（R.K. Harrison）是艺术保险领域最著名的几家保险经纪人事务对保单的任何更改（如被保险人的姓名、其他被保人、地点地址变更等）都需签署批单认可。如果保单本身的语言有变化也需要批单，有时也可以是手写批单。有时给保单增加批单是为了避免责任免除，在核保人已评估完风险后再延伸保险范围。保单的变化可能会收取额外费用或退还保费。

所，但收藏家还应该向他们信任的个人征询参考意见。选择一位了解艺术和收藏品的保险经纪人很重要，这个人应能够应对问题，还能够深化收藏家对保险的需求。

承保公司

保险业是很有竞争性的行业，收藏家在挑选保单时应获得 3 个或更多的报价。价格不应成为唯一的决定因素。以下列举的是收藏家应该考虑到的问题：

- 承保公司的经济偿付能力如何？第一步应咨询评级机构——贝式公司（A.M. Best Company）。评级对于承保方的赔付能力是强有力的象征。[8]
- 这家公司有什么类型的再保险？再保险是保险公司保护自身免于损失的手段。当诸如飓风桑迪或 "9·11" 这样的事故造成了巨大损失时，收藏家需要知道保险方的保险总额是否足以赔偿所有被波及的保单持有者。
- 这家保险公司是否通常为珍贵的艺术收藏提供保险？
- 公司是否设有专门针对纯艺术品、珠宝的内部团队和藏品专家？
- 所提供的保险限额（保险方为保单所涵盖的索赔支付的最高金额）是怎样的？应该要求提供详细的承保范围和责任免除范围概要并进行比较，了解哪家公司能提供最优的限额。
- 如果有索赔，保险公司会如何响应？保单中被排除的内容是什么？
- 保险公司如何处理索赔的支付？流程如何？周转时间多长？
- 如果有的话，承保方还提供哪些附加服务？

艺术保险

一般像房屋业主保险这类财产保险能够承担艺术作品丢失和被毁造成的损失，对于一些收藏家来说这样的涵盖范围是足够的。但和大多数物品不同，艺术品是独一无二的，通常很难或根本不可能被替代。由于存在普通的替换价值保险被认定不足以承担艺术品或其他收藏品的损失，安盛艺术品保险公司的负责人（碰巧这位负责人自身也是收藏家）开发的专业纯艺术保险便在 20 世纪 60 年代应运而生。⁹ 艺术保险从此随着如安盛艺术品保险（AXA ART Insurance Corporation）、丘博个人风险服务（Chubb Personal Risk Services）、AIG 个人金融部门（AIG Private Client Group）和希斯考克斯（Hiscox）这些主要的保险公司发展成了全球性的行业，同时在其他一般性质的大小保险公司内也提供艺术品保单业务。

是什么将艺术保险区分于一般的保险呢？首先，一份标准的房屋业主保险不会承担超过一定总额的损失（在美国是 20 万美元），并且被保险人通常必须支付一笔自付款（在英国被称为"垫底金"）。其次，有一点对正在活跃的收藏家来说至关重要，即房屋业主保险范围只能包含位于家中的艺术品。因此，存在仓库中、在美术馆中出借的，或位于修复工作室里的藏品通常不会被房屋业主保险涵盖，所有正在运输中的艺术品也不会被包括，而大多数毁坏和损失正是在运输途中发生的。

相反，除了一些例外情况，艺术保险一般与艺术作品本身挂钩，并且通常会自动将还未运送到家中的新收藏包括在保险范围中。在这样的专门保单中，作品会在其产权转移时开始被纳入保险法内，并通常为收藏家提供 45—90 天的窗口期，以便将新收藏的作品加到保单中。然而，"新购入财产"条款能包括的新财产通常不超过原保险总额的 25%，并需要与原保单预定的财产类型一致 —— 这意味着如果现有保单承保范围仅包括艺术品，保险公司将不会自动为珠宝或红酒承保。需要注意的是，收藏家或其藏品的管理人员必须牢记，自作品购买日起就要将其添至保单中。如果是部分拥有权的情况，比如说某件艺术品先被运送至买家，随后买家进行分期付款，那么建议买家在将作品承保责任加在保单中之前最好先完成全部付款（并因此获得全部产权）。尽管艺术品经纪人有时会提供运输并支付运输过程中的保险，许多收藏家仍更倾向于让自己信任的保险方来承担这一责任。无论如何，重要的是要始终明确作品在哪个时间段是由谁的保险覆盖的。

专门的艺术保险与一般保险的另一处不同，在于后者在为损毁作品支付修复费用时，并不会承保作品价值的损失，即一件作品在遭受损毁前和被完全修复后在市场上的价值差（见"价值的部分损失或全损"，第162—163页）。当永利意外地用自己的手肘击穿了他的一幅1932年的毕加索绘画作品《梦》时，就如上一章提到的（见第121—122页）那样，这件作品的保险公司——伦敦的劳合社（Lloyd's）支付了9万美元的修复费用，加上3500万美元的作品价值损失费。尽管大多数艺术保险索赔涉及价值损失的测定都相当复杂，但在针对索赔进行谈判时有知晓艺术行业知识的专业人士相助将会是巨大的优势，这样可以减少发生纠纷的可能性。

比如涉及诸如观念艺术这样棘手的领域时，对于如何处理非传统材料没有需要遵从的标准，或者作品遭受损失时还在世的作者也许会同意或不同意重制作品，那么专业知识在此就显得尤为重要了（见"索赔"，第161—166页）。艺术保险公司是否有内部艺术专家团队能掌握艺术世界的复杂性，并且对标的资产不同寻常的特性有大致了解，对于重要收藏来说，这个区别至关重要。

此外，因为承保公司在确保其客户作品受到保护这一点上具有清晰的利害关系，他们也许能提供一些有帮助的藏品管理服务，许多是免费的，包括库存协助、安装指南、检验墙后漏水或管道问题的红外检测、紧急疏散计划，以及建议如何保护艺术品免受阳光、湿气、灰尘、临近建筑震动（也包括落锤）的影响。加之大多数纯艺术保险部门能够向客户提供面向经过审核的全球收藏专家网络的转介服务。

尽管不是所有收藏家都需要艺术保险，然而一条经验法则是，当藏品总价值达到 5 万—10 万美元时，考虑专业购买保险就是个好主意了。

就艺术保险而言，"艺术"是什么？

艺术保险不仅限于艺术品，还包括能够在二级市场或拍卖行中出售的大多数收藏品，包括珠宝、葡萄酒、银器、稀有硬币、古董、当代设计以及各种各样广泛并在潮流中转瞬即逝的有趣门类的混合体——鸭子诱饵、玩具士兵、帆船、老爷车、稀有矿石、瓷器，甚或是捕熊夹子。在某位收藏家花 25 万美元购入一棵树作为自己的一部分财产的情况下，保险公司甚至同意为这棵树提供保险。[10]

费用

保险公司声称艺术保险是各类保险中最便宜的种类之一。然而每家公司都有不同的费率结构和不同的变量。针对个人收藏的年度保费通常按照艺术品价值的 0.07%—0.25% 来收取。假设费率为 0.08%，那么一组价值 5000 万美元、存储在有门卫的建筑物中的非易碎艺术藏品的年度保费为 4 万美元。和其他类型的保险一样，买的保险越多，费率就会越低。一组价值 1 亿美元的收藏在同等存储条件下的年费可能是 7 万美元。但仍要强调的是，很多变量都会影响费率，因此这一数据可能会有误导性。确切的费率会根据诸如作品尺寸、媒介、安保系统、藏品位置、仓库使用、租借事务、巨灾危险等因素建立。

是什么将艺术保险区分于一般的保险呢？首先，一份标准的房屋业主保险不会承担超过一定总额的损失（在美国是 20 万美元），并且被保险人通常必须支付一笔自付款（在英国被称为"垫底金"）。

保持低的保险费用的策略的确存在，收藏家可以和保险经纪人一同探索这类选择。比如说出于可携带性及极易被偷盗的特性，珠宝和银器在常规的房屋业主保单中保费通常会很贵，但若将这件物件加入艺术品或珍贵物品保险的保单中，有可能保费更低或者在同等保费的情况下具有更强有力的保障。精细珠宝若保存在银行金库中，那么其保费要低于保存在珠宝盒或化妆盒中。虽然大多数艺术品或珠宝保单不包括免赔额，但选择免赔额会使保费得到降低。

分项承保和统保承保

就如第三章所述（见第 133 页），在保险方面不可忽视的是（被保险的）艺术品收藏价值变化需要及时更新的重要性，尤其是在艺术品市场这个价格飞涨的领域，会让收藏家面临投保金额可能顷刻不足的风险。与此同时，收藏家也要注意不要过度保险或支付不当的保费。

艺术保险旨在向藏品所有者赔偿其独特藏品受损造成的经济损失，保单的价值条款中规定了收藏家索赔时会收到多少赔款和如何分配。收藏家可以选择不同种类的承保范围，这些范围决定了遭受损失时会获得的金额。

分项承保

被保人可以选择每件物品的约定价值并列在保险计划表中。一旦遭受了损失，收藏家则会收到双方约定好的赔偿金额。在将物件列入清单时，只需要对价值等于或超过 25 万美元的艺术品，或单件价值高过 10 万美元的珠宝进行资产评估，低于此价值的物品则仅需要详细说明和估计价值即可。

有些保险公司还提供有时被称作"按市值计价"的通胀缓冲。如果在被保清单中艺术品价值经过了资产评估的确认，那么 3~5 年内该艺术品的现行市价（CMV）能够反映在保单中并予以认可。这使得被保人能获得不少于作品原定价值的当前市值（赔偿）。大多数艺术保险公司还有150%现行市价保单，如果作品遭受损失时保单所有人能够证明作品自投保后价值增长至高达原价150%的话，收藏家就能够获得这么多的赔偿金。

指定承保范围作为一项风险管理方法，基于客户的倾向，一般推荐为1万美元或以上的作品设定。尽管保费更贵，但这种方式可以对市场经常波动、价值更高的作品提供更好的保障。（这种带有资产评估值的保险明细表也可对遗产规划提供巨大的帮助）事实上，有时保险明细表是提供遗产内容和价值的唯一记录（见第十章，"鉴定遗产内容"，第324页）。

统保

对于种类跨度较大、不断变化中的收藏，或者价值较低的藏品，通常更倾向采用统保。在被保人提供其系列收藏在市场上的平均总价值后，这种保单也许可承担与总价值相等的损失。通常其中价值最高的作品可赔偿的金额为单件藏品的赔偿上限。在受损时，提供证明作品价值的证据则是被保险方的责任。

对于不被认为有风险的藏品，即那些相当稳定，存储在安全设施和地理区域的藏品来说，被保险人可以选择"损失限额"保单，其中受保的价值低于全部收藏的估值（也被称作"TVAR"——风险总值）。这种方法也被称为"部分保险"，可以提供适当的保护并且在保费金额上有所节省。

一些收藏家将这两种方法结合起来，为价值较低的作品选择更经济的统保，更有价值的艺术品则按时间表选择分项承保。

在任何情况下，收藏家都应确保保单中列出的所有艺术品的描述详细而清晰，并在可能的情况下包含库存编号［见第二章，"库存（入藏）编号"，第96—97页］。大型收藏的管理计划可能会变从保险公司的角度来看，如"9·11"恐怖袭击和飓风桑迪这样的灾难性事件是最大的问题。在"9·11"之前，大多数保险公司为恐怖主义（所致的损失）承保。在灾难发生后情况则迅速逆转，美国政府随后在 2002 年以《恐怖主义风险保险法》强制介入，使其再次回到承保范围内。

得冗余且难以理解；一个人的标识符可能对另一个人来说是不清楚的。 在一个案例中，在数百件艺术品的清单中，一些单件藏品在描述略有不同的情况下多次出现，直到一位勤奋的藏品管理员发现了这样的冗余问题，收藏家们支付了多年的超额保费。

"综合保险"

大多数著名的保险公司能够提供被称为"综合保险"的保单——涵盖所有意外物理损失或损坏的保单，除非保单上某些损失损坏被特定标明排除。包含的损失清单中通常包括因为火灾、烟雾、意外损毁、运输、水灾、温度变化、丢失（如无法找到的珠宝）、恶意涂鸦或损毁、自然意外、灾难和偷盗所导致的损失损坏。然而随着近年不断的自然灾害和市场顶峰频出的天价，对于"综合保险"的定义正在改变，收藏家也必须对于他们的保单提到的责任免除项格外注意。

责任免除

一份保险保单中会标明哪些损失不在此保单承保范围。然而，其他责任免除项还能够以批单的方式被加回在保单中（精明的艺术保险经纪人能够对此类保单条款谈判提供帮助）。在大多数艺术保险保单中有如下责任免除项。

区域责任免除：
灾难或沿海

从保险公司的角度来看，如"9·11"恐怖袭击和飓风桑迪这样的灾难性事件是最大的问题。在"9·11"之前，大多数保险公司为恐怖主义（所致的损失）承保。在灾难发生后情况则迅速逆转，美国政府随后在 2002 年以《恐怖主义风险保险法》强制介入，使其再次回到承保范围内。在"后桑迪"世界中，自然灾害发生得更加频繁，保险公司也被迫重新思考他们的策略。[11]众所周知，因为纽约的收藏家常将艺术作品带到他们位于汉普顿的第二个家中，至少有一家保险公司如今已将"风灾、水灾致损"列为东长岛艺术品的责任免除项。现在，美国大多数东部和南部沿海地区将飓风或风灾列入责任免除项也是很常见的。

本土或全球

如之前提到的，在艺术保险中包括的作品，无论其位置在哪里都在承保范围中，但收藏家仍需确认他们的保单是否标明为"全球"承保。然而，承保范围也许会将如古巴或阿富汗这样的新市场地区排除掉，这或者由于贸易制裁，或者因为区域内的运输和藏护专业标准未得到认可。收藏家应该确认保单中关于国际运输和暂时位置的内容。

地震

由于洛杉矶地区发生地震的可能性很高，很多保险公司决定将加州地震受损限制在保险范围之外。有些公司则将某些地理区域的地震（或"地壳运动"）排除在承保范围之外。只有在进行风险评估之后，地震才会被纳入承保，并且这一改变也会反映到保险年费上。

战争

通常，政府征用、战争地带（指藏品在联合国宣布为战区的陆地上，但飞越战争地带的运输途中不一定也算作这个范围）和核损失都被列为责任免除。

磨损和固有损失

一件艺术作品因一般的磨损、暴露导致的变质，例如因为日光或温度导致的褪色或变色是不在保险承保范围的。固有损失 —— 艺术作品因为其性质或材料成分导致的随着时间退化或变质，例如鲨鱼在甲醛中分解，这类损失也不在承保范围中。[12] 任何早先存在的情况，例如老旧木头的裂缝、大理石或石板的断层线，这些都是被作为固有损失的，并且运输和移动过程中此类情况导致的恶化都不予承保。

作品在运输过程中如果因为包装不当而导致损坏，且为被保险人方个人过失的话，这一损失也不在承保范围内。如果是运输方的包装相对作品性质来说保护性不够充分的话，运输方则通常是损失索赔的责任方。但也有案例表明当收藏家未事先告知作品性质（通常是为了降低运输费率）而最终导致作品受损，保险赔付也会被拒绝。然而，如果能够对不稳定因素进行讨论，运输方有机会检查作品并设计合适的运输方案的话，那么万一出现问题时，收藏家也可能得以获赔。[13]

不良业务交易：
非法挪用

艺术保险也不会为不良业务交易导致的损失承保。尽管现在相对于法律而言这还是一个灰色地带，[14] 但如果收藏家将一件作品委托给一家画廊，然后得知该画廊已将作品卖给他人而没有按照协议向委托人付款，则该作品不被认为是被盗，因而赔付请求会被拒绝。

以纽约的萨兰德－奥赖利画廊（Salander-O'Reilly Galleries）为例，这种责任免除的后果值得收藏家深思。2007 年 7 月，上东区经营多年的艺术品经纪人劳伦斯·萨兰德（Lawrence Salander）被迫关闭他的画廊，最终被指控 29 个盗窃重罪成立并涉嫌欺诈将艺术品委托至其画廊的收藏家和艺术家（萨兰德从其投资人和客户那里挪用了 1 亿多美元，将委托给他代销的艺术作品私自出售却不向卖家支付代销费用，并出售他并不拥有的作品的股份）[15]。同样地，纽约另一家久负盛名、历史悠久的贝里－希尔画廊（Berry-Hill Gallery）被控有上百万美元欠款未向寄售人支付。[16] 在这两个案件购买产权保险的好处是一旦发生这类争端，无论被保险人事先是否可能或应该已知有类似问题，其合法抗辩的全部费用和最终失去作品的损失都可以得到赔付。

中，委托寄售的客户在其作品卖给他人后均无权追回，除非他们具有美国统一商法典表格1（见第十章，"寄售协议"对美国统一商法典表格1的讨论，第309—311页）。

藏护

艺术品保险也不会为藏护不当的艺术品承保。如果收藏家将他的艺术品委托给藏护师但其未遵守公认标准操作，则保险公司会拒绝为这件因藏护不当而遭受价值损失的藏品承担任何风险，并且这对于收藏家来说也是一个糟糕的业务决策。然而，如果艺术品在藏护人员的工作室无意中受损，且如果收藏家具有远见将这种可能性通过协商纳入保单承保范围内，则这样的损失能够被赔付。

网络盗窃

艺术保险将不承保自愿发送给恶意第三方的艺术品财务交易。以收藏家和画廊为目标的网络盗窃正日渐增多。然而，如果某位收藏家管理系统的数据受损，则可以为重建该管理系统赔付一定限额内的损失。

作品真实性和产权

作品真实性问题也不在保险承保范围内。如果某位收藏家购买了彼得·保罗·鲁本斯（Peter Paul Rubens，1577—1640年）的作品却发现是一件伪作，则没有任何保险依据可弥补该作品声称的价值和事实之间落差的损失。艺术品保险亦不承保作品产权问题导致的损失。这意味着如果收藏家发现自己所购入的某件作品所有权情况其实并不明确，那么必须将作品归还给合法所有者，且保险不会为这样的损失赔付。

产权保险

缺乏为产权提供承保服务的保险导致市场上生成了相关缺口，诞生于2006年专门的艺术品产权得以一直存留下来。与之前的艺术品保险不同，作为补充，艺术品产权保险以房地产保险为模型，由阿里斯产权保险公司开发，旨在保护购买者免受产权缺陷问题的侵害。尽管对于个人收藏家而言仍相对昂贵，但这种保险形式在艺术界现已被完全接受，对于某些艺术品可能值得收藏家考虑。某些交易，例如第二次世界大战时期的拍卖品或银行贷款的艺术品抵押，现在都需要产权保险。但是，产权保险不包括古董和文物，艺术品市场上的这类领域其产权问题风险太大。

尽管纳粹劫掠艺术品的归还案件受到了关注，如第一章中提到的埃贡·席勒的《沃莉肖像》（见第 68 页），但绝大多数与产权有关的索赔是出于更世俗的留置权和产权负担问题，例如家庭或遗产纠纷、债权人索赔、未经授权的销售及违法进出口行为。[17]坦西向高古轩画廊委托寄售的绘画作品已部分赠给纽约大都会艺术博物馆（见第一章，"作品产权"，第 67—70 页），但在这个案例中并无恶意或意图欺骗新买家的问题，这更像是一个导致产权有缺陷合并带来相应法律麻烦的普通错误。

购买产权保险的好处是一旦发生这类争端，无论被保险人事先是否可能或应该已知有类似问题，其合法抗辩的全部费用和最终失去作品的损失都可以得到赔付。尽管艺术保险和普通保险可能会提供一定的承保范围或有限的增项批单，但它们不承保因产权缺陷造成的损失或全部诉讼的费用。

然而产权保护费用并不便宜。与专门的艺术保险支付年费不同，产权保险则是通常在购买时即签署保单并一次性付清。这类保险在艺术品所有权期间均有效，并与艺术品一同转移给合法继承人。保险税率一般为艺术品市值的 2%—3%，但有可能根据其风险或必要调查量而更高或更低。在一级市场购买的作品所需的产权保险税率可能仅需购买价格的 1%，而创作于第二次世界大战时期且无明确作品来源的作品则需高达 6% 的税率。

尽管产权保险提供了弥补任何经济损失的保证，当然仍无法替代产权纠纷中实际放弃艺术品的损失，而收藏家必须自己进行成本效益分析。

其他注意事项

收藏是否适合投保？

即使某位收藏家决定要购买艺术保险，但首要问题是其收藏是否适合投保。不是每件收藏都有保险公司愿意承保的。

为藏品投保 —— 还是为藏品拥有者投保？

过去，在需决定是否进行承保服务时，保险公司大多会关注藏品本身。例如，与当代作品不同，保险公司更希望为古典大师的作品承保，因为这类作品一般都会有一些"问题"，譬如脱色、需要重托、缺损等因年代久远导致的情况很常见，不一定会引起惊慌。现在保险公司试图避免争端和费用高昂的诉讼，在同意接受新客户之前，他们对寻求保险服务的个人和投保的藏品都会进行同等的考量：这位收藏家是否爱打官司？他们的职业关系及个人交际网是怎样的？

地理位置

同时还需要考虑地理位置的问题。保险公司通常会远离那些缺乏公证法院和合法交易的国家，对于像这样的国家的藏品来说，如果无法保证在争端时有公正的法律审判，有些保险公司就会拒绝为其承保。此外，新兴市场国家的藏品也常会被拒绝承保，因为这些地区缺乏诸如安全仓储设施、藏护专业人员这些艺术市场需要的适当基础。

在遭遇损伤损失时，收藏家应如何处理并可预期怎样的赔偿呢？如果作品在丢失或受损时其所有者在场，应对作品原有位置进行拍照并避免有任何触碰或移动。

聚合风险 / 急性累积

另外还有一个问题，即聚合的或中心化的风险。市场的不断扩张导致了艺术品的积累加剧，以致保险公司不愿与新客户接触，因为其作品所在地的艺术品风险已达保险公司可承受的风险上限。例如在曼哈顿，保险公司可能已经因为切尔西区的画廊或上东区私人住宅的投保而具有了艺术品风险的"急性累积"。某些仓储或自由港也是保险公司可能不愿承担更大风险的急性累积点。

仓储设施

最后还有仓储设施的问题。对于重要的收藏，承保方要确认适当的安保及温控系统是否就位。他们通常会要求进行检视，以确认各类系统达到标准并且艺术品也没有被安装在脆弱易损的位置，比如说人流量大的走廊、通风口下、壁炉旁的墙壁上或埋有隐藏供热管的墙面。如果收藏家无法或者不愿采取建议措施来纠正不足之处，则会被拒绝承保。

索赔

在遭遇损伤损失时，收藏家应如何处理并可预期怎样的赔偿呢？如果作品在丢失或受损时其所有者在场，应对作品原有位置进行拍照并避免有任何触碰或移动。如果作品仍在其运输箱中，则不应将箱子拿掉。接下来是"在可行的范围内"尽快联系保险公司或者保险经纪人。如果收藏家是从运输方或博物馆处接收到损伤报告的，则应立即转发至保险公司。被保险人应确认与艺术品损失事件有关的所有信息及文件，包括评估和警察报告均已提供给承保公司。有些保单还要求被保险方在发现损失的 90 天内，按照保单的要求提供"损失证明"。

在大多数情况下，保险公司将随后派遣一名损失理算师检查艺术品。 在理赔过程中，理算师将尝试确定损失的原因并收集与索赔有关的所有信息，如损失发生的地点、时间、方式以及在谁的控制下发生。 理算师将对索赔进行调查，确定根据保单条款应赔付的范围并授权付款。 每个索赔都取决于具体情况，并且要进行不同的处理。

理赔过程

全损

当作品修复的花销大于作品本身的价值时，该件作品则会被视为全损（一般来说，当产生了超过作品价值一半的损失时，保险公司会承担全部损失）。在全损的情况下，保险公司根据商定的艺术品重置价支付给收藏家，而原作品产权通常则会被转移到保险公司所有。重置价则取决于保单中规定的条款。

应当注意的是，保单持有人可以按照自己的意愿对其保险赔付金进行处理。此类赔付金旨在使收藏家"财务上保持完整"，无论他们选择购买相似的艺术品还是将现金用于其他目的。

价值的部分损失或全损

在涉及部分损失的时候，比如说那件被手肘击穿的毕加索的《梦》（见第 121—122 页），被保险人将能够获得修复作品费用的赔偿（包括相关的运输费用）加上作品价值损失的赔偿。在这类情况下，既需要合格的藏护师，也需要有资质的评估师。

保险双方将必须共同选择一位藏护师来处理作品。 尽管保险公司通常会积极参与该过程，检查修复方案并监督修复全过程，但他们通常不会尝试将藏护师强加给收藏家，因为他们不希望事后被保险人声称修复的质量低于标准或使作品状况进一步恶化。在作品修复后发生争议怎么办？ 有些保单针对此类分歧规定了部分损失条款，当事双方将根据此条款同意在拍卖会上出售作品，尽管通常这对所有人来说都不是理想结果。

下一步是双方各选一名评估师判定损失的价值并就损失总额达成一致意见。如前文提到的，如果双方一致认定作品在经过修复之后价值损失超过一半，则保险公司通常判定该作品为全损。由于两位评估师对于价值损失总额的判断一般难以一致，在涉及高价值作品时保险公司和收藏家有时会就理赔过程预先达成共识，包括决定请哪些专家进行损失评估（无论如何，评估师和修复师都不应是同一个人，因为这样会导致内在冲突）。大多数纯艺术保单还会包括仲裁条款，该条款规定当事方可以选择第三方评估人担任仲裁人以解决争议。就被肘部击穿的《梦》一案而言，当事方商定了一位主藏护师，但还额外有一名藏护师提出了费用为 2 万美元的第二种修复意见。

仍在世的艺术家创作的作品

对由仍在世的艺术家创作的当代艺术作品来说，损失索赔就没那么简单了。著作人身权法在此是适用的，即艺术家或艺术家继承人有权在作品被改变后宣布拒绝承认作品。如果是这样，则必须咨询艺术家是否愿意并能够修复该作品。即使作品受损程度很小，有些艺术家还是会立即想要拒绝承认作品。另一些艺术家则在完全可以的情况下不愿为照片或印刷品这类作品制作替换作品（即使费用由保险公司支付）或倒填日期。

通常很难预测一位艺术家在面对作品修复时的立场。但如果某位艺术家选择拒绝承认受损作品的话，信誉良好的承保公司一般会尊重这样的立场并向收藏家支付重置价值。遇到全损的情况，保险公司通常不会将作品销毁，而是将其以促进教育和修复为目的进行捐献。如果还在世的艺术家拒绝让受损作品再次被出售（见

第一章，"著作人身权和知识产权"对著作人身权的讨论，第76—77页），保险公司可能会同意不让作品回流至商业市场[18]（附带一提，实际上一些收藏家专注于购藏受损艺术品，并会为此咨询保险公司）。

有时收藏家也会拒绝承认作品，认为作品一经修复"就不再一样了"，并坚持要求保险公司支付全部重置价值。在一个案例中，一件由蒂姆·诺贝尔（Tim Noble，1966 年生）和苏·韦伯斯特（Sue Webster，1967 年生）创作的灯光雕塑被毁，艺术家同意按照保险公司的要求重制一件替代品。最后，收藏家拒绝这件替换品，因为他对重制实现的年代与原作年代不同而感到不满。保险公司最终取得了艺术品的所有权，并向收藏家支付了索赔全额。

大多数保险公司都倾向于应对索赔，并强烈建议进行面谈而不是通过电话和电子邮件沟通，而诉讼当然是不得已的方法。一般而言，如果承保公司信誉良好，客户向承保公司按时缴纳保险年费和待付款项，则该索赔过程虽然可能很痛苦，但应该可以顺利进行。

"回购"协议

如果某件作品曾被认为丢失或被偷盗却最终被找回了呢？这时保险索赔已经支付，技术层面上说承保公司就成了失而复得的作品的拥有者。对于收藏家来说这会是一个问题，尤其是如果作品在丢失期间价值倍增的话，要知道这样的丢失期可能会长达数年。有些保单会允许收藏家用收到的索赔价附加利息的金额从承保公司处将作品购回。诺曼·洛克威尔（Norman Rockwell，1894—1978 年）的作品《与锄头共眠的男孩》（*Boy Asleep with Hoe*，1919 年），又名《懒骨头休息片刻》（*Lazy Bones Taking a Break*）在一所私人住宅中于主人外出度假时被盗，40 多年后又于 2017 年由丘博保险公司和美国联邦调查局找回。作品的拥有者将原本保险索赔金支付给丘博以换回大多数保险公司都倾向于应对索赔，并强烈建议进行面谈而不是通过电话和电子邮件沟通，而诉讼当然是不得已的方法。一般而言，如果承保公司信誉良好，客户向承保公司按时缴纳保险年费和待付款项，则该索赔过程虽然可能很痛苦，但应该可以顺利进行。

画作，如今这件作品价格高涨至 60 万—100 万美元。虽然这样的情况很少见，但仍然是选择保单和洽谈条件时重要的注意事项。

税务影响

收藏家还应记住，保险索赔金也可能涉及缴税。在美国，如果索赔收到的金额大于艺术品的原始购藏成本，则除非在特定时限内再购买类似的作品，否则索赔金将成为应课税收益。[19]

收藏家直接面对承保公司的责任

大多数收藏家往往对保险的亲自参与度不高，在阅读了保单第一段内容后就决定要代理人全权处理续签事宜。许多人直到真正遭遇灾难时才真正了解保险覆盖范围的细则。另外，保险公司通常希望对自己需承担的风险状况有很好的了解，并希望保持沟通。艺术品价值越高，承保方就将需要更多的信息和参与得更深入。保险公司将想要知道一件价值超过 1000 万美元的艺术品的一切情况，如果要转移这件艺术品，他们可能会希望在场。

为了"成功投保"，建议收藏家从多方面告知承保公司作品情况。被保险人必须提供艺术品位置更改的通知，并充分确定保单涵盖的作品所在的仓储设施。如果收藏家已将部分作品赠予博物馆或另一方，或者与另一方共同购买了作品，就还需要将作品的所有部分的所有权告知其承保公司。如果每个部分所有者都仅为自己拥有的那部分作品所有权进行投保，那么在提出索赔时必然会出现问题。事实上，在这种情况下，最好为这样的作品单开一份保单，以便协调所有潜在的索赔要求。

作品借展

在将作品借给博物馆或画廊进行展览时，最好向承保方报告这种借出情况（完整讨论请见第八章，"博物馆和画廊借展"，第267—275页）。借展协议通常具有"钉对钉"（或"墙到墙"）的保险覆盖范围，这意味着从将固定艺术品的钉子取下或开始搬运艺术品的那一刻起，借展方就开始为艺术品提供保险。但是，收藏家必须确定此承保范围是否足够，或自己购买的保险在这个过程中是否也应生效，尤其是在自购的保险承保范围更优的前提下。在这种情况下，博物馆可能会为收藏家支付一部分保费，并要求放弃代位求偿（以防止承保公司在蒙受损失的情况下向博物馆寻求赔偿）。如果根据借展合同，收藏家同意承担恐怖主义和/或地震的保险风险，则应通知承保公司，因为承保公司可能会因为风险聚合问题而无法适当再保险（译者注：再保险，即指保险公司将自己的保单责任，以合同约定方式将责任全部或部分地转移给其他保险公司或再保险公司的保险）。无论哪种方式，出借方都应在借展期内保留所借艺术品的保单，以防出现出借方对借展方的保险索赔程序不满意的情况。

保险是否值得？

大多数态度认真的收藏家将艺术保险看作其藏品及理财策略中的必备部分。其他收藏家则选择仅对自己的收藏进行部分投保。然而随着"9·11"恐怖袭击，像飓风卡特里娜和桑迪、加州和澳大利亚野火这样的自然灾害，以及全球变暖加速的随机效应，全损灾难从抽象概念变成了更具象的现实，越来越多的收藏家开始为他们的收藏考虑全额承保。

然而，不是所有收藏家都选择为其收藏投保。保险年费每年都仍有一些收藏家因为保护隐私的原因不为自己的收藏投保。尽管这不是常见话题，但很多收藏家害怕将自己的艺术品清单提供给第三方会使自身的财产遭到税务机关的更多清算。在欧洲某些地方（比如法国），政府要求保险公司披露他们客户的收藏信息。即使不必担心潜在的税收负担，一些收藏家就是不希望外界知道他们的收藏品。 最后，还有一些人认为保险只局限于金钱得失，而一旦失去，没有任何东西可以代替原来的那件艺术品。

会上涨，有些个人收藏家更愿意碰运气，尤其是如果他们的收藏稳定不变、设施一流、被安置在地理位置安全的区域。由于火灾、盗窃或其他意外造成的损失通常可以减免税款（可减免的金额上限不超过意外恢复费用及作品市价两者中的较低者，即"意外损失减免"，且仅在损失总额超过收藏家的调整总收入时才可减免），因此，如果节税金额大于支付保险的费用，则收藏家可以选择"自我保险"，而不是购买保险。[20]

　　仍有一些收藏家因为保护隐私的原因不为自己的收藏投保。尽管这不是常见话题，但很多收藏家害怕将自己的艺术品清单提供给第三方会使自身的财产遭到税务机关的更多清算。在欧洲某些地方（比如法国），政府要求保险公司披露他们客户的收藏信息。即使不必担心潜在的税收负担，一些收藏家就是不希望外界知道他们的收藏品。最后，还有一些人认为保险只局限于金钱得失，而一旦失去，没有任何东西可以代替原来的那件艺术品。

第五章

运输、仓储、装裱和安装

    艺术品收藏还涉及拥有藏品连带的后勤事务。 这些注意事项通常对于新手收藏家来说不是在购买藏品时关心的重点，甚至可以说，即使是经验丰富的收藏家在追求自己想要的艺术品时也会忽略后勤事务上的细节。 但是，一旦实际购藏了艺术品，便不可以再忽略后勤工作、其相关的费用和可能的风险了。

    艺术品如何移动、存储、放置和展示？ 收藏家如何找到合适的服务提供商，以及如何审查这些服务？ 将艺术品运送到目的地可能容易得只需要提货和搬运，也可能需要大规模的计划、创造性的思维和大量人员。 有些艺术品带有完美的装裱，其他作品则需要通过研究甚至反复斟酌来确定合适的样式和材料。 每位收藏家都必须考虑这些问题。本章将探讨艺术品运输、仓储、装裱和安装的基础知识，对这些主题进行一个概览及给出综合性的引导。

运输

    无论出于任何原因购买、出借艺术品或将其移至其他地点时，首要考虑的问题就是运输。如何运输作品呢？是陆运、空运、海运还是以上方式的组合？需要涉及哪些事项以及需要多长时间？ 而且，最重要的是，艺术品从 A 点到达 B 点时作品状态如何保持如一？艺术创作时通常不会考虑作品的可便携性，而且稀有和有价值的艺术作品是否应该被移动本就是一个难题。 如第四章所述，大多数艺术品保险索赔都是由于运输过程中的损坏而引起的。

随着企业收藏的兴起，专门的艺术品运输行业在 20 世纪 80 年代得以扩展，并且随着艺术品行业的全球扩张稳步增长。 曾经商业画廊在实体空间里相对稳定的业务状态，在每年遍布全球各地举办的博览会中迅速变得瞬息万变，艺术品因此正以空前的速度在世界范围内运输。 仅在纽约大都会区内，就有超过 100 家专营艺术品运输和装卸的公司，其中一些专门为艺术品博览会而设。[1] 并且随着艺术品的定义不断演变，复杂的装置和例如植物、巧克力和吸管这类非传统的材料都被囊括在内，艺术品运输行业也面临着新的、复杂的挑战。

选择一家运输公司

最好的运输公司（也称为"物流公司"或"承运方"）将自己视为文物的管家。但是直到最近，行业中也仍未有最佳惯例的规定标准。[2] 在一个国际化的市场上强加标准是有挑战性的，因为在单次运输过程中可能遇到不同的海关和运输情况。在较受限的区域内，不称职的包装工、无人看管的卡车甚至艺术品都被移交给有犯罪记录的人处理等故事比比皆是。在这个行业内令人惊讶的是，漫不经心的收藏家可以把贵重的艺术品直接交托给某个承运方或仓库，却不愿花时间了解他们委托的人的实际做法和程序。

选择一家公司运送艺术品时，重要的是能够问对问题，收藏家应保持警惕，了解情况并以书面形式获取此信息。选择承运方时，应考虑以下一些基本原则：

· 承运方是否为国际展览与美术品运输商联合会（International

Convention of Exhibition and Fine Art Transporters，简称ICEFAT）
或类似的贸易组织的成员？ 对艺术品运输行业而言，国际展
览与美术品运输商联合会和国际珍品及艺术品包装运输协会
（ARTIM）就像是《专业评估统一执业标准》对评估师行业、
专业艺术顾问协会对艺术品咨询行业那样，是国际上的主流组
织，这类专业机构致力于在还未具备法规时建立行业标准和最
佳惯例。当收藏家没有可靠参考资源来接触信誉良好的承运方
时，这些组织是最佳的起点。借助国际网络，这些组织可以保
证无论作品走多远，有些标准都将得到遵守。**3**

- 运输协议中是否有分包条款？ 即使将艺术品委托给信誉良好的
运输公司，收藏家也不能认为艺术品就一定全程由该公司实
施，因为这家公司可能会将作品移交给信誉较差的其他公司来
操作（见下页的"过程：估价、分包和提单"）。

- 这家公司是不是以资产为基础的公司而非第三方物流公司
（"3PL"公司），还是只是中间商？ 也就是说，公司是否拥有
运输用的卡车和设备？运输木箱是否为公司内部制作？还是说
货运的各环节都由其他公司代理？以资产为基础的公司是可取
的，因为这类公司对接受委托的艺术品有更好的照管和控制，
并且在时间和预算费用方面具有更大的灵活性。

- 货运公司是否有封闭的装卸平台？ 室内装卸平台能让卡车进入
建筑物并在其后面关闭入口，从而可以最大程度上安全且机密
地将艺术品直接卸入建筑物。

- 货运公司是否与其他公司共用一个装卸平台？这很重要，因为大
多数盗窃案或"失踪"物品的案子都是在装卸平台上发生的。**4**

- 货运公司内仓储设施的安全程序是怎样的？

- 货运公司及其操作场所本身是否位于洪水区？

- 在公司内部制作运输木箱的地方，装卸艺术品的房间是否设有
空气过滤系统以尽可能保持清洁？

· 公司是否拥有经认证的货物筛查设备（CCSF）？像保险业一样，运输业在"9·11"之后发生了变化。由美国联邦运输安全管理局（TSA）于2010年8月生效的《2007年"9·11"委员会法案》要求对客机上载运的所有货物（包括艺术品）进行筛查。由没有任何艺术品装卸经验的机场工作人员打开板条箱检查物品所造成的损坏司空见惯，以至于大多数保险公司将不再承担因这种检查造成的损坏。因此，所有收藏家都应努力避免进行机场检查。为此，越来越多的物流公司正在使用政府认可的现场筛查设施，以便由合格的艺术专业人员对艺术品进行安全的监控，以保持作品在机场不受干扰。

过程：估价、分包和提单

在选择承运公司时，从不同的公司获得报价是很有用的。一旦选择了某家货运公司，便应要求其进行费用估算。但是，报价仅是估计而没有约束力，其所基于的细节（位置、日期、货品尺寸等）可能（且经常）改变。事实上，报价通常是通过电话非正式地获得的，有时则会以报价单的方式发送。

基础的运输报价也可以在某些网站上获得。例如总部位于伦敦的搬运公司卡多根·泰特（Cadogan Tate）在其官网上提供包装、装卸、运输、保险（如果需要的话）和清关手续的报价。[5] 这种服务有助于在考虑新收藏或获得粗略报价时估算总成本。但此类从网上获得的报价反映的可能是通过转运路线及外包公司来进行运输的价格，因此可能无法准确显示所需服务的实际成本。由于燃油成本、占用率和其他因素的影响，报价也可能会发生变化。ARTA是一家相对较新的提供运输整合和线上中介服务的美国公司，能够提供运输费用的比价。就像是艺术品运输行业的"客涯"或者"亿客行"（二者均为旅行预订的门户网站），ARTA 能够为收藏家精简运输流程，并且还允许通过信用卡在线付款。[6]

在运输之前，应向运输公司提供艺术品的所有相关信息，包括尺寸和材料详情。对承运方隐瞒某些信息的情况也不少见，因为有些人相信这样做会使运输工作看起来更简单，以便获得更低的运输报价。这是一种错误的办法，会不可避免地导致延误、预算超支并最终使艺术品陷于不必要的风险中。如果艺术品易碎、质地上易损，但对于承运方来说从表面上又不易察觉的话，则务必要清楚地提供细节，因为运输过程中发生的任何损坏都可能因为"固有损失"这一责任免除项而不能由保险承保（见第四章，"磨损和固有损失"，第 154—155 页）。

如前所述，分包合同在运输业中很普遍，尤其是在承运方并无某条特定路线的业务，并且运输合同将规定承运方有权转包的情况下。这意味着该承运公司可以将工作转包给更便宜的运输方。直到问题出现之前，大多数收藏家都接受这一点。然而，在未就合同及运输进行讨论之前，收藏家不应该同意这样的条款。对于收藏家来说，在某些情况下可能更应在签字前从其运输合同中删除此类条款。既然收藏家付钱使用专业的艺术品运输商来代替普通商业运输公司（运费估计高出 60%[7]），那么他们就应努力确保所获得的服务是符合期望的。

在物流世界中，提单（Bill of Lading /BOL）是具法律效力的文件，是实际的运输合同。提单描述了委托给运输公司进行运输的货物，并详细说明了运输方式。提单在承运方到达现场提取艺术品时产生，并应始终同时以纸质复印件和数字化扫描件的形式存储于收藏管理系统中。运输公司通常会在提单上（一般在背面）列出其服务的正式条款和条件——那些字体极小的细则，并且网站上也会包含这些条款。但实际上大多数人都不会阅读这些细则，这明显是错误的做法。

一些承运商不允许在其标准提单合同上进行任何删除，但他们可在物流世界中，提单（Bill of Lading /BOL）是具法律效力的文件，是实际的运输合同。提单描述了委托给运输公司进行运输的货物，并详细说明了运输方式。

能会允许客户在估价单上定下某些规定 —— 比如说该运输项目如果需要任何分包都需事先告知，并需获得事先书面批准。 例如，如果一辆卡车在长途运输过程中抛锚了，且最好的替代方案是赶上最近可用的货运飞机，则承运方首先必须获得委托方的许可。尽管这听起来很合逻辑，但在计划之外未经事先通知的重新安排路线在运输业中更为常见。 那些有活动账户、及时支付账单并与承运商关系良好的收藏家，在艺术品离开自己手中之后明显在保持对作品的控制权上拥有更多的谈判力量。

最直达的路线

既然客运航空的货物通常需要进行筛查（在美国是由联邦运输安全管理局进行检查），那么为什么不制定采用货运飞机运输或海运来运输艺术品呢？这两种运输方式都尚未受制于此类筛查。货运飞机和海运是运送超大型作品［例如理查德·塞拉（Richard Serra，1938 年生）的巨大雕塑］的唯一手段，但客运飞机（其货物尺寸上限为 160 厘米）通常更适合运输艺术品，因为前往目的地的路线更直接，在整段运输中减少了转运行程的数量。每一次转运都会将艺术品置于风险之中，因此考虑到所有的因素，都应寻求尽可能最为直达的运输路线。并且货运飞机的行程安排可能会是不稳定的。原本每周定期安排 5 天的航班也许会突然变成一周一班的航班，因此可能对借展、艺博会和其他对时间敏感的交易的截止日期造成影响，更不用说艺术品滞留在无人监管的地方的风险了。

第三方运输

有时画廊（或拍卖行）会在作品需要购买、寄售或借展的情况下组织从收藏家那里运走或运给收藏家。 这时收藏家应确认由合格的人来装卸艺术品，特别是在与往往资金匮乏、不那么资深的画廊合作时。众所周知，画廊总在这一环节走捷径（见第四章中提到的玻璃碎掉的那件辛迪·舍曼的作品，第 141 页），并且一些收藏家更喜欢使用自己的艺术品装卸人员来完成这项工作。

有时候，明确谁负责保险很重要。不同的画廊和销售商对保险结束时间和收藏家保险开始时间采用的标准也不同。画廊的保险覆盖范围是在装运前结束还是在所有权转移时结束，还是要等到买家实际拥有作品之后？收藏家在进行任何交易前，都需要询问有关的具体情况。

包装和装箱

任何一件艺术品配备合适且合格的包装都是至关重要的 —— 要达到这一点有可能会很昂贵，尤其是在需要板条箱的时候。每一件作品对包装和装箱的需要都各有不同，而收藏家则需要向承运商问明有关作品会被如何包装的细节信息。作品没有被予以恰当地包装或小心地装卸再常见不过了。在经济不景气的时期，每当要走捷径时，通常首先会妥协的就是妥善的艺术品装卸和包装。

一些常规包装准则包括以下几条：

· 应始终使用藏护级别的软包装材料，例如无酸的薄纸、泡沫塑料和硬纸板。
· 虽然使用气泡膜外包装材料很普遍（在任何艺术博览会上都可以看到），且常常是必不可少的，但应与其他内衬材料（例如 pH 中性的玻璃纸）一起配合使用，切勿将气泡膜直接接触作品表面。气泡包装材料可能会软化和熔化，也许会熔合到作品表面或留下气泡形的印记。

· 对于某些例如在城市内部移动的艺术品运输，简单而安全的填充可能是足够的。

· 对于较短的行程，如果作品没有装裱或者没有底架，那么应该使用旅行用框架（或玻璃框罩）。

· 对于更长距离的运输和所有空运，通常需要定制运输木箱或旅行箱。用于国际运输的木材必须经过化学处理或热处理以遵守国际无害虫限制，并必须加盖认可印章。 在某些情况下，可能需要双重装箱。

　　在行程末尾的收货环节，艺术品的交货和拆箱应该在为交货准备的、光照充分的空间中，在收藏家自己或合格的代表监督下进行。艺术品应该在到达时进行详尽的检查，这样，再小的改变也不至于被忽视。由于签字即构成货物拥有者对于货物到达时状况的认可，这一环节的任务不应留给家政人员或碰巧在眼前的随便某个人来完成。遇到查收贵重的或者脆弱的作品时，需要有一名藏品藏护人员在场。

改造和重新运用运输木箱

　　运输木箱的建造成本高昂且绝不环保。如今一幅尺寸约为 74 厘米 × 91 厘米的绘画，其手工制作的标准运输木箱的成本接近 1000 美元。 因此，许多收藏家试图回收或重新利用运输木箱。 然而，事实上本来用作运输某件作品的箱子很少能够被改装得适用于另一件作品的运输。 此外，如果使用了不适配的木箱，很容易损坏作品。 对于以后再运送同一件作品来说，定制的木箱是值得节省保留的，尽管这延伸出了问题：这种木箱可以存储在哪里，以及所涉及的成本怎么办？许多承运商和仓储公司会为他们的客户收取一定的存储板条箱的费用，有些收藏家甚至建立自己的专用于木箱存储的仓储设施。 无论如何，当将运输木箱存储起来以备再用时，应始终对其进行仔细检查之后再使用，以查看在存储期间是否有任何组件（螺钉、胶水、黏合剂和接缝）已退化。

可持续性运输箱

运输木箱造成的环境成本受到了越来越多的监督，并使一些收藏家越来越担心。的确，考虑到地球当前的紧急状态，传统的木箱运输方法虽然有效，但对环境而言似乎开始显得挥霍无度。运输业内的一些人一直在采取措施解决这一问题，努力完善可重复使用的运输木箱，并提出具有吸引力的解决方案。Turtlebox（龟箱）于1994 年成立于荷兰，是该领域的知名企业。该公司提供的板条箱使用寿命为 20 年，被定位为"当今艺术品市场上最具环保可持续性的运输木箱"[8]。ROKBOX 的木箱价格比 Turtlebox 便宜得多，这家公司于 2019 年在英国成立，并赢得了著名的设计奖项。[9] 一位知名的物流专业人士最近提出了 IMC 项目（"不适应环境的木箱之岛"，原文为 Island of Misfit Crates），该项目将利用政府资源建立仓库，收藏家可从中"采用"不再为其他人所使用的多种运输木箱。[10] 尽管（常常拒绝改变的）运输行业是否会摆脱（从 21 世纪的角度来看已十分原始的）传统运输木箱还有待观察，但这种转变在未来的十几年内似乎不可避免。

运输条件

在选择了一家运输公司之后，或者作为选择过程的一部分，收藏家应该主动询问以下一些运输的条件。

· 温控

对于陆运来说，是否配有合格的温控，即运输车辆内是否能维持恰当的温度？

如果作品是空运的，并且由受过专业培训的空运看护人（通常是博物馆策展人或藏护师）陪同，在过程中作品是否会遇到无人看管的情况？有时由于这个原因，可能涉及配备多个看护人。

· 安保

安全性是否足够？运输全程是否一直保持对艺术品的监管？是否可跟踪车辆行程？卡车是否有警报系统？装卸地点是否有室内封闭的装卸台？

· 安全

对于陆运来说，是否采用配备空气悬挂减震系统的减震车运输，以及是否配有多个司机轮流驾驶？

· 合并

如果以和其他货品合并装运的方式运送作品，可以降低成本。在这种情况下，为了缩减作品的装卸环节，收藏家可能希望艺术品是最后一个被装上卡车，也是第一个被卸下的货品（这样的货物被称作"LOFO"，即最后进最先出的英文首字母缩写）。为了达到这一点，可能会产生额外的费用。

· 空运

如果作品是空运的，并且由受过专业培训的空运看护人（通常是博物馆策展人或藏护师）陪同，在过程中作品是否会遇到无人看管的情况？有时由于这个原因，可能涉及配备多个看护人。

另外，看护人在机场时是否能够拥有安全许可，以便于可以监督作品的装卸？在大多数机场都可以聘请如全球精英集团（Global Elite Group）这样的专业监督公司。这些公司的代理人具有安全许可，能让他们亲自监视机场货区内货物装卸的过程和装载到飞机上的过程，可以确保机场工作人员采取最佳行动。

· 海运

对于像雕塑这样的大型作品，最合理的是采取海上运输。而海运的风险首先是不能保证会将作品放置在较低的舱位中（在海上低仓位最为稳定），其次是交货时间表可能无法预测。如果载货清单中的某一件引起了问题，整船的货物都可能被扣住，而扣押期间的仓储费用则需收藏家承担。如需选择海运时，经常还需要采用温度可控的冷藏集装箱运输。

联邦快递加急货运服务（美国境内货运）和联邦快递

联邦快递（FedEx Custom Critical 子公司）也提供针对艺术品和博物馆的运输服务。[11] 根据作品的媒材和包装方式，对于在约 1609 米以内的美国境内公路运输需求来说，联邦快递可以是一个合理的选择。这项服务的优点是没有合并运输，收藏家的艺术品可以专享一趟直达的运输服务。

也可以通过常规联邦快递以包裹或货运的方式进行国际运输。但是，由于路线可能比较迂回并在许多站点停靠，这种运输的风险较高。尽管如此，一位纽约的艺术品经纪人仍定期将其客户的纸上作品由联邦快递运送到柏林进行修复，因为柏林那位他信赖的纸张藏护师收取的费用比在纽约修复同类作品要便宜得多。在这种情况下，这位经纪人（有时与其合作的收藏家一起）冒着向国外运送的风险，以节省所需的修复费用，但是艺术品因此可能需在孟菲斯和巴黎滞留一段时间。另一个风险是联邦快递运送的物品数量庞大，因此通关时的审查量很大。据估计，通过联邦快递运出的物品中有 7% 都会被美国海关标记。[12] 显然，在这样的运输途中妥善包装作品是很重要的。美国的 Masterpak 公司是艺术品包装和运输的档案级别材料的供应商。

保险

如第四章所述（见第 146—157 页），许多收藏家没有购买艺术品保险，而那些拥有一般保险或房屋业主保险的收藏家，其拥有的艺术品在运输途中将不受保护。但是，某些承运公司在负责运输未保险的作品时，会提供全风险承保的艺术保险，尽管这种短期保险非常昂贵［例如，物流公司第四工作室（Atelier 4）能通过伦敦劳合社保险公司提供艺术保险保单］。不过，能够提供保险的承运方仍可以拒绝为不稳定的作品、目的地为高风险国家／地区（专业的艺术品装卸体系和设施还未健全的地区）的作品承保。同样，收藏家还会想知道所采用的保险是"全险"还是另一种承保风险有限的保单（例如选择"仅承保盗窃风险"），后者的保费费率更低（大约是全险费用的一半）。

在美国，运输时没有选择购买保险的收藏家几乎是不受保护的，因为承运公司的标准保险仅适用于约每 454 克 0.6 美元的一般费率。但是，欧洲的艺术品承运方的确在运输过程中提供了一定水平的保险，因此在此阐明是很重要的。

税收与清关费用

在国际范围内进行商业交易时可能会收取进口和海关费用，应收款额和征税方法因管辖地而异。在美国，艺术品的进口税由联邦海关和边境保护局（CBP）管辖，必须在海关缴纳。低报艺术品价值是一种犯罪行为。

对于离开美国进入欧洲的作品，增值税作为一种消费税将在入境口岸征收，税额因国家而异，最低为 15%。在几个欧洲国家，艺术品的税率比普通商品低得多（在英国为 5%）。在中国，增值税的税率为 13%—20% 不等，具体取决于作品媒材，对艺术品原作的附加进口税从 0（装置）—6%（照片）不等（由于唐纳德·特朗普的贸易战，截至 2019 年 9 月，美国艺术品应加收 10% 的税金）。但是，这些费用并不总是完全简单明了的（例如，如何定义"装置"就是个问题），并且也总是不断被重新评估和可能发生变化。

通常，此类税法语言总是含混不清，使收藏家也踌躇不定。在瑞士，2018 年的法律规定如果艺术品是永久进口且"面向公众"的话，则免除 7.7% 的标准艺术品进口税。但"面向公众"意味着什么？艺术品必须始终对公众开放吗？如何定义"公众"？

艺术的定义着实继续困扰着海关官员们。在美国，纯艺术是免税的，但"纯艺术"的定义却尚不完全清楚。在海关清关时，具有 100 年历史的古董和"完全手工制作"的作品被视为纯艺术品，照片和某些装置却仍存在疑问。[13]

在涉及海关事务时，"什么是艺术"这个问题在 1928 年的一个著名案子中被提出，当布朗库西的抽象雕塑进口到美国时，根据金属制成品标准关税被征收了 40% 的税。[14] 而 2010 年在被描述为"令人惊讶的"一个决定中，欧洲委员会裁定弗莱文的灯光装置和比尔·维奥拉（Bill Viola，1951 年生）被拆解开的影像作品不能被归类为艺术品，而被定为"壁灯配件"和"DVD 播放器及投影仪"，这意味着进口作品的伦敦鹿腿画廊（Haunch of Venison）将必须根据作品标价缴纳全额增值税和关税，而不是通常针对艺术品的 5% 的税率。[15] 这一裁定造成的影响目前仍不清楚。

如果进口艺术品违反当地法规，例如违反《美国濒危物种法》，也可能被拒绝入境。在另一个例子中，原本打算用于呈现费利克斯·冈萨雷斯－托雷斯（Felix Gonzalez-Torres，1957—1996 年）1991 年的作品《"无题"（公众舆论）》的糖果被拒绝进入英国，原因是发现糖果中的人工色素已超过欧盟限制。[16]

如前文提到的，艺术品进口无法免于受到政治和贸易战的影响。英国脱欧给英国和欧盟的收藏家带来了新问题，这些地区之间的艺术品运输现在可能需要进行清关手续。要说清关这一转变造成了怎样的全面影响还为时过早，专家们在这个问题上仍未达成共识。

　　由于欧盟对空中客车公司提供了补贴，世界贸易组织（WTO）于 2019 年 10 月做出一项（美国对欧洲加征关税的）裁决，因此 20 年内于英国或德国制作的纸、纸板上石版画和"图片、设计和照片"在进口美国时需缴纳 25% 的进口税。[17] 这是一个重大变化，其影响尚待充分了解。

　　即使从技术上讲，运输公司可能被列为进口商，但美国的运输公司并不负责任何应缴的税款或关税。因此，活跃的收藏家通常依靠报关行来管理这种复杂手续及所有必需的文书工作（例如 CF 7501—海关入境申报单、发票、提单、包装清单等），但是许多船运公司也设有内部团队来简化此类手续。然而，在其他国家/地区，承运方确实可代表客户汇出税款，如果发现其涉嫌参与税务欺诈，则可能会受到处罚。[18]

临时进口（保税仓）

　　如果出于展览目的将艺术品临时带入某国境内，并根据申报价值的一定百分比支付费用，则收藏家可以避免缴纳进口税。在英国，临时进口许可证的有效期为 24 个月，而在中国，许可证必须每 6 个月延长一次，并需缴纳价值 50% 的可退还押金或不可退还的保险金，不过金额可能有所不同。如果作品是从特定的海关区域（例如欧盟）取出，则可以将其重新进口，从而重置临时进口许可证的时间（在美国等一些地区，保税仓库则适用于艺术品的临时进口）。

　　一些收藏家永久性地利用这种系统来避免缴纳所得税。上海的收藏家刘益谦在 2015 年以 1.704 亿美元的价格从纽约佳士得手中收购了阿梅迪奥·莫迪里阿尼（Amedeo Modigliani，1884—1920 年）的绘画作品《侧卧的裸女》（*Nu couché*，1917—1918 年），一时受到了广泛关注。此前他的第一个轰动之举，是在 2014 年于中国香港以 3630 万美元的价格购藏了一件被称为"鸡缸杯"的明朝茶杯，购买之后，刘先生将茶杯送到了上海徐汇区附近的一个保税仓库，然后借给他与妻子王薇开设的私人美术馆——龙美术馆展出。每 6 个月，茶杯就会被带回仓库，然后在两天的时间内再次借用，这样的"不便"使刘先生避免了大约 620 万美元的增值税。[19]

一旦临时准入（TA）期满，艺术品必须从海关区出口，并出具出口证明。报关代理人可以代表收藏家跟踪剩余期限，但收藏家本人仍应尽力注意这样的时间期限。在一个案例中，苏黎世的一位报关代理因为疏忽，没有告知客户其收藏的布赖斯·马尔顿（Brice Marden，1938 年生）的重要画作的临时进口许可证已过期，从而导致收藏家收到了巨额税单和罚款（这位收藏家起诉了报关代理人的疏忽过失，代理人最终支付了费用）。

自由港

到达目的地的试用艺术品，或途经某处的艺术品，可存放在自由港而不征收进口税或关税。因此自由港作为一种延缴区，可以无限期地延迟增值税和关税，直到艺术品到达其最终目的地为止。如果经过适当的申请手续和文件证明，则可获准在一定时间内暂时取出作品进行装裱和修复。

在自由港内出售的作品是免征交易税的，因此艺术品经纪人会寻求在自由港的实体场所内建立商业空间的机会。例如，位于樟宜机场非常时髦的新加坡自由港全天候运营着自由贸易区，除税收优惠以外，还提供综合的专业服务和简化的海关手续。其官网上自称为"世界上最安全的仓储及贸易平台"，提供"保护和创造财富的新纪元"，不过不清楚在这句话写下之时，这种自由港商业模式是否就已经开始了。[20]

欧洲有 40 个这样的自由港，在瑞士集中度最高。艺术品运输公到达目的地的试用艺术品，或途经某处的艺术品，可存放在自由港而不征收进口税或关税。 因此自由港作为一种延缴区，可以无限期地延迟增值税和关税，直到艺术品到达其最终目的地为止。如果经过适当的申请手续和文件证明，则可获准在一定时间内暂时取出作品进行装裱和修复。

司 Natural Le Coultre（NLC）在日内瓦自由港（一个 4 万平方米的自由港，另外还有 2.2 万平方米专门用于艺术品）经营仓库 。 该公司还经营新加坡自由港，于 2014 年在卢森堡开设了 2.2 万平方米的自由港。 自由港建设和扩建的激增是由新一代收藏家的需求驱动的，他们将艺术品作为替代资产进行投资，购买艺术品却无意将其展示出来。 他们需要安全的空间来存储自己的艺术品，也需要避免税收的手段[21]（必须指出的是，尤其在欧盟，这种活动引起了人们对洗钱的担忧）。

在美国，ARCIS（在拉丁语中意为"堡垒"）在纽约哈林区设有具备存储设施的自由贸易区。 这个高科技自由港于 2018 年开放，需要眼虹膜和血管扫描才能进入，是"美国第一个也是唯一一个为艺术和文化财产开设的对外贸易区"，在这里，艺术品能够在不进入美国境内的情况下易手。[22]

然而收藏家应该记住，当需要从自由港移出艺术品时，进口税和关税应根据作品在实际进口时的价值而定，而这时的价值有可能比艺术品最初停放在自由港时高很多。

这种自由港的发展，顺带引起了那些无论艺术品位于何处都能提供保险服务的、具有"全球范围"承保能力的艺术品保险公司的格外关注。无论是否保税，所有仓库对其所存内容都守口如瓶。在这样的情况下，保险公司十分担心无法对任何自由港判定其中的聚合风险程度。 近期自由港的激增，加上自然灾害和其他灾难似乎也在增加，可能意味着保险公司会发现未知风险太大，因此拒绝为自由港中任何未经确认的作品提供保险。

自行运输及装卸艺术品

拥有艺术品通常也涉及在一定能力范围内装卸自有的艺术作品。如果收藏家要以赫伯特和多萝西·沃格尔那样（只购买能够装入出租车带回家的小件作品的收藏家，见第一章，第 25 页）的类似方式运送艺术品，应将作品安全地放在膝盖上。如果某件已装裱的作品无法以这样的方式拿稳，则应将其正面朝上，斜撑在车辆后部的侧面，并想办法使其无法移动。

在装卸艺术品时要记住的一个基本原则是，绝对不要不戴手套就触摸画作、照片或纸上作品。正如在第六章中将更详细讨论的那样（见第 223—224 页），收藏家在处理艺术品时应始终戴上白色藏护手套，这样皮肤上自带的油脂就不会永久性地在作品表面留下痕迹（这种痕迹可能会过一段时间后才出现）。搬动已装框的艺术品时应始终用两只手拿稳，而未装框的画作则应拿住作品内框以避免与表面接触。所有艺术品都应尽可能安全地低放到地面上。最后，由于存在压痕的危险，请勿将作品斜靠在家具或门廊的边角处。

艺术品运输案例研究：古斯塔夫·克里姆特的肖像画《阿黛尔·布洛赫—鲍尔肖像1号》

在美国，运送价值 1.35 亿美元的油画的最佳方法是什么？当古斯塔夫·克里姆特在 1907 年创作的维也纳社会名流阿黛尔·布洛赫－鲍尔的肖像被索回（译者注：作为第二次世界大战时期被掠夺的作品，最终由奥地利国家美术馆归还其原主人）并随后在 2006 年以创纪录的价格卖给了劳德时，该作不得不从洛杉矶运到位于纽约的新家——东 86 街的新画廊（Neue Galerie）。由于唯一能够运输如此大型的已装箱油画的飞机不承担保险风险，因此选用了特别配备空气悬挂减震装置的卡车。这种卡车在试驾穿过洛杉矶时，车厢内放着的一整杯水没有丝毫倾洒。一旦达到这看似不可能的标准，确保在运输途中的任何颠簸都不会导致油画震动后，就安排了 4 辆带有武装安保的拖拉机拖车（其中 3 辆是诱饵）完成了全程 4800 千米横跨全国的仓库通常提供带有温度控制的存储选择，或者若收取更高的费用，则可提供具有适当相对湿度的恒温恒湿空间，这对于精致易碎的家具、某些绘画和材质可能是不可或缺的。专门的仓储公司还可以为收藏家提供专用的具备更大安全性的存储室。

旅行。车队抵达纽约后，第五大道整个区域首次禁止通行，从而可以安全地运送这件杰出的艺术品。总共大约有 60 人参与了这幅画作的运输。[23] 运送这件属于新画廊美术馆的"蒙娜丽莎"[24] 的确是一项非凡的壮举，并强调了运输高价值艺术品可能需要花费的思考、创造力和费用。

仓储

艺术品仓储业与艺术品运输业密切相关，某些物流公司（例如位于纽约、迈阿密、洛杉矶和北卡罗来纳州的夏洛特市的第四工作室，以及伦敦的莫马特仓库等）在他们主营的运输服务之外，还提供仓储服务。其他企业，例如 Crozier［克罗泽，最近收购了 Artex（雅特仕），并与多家博物馆合作］，纽约的 UOVO 以及迈阿密的 Museo Vault（博物馆地下室）主营艺术品存储，但也提供本地运输、艺术品装卸服务，以及提供收藏家在仓库和住宅之间移动艺术品时所依赖的装置［迪特尔国际（Dietl International）是提供第三方物流的国际货运代理］。

巴黎的物流公司安德烈·舍尼 SA（André Chenue SA）曾经是为玛丽·安托瓦内特（Marie Antoinette）效力的皇家包装商，据说拥有最大的艺术品专用仓储设施，其面积超过 5.2 万平方米。[25] 而在纽约传奇的德 & 梅耶仓库（Day & Meyer Warehouse）中，艺术品经纪人约瑟夫·杜维恩和乔治斯·威登斯坦（Georges Wildenstein）曾存放过那些终会出售给摩根大通（J.P. Morgan）、亨利·克雷·弗里克（Henry Clay Frick）、安德鲁·梅隆（Andrew Mellon）和约翰·D.洛克菲勒（John D. Rockefeller）等收藏家的画作，这些作品也为北美最重要的艺术品收藏打下了基础。

仓库通常提供带有温度控制的存储选择，或者若收取更高的费用，则可提供具有适当相对湿度的恒温恒湿空间，这对于精致易碎的家具、某些绘画和材质可能是不可或缺的。专门的仓储公司还可以为收藏家提供专用的具备更大安全性的存储室。大多数仓库和一些运输场所还设有观察室，可以按小时或天租用，通常最少两小时起租。这样的空间配有艺术品装卸人员，因此提供了舒适性和私密性。收藏家使用这些空间来检查他们的作品，也为邀请其他专业人士（鉴定人、藏护师、摄影师、经纪人等）或潜在买家查看艺术品提供了慎重又便利的场所。

通常，收藏家会向仓库提供存储清单。仓储费则通常根据所需的存储体积和条件按月收取费用。每月的发票还将包括一些附加的工作费用，例如包装费，作品在内仓和观察室间的往返或仓库和住所间的往返运费。大多数馆藏管理系统都可以导出带有作品缩略图的标签，以便于识别。一些仓库的系统则使收藏家可以在线查看其库存并根据需要请求服务。

选择仓储设施

收藏家应该谨慎选择仓储设施，遍历所有潜在的仓库并调查以下问题。

· 仓库有怎样的安全保障？是否设有全天候不间断的警报和监视系统？是否所有访客都必须登录并出示身份证明？谁有权进入哪些区域？
· 谁在仓库中工作？招聘方式是什么？是否有背景调查？
· 作品是如何进行装卸的？
· 是否有足够的烟雾报警和防火系统？除了由烟雾报警器触发的自动喷淋消防系统之外，还需要高温报警器。因为如果喷淋消防系统只有在发生烟熏损失后才激活的话，很容易损坏艺术品。

- 如何控制温度和湿度？
- 运输或仓储场所坐落于何处？是否位于洪水区内？
- 建筑物中还存储了什么其他货物？相邻的建筑物又是做什么用的？这是一个很核心，但又很少被人提及的问题。在第四章开头提到的伦敦莫马特仓库案例中（见第140页），被证明非常灾难的是，高度易爆的塑料电子产品也存储在同一建筑物内。同时仓库还位于加油站旁边。[26]
- 仓库中设有什么样的库存系统？作品是否易于被识别和定位？众所周知，当系统不健全时，艺术品会在存储过程中丢失。当需要访问或重新放置特定物品时，清晰的标识可以减少作品的移动和潜在伤害。
- 账单是如何管理的？
- 是否设有室内的装货平台？（见本章前文"运输"，第170页）
- 该场地是否明确地专门以存储仓库为使用目的建造，还是由原本用于其他用途的建筑物改建？（这种改建并非总是最理想的）
- 是否有备用发电机？
- 员工是否能够对隐私和保密给予足够保证？艺术贸易（以及艺术品盗窃）靠着信息（谁拥有什么？）蓬勃发展，因此不得将这些信息泄露给第三方。
- 艺术作品将会被存在仓库里的何处？对此需要给出精确位置。在莫马特仓库大火中，作品的所有者并不知道他们送来存储的艺术品实际上并未存放在主要的仓库中，而是早已转移到了辅助仓库里。如上所述，该仓库的状况更加危险。
- 该仓储公司是否会出具书面的存储合同？

全球风险评估方案 "GRASP"

为了落实公认的艺术品存储标准，专门的艺术保险公司安盛信利（AXA XL，前称为安盛艺术品保险）创建了全球风险评估方案

（Global Risk Assessment Platform 简称GRASP），该系统用于评估仓库和博物馆设施，从而对仓储设施进行评估并给出最佳实践建议。最初的评估结果令人震惊，在50个仓储中只有2个通过了测试。 65%的仓储没有进行背景检查，并且大多数没有钥匙管控，这意味着无法确定哪个员工曾进过哪个房间 （一家备受尊敬的仓储公司抱怨他们失败的原因是检查时仓库正在建设中，却未能推迟评估访问）。全球风险评估方案报告不仅是简单的设施报告，还是先进的基准安全报告。[27] 在考虑选择仓储存放艺术品时，收藏家应要求查看全球风险评估方案报告［全球风险评估方案标准是获得新的CEN（欧洲标准）审批和标准编号的基础］。

仓库保险

虽然运输方和仓储设施通常有大量的保险，但这些保险实际上并不为艺术品承保。相反，它是在作品所有人和经营者承担责任的情况下提供保护。如第四章所述（见第145—157页），艺术品保险为保存在仓库中的艺术品持续承保，但保险公司需要被告知存储地点。艺术品保险公司和仓库之间存在着一种紧张关系，前者对任何一个仓库的集中价值感兴趣，而后者则有义务对客户保持谨慎。

自行存储

很多收藏家将艺术品存储在自己的家中也并不奇怪。存在壁橱、空余的房间，甚或是床底下。有些收藏家在他们的家中建造了存储系统，无论这指的是恒温恒湿空间中的货架还是简单的档案扁盒。所有住宅内的仓储空间都应该选择远离水管或暖气、采光和电路系统的位置。温度和湿度的波动应该被控制在最小范围内，作品应存储在远离建筑外墙、窗户及能被阳光直射的地方。切勿将艺术品存放在高温的阁楼或潮湿的酒窖中，因为艺术品不仅会被暴露于不利的气候条件下，还会暴露在各种害虫中。

出于安全原因，收藏家应避免将所有艺术品保存在一个地方，无论是在单个住所还是单个存储设施中。纽约的一位收藏家将她存储在城市中的艺术品分为两个场所，一个在上东区，另一个在上西区。其他收藏家在不同的城市甚至不同的国家拥有多个存储点。

意外发生

每个艺术品运输商和安装工，包括那些拥有良好声誉的人或公司，都有过艺术作品在搬动或安装过程中意外受损或被毁的可怕事故。意外确实会发生，一旦发生，以下程序应该紧跟其上。

- 不要惊慌。
- 如果大件作品开始往下落，通常最好就让其落下，试图在半途挽救它的行为常常会导致更大的损伤。
- 将松散的碎片收集到袋中或类似物品中。
- 立即拍摄全面的照片。
- 将损坏的作品移走放在安全的地方，直到可以由藏护师或保险理算师评估为止。
- 立即联系适当的专业人员。

装裱

就如阿姆斯特丹的凡·高博物馆前首席策展人，艺术史学家弗雷德·利曼（Fred Leeman）观察的那样："为一幅画裱框是一个占有行为。装裱一件购藏作品为它的私人拥有者提供了一个拥抱自己的战利品、将其驯化，使其适应自己的环境并最终服从自己品位的机会。"[28]

装裱是一种审美选择，一种主张所有权和个人风格的选择。 对于某些艺术品（例如纸上作品）而言，装裱首先和首要的目的是提供保护，装配玻璃（或防护玻璃）提供了阻挡环境外力的防护。

　　装裱是一种审美选择，一种主张所有权和个人风格的选择。对于某些艺术品（例如纸上作品）而言，装裱首先和首要的目的是提供保护，装配玻璃（或防护玻璃）提供了阻挡环境外力的防护。装裱艺术品还是为了提高作品价值。认识到装裱的影响后，拍卖行和经销商通常会竭尽全力并投入大量费用，以新的定制装裱让作品"盛装出席"，以提高市场吸引力，并在适当的时候将画框和画作一起出售给购买者。❷❾ 在任何情况下，对艺术品进行装裱（或重新装裱）都不是一件容易的事。视觉和藏护方面的问题都需要考虑，如果考虑不周，就可能损害艺术品的完整性。

　　无论是艺术家、策展人、经纪人还是收藏家，画框通常只告诉我们有关画作的信息，而不是有关选择画框的人的信息。艺术家对于选择或制作作品画框通常会非常谨慎。弗朗西斯·培根坚持使用带有玻璃的金色框。埃德加·德加（Edgar Degas，1834—1917 年）偏爱绿色画框，并在他的日记和笔记本中记下了画框的信息简介。在他看来，这种画框是"对艺术家的奖励"。❸❹ 毕加索用早期的意大利和西班牙画框为他的现代作品提升质感。亨利·马蒂斯使用 17 世纪的意大利画框，但人们尚不清楚这究竟是因为他视这些画框为画作的完美补充，还是仅为在跳蚤市场上的偶然发现。❸❶ 文森特·凡·高（Vincent van Gogh，1853—1890 年）的品位特殊，更偏爱简单的画框，这些画框多为黑色、白色，或与他的画作中主要色彩互补的颜色。像鲁埃尔这样的艺术品经纪人，因其与印象派画家的交往而闻名，他更喜欢有华丽雕花的"路易十四"式镀金画框所带有的"潜移默化的影响力"，因为这样的画框与巴黎沙龙（18—19 世纪官方举办的极富影响力的美术学院年度艺术展览）的惯例更加紧密一致，从而使购买了更激进的作品的那些买家安心。❸❷

　　最初的画框，尤其是艺术家选择或设计的原始框架，通常被认为是艺术品本身不可或缺的部分。一些艺术家，例如摄影师杉本博司或克里斯托弗·威廉姆斯（Christopher Williams，1956 年生），将画框视为其作品的物理延伸。早期的意大利人，例如利波·梅米（Lippo Memmi）、荷兰人和佛兰芒大师，以及美国现实主义画家约翰·斯隆（John Sloan，1871—1951 年）都为其作品的画框签名，有时画框签名甚至代替了画布上的签名。其他艺术家则将画框用作画布的延伸。弗里达·卡罗（Frida Kahlo，1907—1954 年）的作品《静物》（Still Life，1942 年）是一幅充满生殖色彩的画作，这幅画的木框被雕刻成了子宫形状。在《只是掐了几小下》（A Few Small Nips，1935 年）中，卡罗笔下被谋杀的女人的"鲜血"溅到了画框上，将画面扩展到了画框本身。有时艺术家是否曾制作或设计了画框的情况并不明显，因此在购买艺术品时总需要特别询问一下画框的情况。

如何进行装裱

为新艺术品选择框架可能会让人不知所措，金色的木料、金属、镀金，以及朴素、华丽、极简主义、沉重、古董、涂层框、箱形框、装玻璃或不装玻璃……选项似乎是无止境的。在做选择时，收藏家的中心规则应该是选择适合艺术品的画框，而不是选择适合房间装饰的框架。经验丰富的艺术品装裱商在缩减数百种选择上通常很有帮助，因此与优秀的装裱商进行对话是有所裨益的。

收藏家应寻求建议，以找到合适的艺术品装裱商。尽管某些装裱商享有很高的声誉，并在艺术界经常受到喜爱，但收藏家还应考虑周转时间。主要城市的顶级装裱商得承载博物馆和画廊的需求，并且经常面临着为展览和艺博会根据紧张的日程安排做大量工作的压力。因此，有时可能更需要探索替代选项，寻找更能专注于个人收藏家即时需求的装裱商。一些装裱商会在收取额外费用的前提下上门提取艺术品，和收藏家自己运送作品相比，这可能是更安全的选择。对于重要的作品，建议使用专业的艺术品运输方。

　　装裱商还可以帮助选择内衬，内衬是将艺术品与画框和玻璃区分开的材料。这样的间隔物可以是不可见的，也可以成为使人眼前一亮的元素。内衬的宽度、颜色、纹理和厚度也各有不同，并且可以分层，所有这些都可以显著改变艺术品呈现的感觉。

　　最重要的是，画框和内衬（或"背板"）以及其他任何填装材料都应符合档案级标准，以保持作品的完整性。应始终使用无酸材料，并应选择防紫外线的玻璃或有机玻璃装框。档案级的框架也有不同级别，包括"藏护级"和"博物馆级"，其中包括价格高出25%~40%的无反射玻璃。尽管大多数严肃的收藏家都选择博物馆等级（如果可能将某件作品租借给博物馆的话，这是必不可少的），但收藏家应该权衡相对费用、作品价值和脆弱程度之间的性价比。

　　好的装裱商应在画框背面（例如，先贴上带有选择框的贴纸）注明防护玻璃的材料。如果装裱商没有这样做，则收藏家需要完成标注，并确保这些信息被录入在藏品管理系统中。例如，了解某件作品已使用（或未使用）哪种防护玻璃可以帮助确定可将其安装在何处。另外，有机玻璃容易造成划伤，那么在装卸上不可像对待普通玻璃那样操作。数年以后，很容易忘记收藏中的每件作品都是使用哪些特殊材料进行装裱的，以及每件作品在光线照射或装卸方面有怎样的耐受度。当需要移动或存储作品时，这些注释就提供了极大的帮助。

　　但是，应给予那些试图装裱作品的收藏家以事先警告。即使提出了正确的问题，即使许多装裱师喋喋不休地保证会使用适当的材料，事实却可能并非如此。如有这样的怀疑，收藏家应要求查看所选材料的小样。如前所述，合格的档案级画框很昂贵，其品质与价格如实挂钩。从长远来看，花费500美元购买档案级画框比花费200美元更换一个可能会损坏艺术品的画框更值当。麦迪逊大街的一位裱框商向他的客户保证，他提供了"博物馆品质"的画框，但却使用了商业透明胶带将定制的肖像画粘贴到了框架背面。后来胶带使画纸降解了，不得不采取专业修复措施进行处理并进行合适的重新装裱。这位收藏家最初因为急于将艺术品装裱成送给家人的礼物而不想排队等待知名的装裱师，于是便忽略了一些显而易见的灾难迹象。

在一级市场上购买艺术品时，艺术品通常是带框出售的，因此通常没有实际意义上的装裱问题，或至少被简化了许多。装裱是在艺术家的指导下或协商下进行的，并通常达到了档案级标准（至少从知名画廊购买作品时如此）。 在这种情况下，装裱的费用会加在售价中，也可以在发票中以额外费用体现。如果购买的艺术品不带框，画廊或艺术家也许可以推荐特定的装裱商或裱框类型。 德国艺术家组合伯恩（Bernd, 1931—2007 年） 和西拉·贝歇（Hilla Becher, 1934—2015 年）夫妇与 Halbe（哈尔伯）公司合作开发了适合其标志性摄影作品类型的镜框，这些镜框得到了代理他们的纽约画廊的进一步推荐。 收藏家在购买无框作品时不要害羞，可大胆询问装裱细节和建议。

一个关于风格的问题

装裱方法的审美常常反映了时代潮流，并会随着时间的推移变化。 装裱风格取决于文化传统和个人品位，其潮流的反复无常可能比藏品本身更甚。一件作品的装裱问题可能会引起情感反应、强烈抗议，甚至是随后的"矫正"。

私人收藏家或保管人有时会急于按照自己的风格重新装裱作品，对框架本身的历史和意义却没有适当的鉴赏力。 事后看来，这种更新可能会引起质疑，甚至被认为是错误的［与某些修复技术（如有衬托的油画）不同：见第六章，"语境：一些藏护历史"，第213—215 页］。 因此，在更换画框之前，收藏家应该采取措施学习一些有关画框的知识，因为有时画框在历史和市场价值上有可能比画作本身更有价值（古董画框可能要价值数万美元）。大都会艺术博物馆中杜乔的木版画原本配的 14 世纪画框（见第三章，"作品稀有性"，第 116 页），肯定会给作品增加价值及非凡的光环。

为了时代装裱

从历史上看，直到 20 世纪 40 年代抽象表现主义者之前（他们完全摒弃了画框），画框的样式经常为了顺应时代而改变。例如，随着口味的改变，西班牙皇家收藏每 30 年都会重新装裱一次。还装着旧画框是意味着你无力进行更新的信号。荷兰奥特洛（Otterlo）的克罗勒 – 穆勒博物馆（Kröller-Müller Museum）以收藏了 270 多幅凡·高的作品为傲。其馆藏中许多极出色的现代主义绘画都使用轻木边角交叠式画框，是特别委托著名建筑师 H.P. 贝拉格（H.P. Berlage，1856—1934 年，被认为是荷兰现代建筑之父）设计的。[33] 20 世纪 80 年代纽约现代艺术博物馆的绘画和雕塑策展人威廉·鲁宾（William Rubin）将所有馆内绘画作品（包括斯隆的作品）原有的画框撤掉，使用朴素带状的画框代替，这一饱受诟病的举动是为了强调作品本身才是观看对象。以上提到的各种情况中，对画框的选择都反映着个人品位，或时代逐渐发展的美学。

"历史上的"画框

直到最近，鉴赏家才不再选用当代的或装饰性的画框来装裱年代较早的作品，而是参考艺术家最初的偏好，选用和作品同时代的画框。2007 年，耶鲁大学美术馆（Yale University Art Gallery）的策展人决定为凡·高的《夜间咖啡馆》（*The Night Café*，1888 年）重新装框，将原来路易十四风格的镀金画框换成新的更内敛的定制画框，其款式为更符合艺术家自己详细记录的画框实验中所指的"实现了与画面的某种和谐"的画框，能够"呈现最佳的光线，以便人们清晰地看到作品，而不使框架本身引人注意"。[34] 尽管许多人因

为新框带来的更"真实"的效果而雀跃，但用新的画框去替换一件
杰作原有的画框的这个决定还是在学者中引起了激烈的争议。[35] 路易
十四风格的框架虽然与艺术家自己的美学偏爱相违背，但作为这件
标志性的画作的早期配框，画框本身却已具有历史价值。无论如何，
这场争论都强调了画框对藏品的影响。

画框收藏

画框曾经不仅因其装裱的艺术品被喜爱，也同样因其自身的美
受到赞誉。画框收藏和鉴赏本身也可以令人充满热情。伊莱·威尔
纳（Eli Wilner）是著名的美国画框经纪人、修复师和收藏家，是"画
框鉴证"领域的专家，在其整个职业生涯中已购买和出售了1万多
个古董画框。他的一些客户是画框的收藏家，而非艺术品收藏家。
对于这些收藏家来说，画框本身就是艺术品，即使不装裱任何内容
挂在墙上也很合适。他们购买某件作品可能是因为喜欢这件作品的
画框，于是画框会被收藏，而画作则会被拍卖。古董镜框的价值已
高达50万美元，因此值得了解并考虑是否收藏它们。[36]

安装

安装和展示艺术品本身就是一门艺术。作品位置的重要性不应
被低估。合适的摆放位置能释放艺术品的全部力量，将作品富有见
解地并置在一起可以揭示其新的特质和意义。一组作品能在概念上
或视觉上产生共鸣吗？把对艺术品的展示方式具有敏锐和敏感性作
为一项技能，可通过遵循基本规则和不断尝试得到发展。尽管收藏
家在购买艺术品时通常就对艺术品安装在何处有了设想，但这些先
入为主的观念往往并非最佳选择，因此人们不得不四处寻找理想的
位置。

安装艺术品既要考虑技术方面，又要考虑美学方面。无论是新入藏的艺术品还是从仓库或其他地点运达的艺术品，都应在交付时或之后尽快安装（如果无法立即安装，则应检查该艺术品的状况是否存在任何问题）。大多数能够进行本地运输的运输商和仓储公司均提供此项服务。艺术品装卸人员应随时准备好安装，需配备适当的工具和设备，并提供最佳条件，尤其是照明。

许多艺术品装卸人员都是艺术家。这一点可能会很有帮助，因为除了技术技能之外，他们通常对美学富有洞见，并在此过程中可成为收藏家真正的伙伴。因此，一些收藏家会变得只信赖几位特定的艺术品装卸人员，并只希望与他们合作。

尽管看起来似乎是显而易见的问题，但是在安装时需首要考虑的是艺术品的实体能够被合适地放进某个空间。作品是否可以被放进电梯或通过门廊？许多收藏家在运输和装卸上花费了大量金钱，但却在艺术品到达后功亏一篑。通常，就是那几厘米的问题阻碍了艺术品通过楼梯间或拐角处。当人们被"必须要拥有"的艺术品所吸引时，就出奇地容易将这样的技术问题忘到一边去了。

一位坚定的收藏家在发现自己装裱好的大尺寸极简主义纸上作品无法进入电梯时，便选择将其放在电梯轿厢顶部运输至他的顶层公寓，他也并不是第一个尝试如此危险壮举的人。大型的艺术作品有时还会从窗户或阳台吊起送至室内。另一位收藏家的一幅油画被抬高了38层后才到达他在迈阿密的海边公寓。此类工作一般需要大量的准备和计划。在某些地区（例如纽约市），可能需要持许可证的吊装索具装配工。而且对于艺术品装卸人员来说，在安装之前进行实地考察通常是很有意义的。

如果墙壁是由诸如布料或贵重木材这样的特殊材料制成的，或者不想在其表面上打孔（包括因为经常要更换艺术品而避免在墙上打补丁的情况），则可使用悬挂系统来展示艺术品。这种系统通常由安装在墙壁或天花板上的、带有绳索或钩子的不锈钢轨道构成。

但是，这种系统因为能看到明显的挂线，视觉上看起来不够简洁，而且价格昂贵。

艺术品的安装应以能够保护艺术品的方式进行，这一点在第六章将更深入地讨论（见第 221—228 页）。了解安装的最佳方法是多观察作品在住宅、画廊和博物馆展览中的呈现方式。确定藏品的布局或设计可能会花费的时间和精力，实际安装则是相对较快的。

安装准则参考

在大多数情况下，应聘请专业的艺术品装卸人员来安装艺术品。但如果不可能或不希望这样做，那么下列准则可能会有所帮助。

- 切勿将艺术品放置在容易受到伤害的地方，包括暴露在阳光直射、带有加热系统、湿度起伏大，带有洒水系统的空间中，或交通流动大的区域内。在为装框、玻璃装配、放置比如立柱式隔离带这类保护栏做决策时，应始终考虑到位置问题。
- 雕塑和物件应使用玻璃罩、底座和支架或立柱固定及保护其安全。这对于古董来说尤为重要。与画作同理，专家可以通过为作品配上合适的基座从而极大地加强其感染力。
- 当作品对光线较敏感时，应使用遮阳板并在窗户上使用紫外线防护贴膜。诸如照片、素描和水彩画等较脆弱的作品应不时轮换着陈列，或在主人不在时进行隔光遮盖。
- 当要在一整个（或多个）房间内安装艺术品时，应首先确定布局。当以沙龙风格悬挂一组作品时，最好将画作放在地板上的搬家毯或其他干净表面上进行布置调整，直到实现了理想布局后再进行悬挂。
- 将绘画作品悬挂在多种不同的高度上（例如，将一幅作品的外框与另一幅的内衬对齐的方式）可能会打破观者的常规的思维模式，引起人们对作品的关注。

- 挂起作品时，观察图像本身的情况及给人的感觉如何。画面中的线条方向是怎样的？图形、形体面向何处？
- 挂画之前，应总是准备好卷尺和水平仪。
- 固定在画框背面，用于将作品直接固定在墙面上的D形环，其稳定性要比悬挂金属丝高。但这种方法所需的准确度也更高（作品不能像用金属丝悬挂时那样可稍微移位）。第一步是测量D形环之间的距离，并在墙上标记所需的相应打孔点。在将钩子钉在墙上之前，应先用水平仪检查这些打孔点。应使用专业的艺术品挂钩，例如OOK牌的三孔钩（挂钩包装上注明有重量限制）。
- 挂画高度从地面到作品中心建议距离在147.3—152.4厘米之间，即作品的中心与观者的视平线高度一致。尽管大多数安装人员都依赖于测量，但不应忽略眼睛观察的重要性。将作品向上或向下调整哪怕1厘米都可能会产生很大的影响。在墙壁和天花板不水平的地方也可能需要视觉判断并调整。
- 随之而来的问题是，用卷尺测量然后确认作品中心在墙上的定位并非总是最好的方法。空间中的家具和照明也将影响整体展示效果，因此作品应被放置在空间中视觉能够平衡的地方。另外，开始在墙面上进行任何钻孔或敲击之前，应将图片暂时放在恰当的位置进行初步查看，以尝试各种可能性。

某些当代艺术作品的安装只能由画家或其工作室助手来完成，或者可能随附艺术家提供的安装说明。被称为装置艺术的作品被宽松地定义为"旨在环绕观者，或将观者沉浸在内的作品"，这本身就带来了保存和展示方面的挑战（因此尤其是在艰难的市场中，这种挑战会有碍于这些作品受欢迎的程度）。

迈阿密收藏家马丁·马古利斯（Martin Margulies）被巴西艺术家埃内斯托·内图（Ernesto Neto，1964 年生）的装置作品《嘿，动物！》（ *É ô Bicho!*，2001 年）所吸引。该作品当年在威尼斯双年展上首次亮相时，是阿森纳展区（Arsenale，该空间曾作为前造船厂和军械库，展示双年展的核心部分）最引人注目的展品之一。这件"香气四溢"的作品是将香料（例如黑胡椒、姜黄和丁香）装在如钟乳石般吊挂在天花板上的尼龙袋囊中组成的，展览后则将袋囊拆开并包装到几个单独的盒子中运往迈阿密。此后，在与收藏家长期合作的策展人领导的团队的协助下，艺术家乘飞机亲自前往马古利斯先生的仓库展示空间中进行安装。由于发现马古利斯先生为了让参观者能从不同角度观看作品而在空间二层楼设有观景廊，从而使安装过程变得更加复杂，并使用了剪刀式升降机。当天的安装过程一直持续到晚上 10 点，并最终于第二天早上结束。[37]

还应值得注意的是，在过去几十年中受到收藏家欢迎的大型艺术品中，例如安德烈亚斯·古尔斯基（Andreas Gursky，1955 年生）的超大尺寸摄影作品的安装将需要不同的方法和更高的精度。此类超大尺寸的平面作品无法用画镜线悬挂，需要悬挂式楔形防滑钉（hanging cleat）来分散非常重的作品的重量。[38]

照明

照明是作品安装和展示极重要的一方面，能造成展示艺术品时的巨大差异。住宅照明需求与商业环境不同，并且许多微妙的影响都在发挥作用。为了展示艺术品的最佳效果，收藏家应考虑从众多有空的照明专家中聘请一员，这些专家中的一些人会与他们的客户一起在世界各地旅行。

艺术品照明有 3 种常规方式。

- 天花板上无论是嵌入式，还是安装在表面上的重点照明灯，以及轨道照明均可用来将注意力集中在单件艺术品上，后者为经常变化的艺术品展示提供了更大的灵活度。为避免阴影和眩光，光点位置的设置应与画面中心成30度角。
- 提供分布宽广的光线、均匀地照亮墙壁的洗墙灯，通常受到当代艺术收藏家的偏爱，因为这种照明的灵活度最高。
- 安装在画框或墙壁上的镜画灯（并更多地与古典大师作品和现代作品联系在一起），可以添加装饰元素并吸引观众近距离观看艺术品。

新手收藏家可能没有意识到传统的家庭照明产生的紫外线（UV）和热量会对艺术品造成极大伤害。荧光灯会产生有害的紫外线辐射，白炽灯和卤钨灯则会导致作品不可逆的褪色。因此，在照明安排工作中应采取一些预防措施。

- 将灯放在距艺术品至少3米的地方，瓦数越低越好（不超过60瓦）。
- 对艺术品使用聚光灯照明尤其有害，因此在定位聚光灯时应使光线不直接照在艺术品上，而是从中间表面反射至作品。
- 应尽量少使用悬挂在画作顶部的单盏镜画灯，其功率不得超过25瓦。
- 尽可能在光源使用时添加紫外线滤镜。
- 选择由不产生或几乎不会产生紫外线辐射的LED灯照明。
- 不要在窗户附近安装艺术品。自然光也会使艺术品暴露于紫外线和红外线辐射下，也需要避免。
- 作品装框时应选用防紫外线玻璃。

安保

如第一章所述（见第 68—69 页），艺术品盗窃被认为是国际犯罪活动的第三大形式（仅次于毒品和武器交易），每年全球范围内被盗的艺术品估值为 60 亿美元。[39] 尽管新闻中关于艺术品的抢劫很多发生在博物馆，但私人收藏家也必须注意其艺术品的安全性，尤其是当作品具有可识别的价值并且收藏家也为公众所知的时候。在所有艺术品盗窃案中，有超过一半是发生在私人住宅中的。[40]

外部窃贼致使私人藏品被盗的频率可能不及"内部人员"（那些有权合法进入房屋或仓储设施的人，例如承包商和员工）。在其中一个案例中，受雇于美国最大的收藏家族之一的长岛房屋油漆工，随着时间的流逝有系统地将毕加索、让·杜布菲（Jean Dubuffet，1901—1985 年）和弗兰克·斯特拉（Frank Stella，1936 年生）等人的作品用垃圾袋从收藏家住宅中移走。[41] 2012 年在底特律的另一个案例中，某位私人收藏家的仓储中有数百万美元的艺术品遭窃。[42]

尽管在失窃的情况下保险可以完全承担收藏家的损失，但却无法追回艺术品。据估计，只有 4% 的失窃艺术品得以被追回。[43] 因此，收藏家应在其住所内考虑安装安保系统。安全钩（例如需要使用特殊扳手才能安装和拆卸的 T 形螺钉）或弹簧锁（价格便宜且便于使用），对于似乎易被意外拆除的任何艺术品都应加以添加安装（而且它们还具有额外的抗震能力）。

如果是价值贵重的作品，则每件作品都应设有警报。为艺术品创建的非侵入式警报正变得越来越复杂。总部位于美国的艺术品安保公司 Art Guard，使用微小的圆形磁铁黏附在画框或作品的基座内，并连接到墙壁上经过特殊编程、信号连接安保系统的传感器。如果传感器由于移动而失去与安装在作品上磁体的连接，则会发出安全警报。Fortecho 总部位于伦敦，在 35 个国家 / 地区均有项目。该公司提供各种形式特定的多功能电子标签，与传感器连接来检测盗窃和危险的气候变化。某些系统可能过于敏感，尤其是在高频率空间中，因此可能需要进行几轮测试。在选择一家专业的安保系统公司时，应考虑本地是否有可用的专业知识和支持。

能进入警报系统的人员应被限制在有限人数内，并且一旦这些人中的任何一方（藏品管理员、策展人、工作人员）不再为该收藏服务时，则应更改进入系统的密码。应该考虑使用家用保险箱来存放未展示的珠宝和较小的物品。在安装具有明显材料价值的艺术品（例如带有实际功能的坚固的 18K 金厕所[44]）时，应采取额外的安保措施。

需考虑的一个重要问题是，某些艺术品的价值正变得过高，以至于私人收藏家必须考虑它们是否确实值得保留。换句话说，拥有如此价值非凡的作品所带来的愉悦感，是否真的值得看护者背负价值带来的焦虑和脆弱感（更不用说保险和相应合格安保的成本了）。举个例子，挪威房地产开发商佩特·奥尔森（Petter Olsen）的父亲在赫维斯滕村（Hvitsten）时是爱德华·蒙克的邻居，他是否能够承担得起坚持保有其继承的那版《呐喊》的责任和成本。[45] 蒙克的作品在挪威历来就有著名的失窃史，并且这件作品经拍卖会确认价值达 1.2 亿美元，在这种情况下如果没有堡垒般的安保措施，奥尔森先生似乎很难承担这件粉彩画的安全保藏。

在了解潜在风险和责任的情况下购藏天价艺术品是一回事，而原本继承或购买的普通作品，其价值在数 10 年间飞速攀升则是另一回事。随着艺术品市场价格持续飙升到新的高度，这个问题也变得愈加常见。许多这样的收藏家和所有者根本没有设备或财力来承担这种安全风险。

第六章
收藏的藏护与护理

据估计，未来 100 年里，世界上只有 5% 的艺术品能被遗留下来。[1] 在那些消逝的艺术品中，部分原因是暴力，就像被落锤砸碎的德·基里科的作品。又比如表面被玻璃碎片划破的辛迪·舍曼的作品（见第四章"保险"，第 141 页）。但大部分艺术品由于材料固有的性质和环境压力会随着时间推移而降解。许多作品会遭受损坏，然后（可能多次）进行精心的修复。作品藏护领域受损作品的修复，有时一件作品需要经过多次修复。藏品的藏护不仅包括那些受损害的作品的修复，还包括预防性护理。由于藏护措施需要投入经费和时间，并且通常不如购藏新艺术品那样令人兴奋，因此是大多数收藏家不愿多费工夫的另一个原因。

不过从科学和历史的角度来看，藏品藏护可能是一个引人入胜的主题。收藏家可以从艺术品藏护师那儿学到很多与艺术品相关的信息，包括会影响作品价值和有益于辨别真伪的问题。例如，一位藏护师发现了弗朗茨·克莱恩的一幅绘画作品上粘着一根画笔的鬃毛。这一发现证实了作品的创作时期，因为众所周知，这位艺术家正是在那一年内使用了一种特殊的画笔。又如，一个看似朴素的明代花瓶也是有故事的。一位藏护师发现，这件花瓶是在家里人打碎后，几年前被悄悄地修复过。由此可见，藏护师拥有丰富的专业知识，与他们交流和接触也是拥有一件艺术品能带来的乐趣之一。

背景

术语：修复与藏护

在探索艺术收藏管理之前，弄清一些基本术语是很有用的。修复是指将艺术品还原或恢复到其原始状态。修复与维护是有区别的，维护是指预防性工作，并且更经常应用于建筑或环境构建领域。纽约现代艺术博物馆前时基媒体艺术藏品藏护师和纽约大学临床副教授格伦·沃顿（Glenn Wharton）认为，"藏护"所描述的是一个更全面的定义，指的是"全面、积极的方法"。沃顿进一步指出，这些内涵可以随着文化而发生变化。例如，在英国，"维护"一词具有轻微的负面含义，使人联想到将某物冻结在当前状态或试图不承认变化。[2] 对于本次讨论内容而言，"藏护"一词通常是最合适的。

相斥的哲学理论孕育的藏护方法也会有所不同，因此围绕"藏护"的讨论也会变得激烈。正如在巴黎卢浮宫修复达·芬奇的《圣母圣子与圣安妮》(The Virgin and Child with Saint Anne，约 1508 年) 引起的纷争，博物馆专家与外部专业人士展开了较量，后者指责前者对这幅有 500 多年历史的画布的清理过于激进，为"迎合大众" 而处理得更明亮，却破坏了艺术家原本极其细腻的晕染效果。[3] 大多数到了一定年纪的艺术爱好者一定熟悉围绕着 20 世纪 90 年代米开朗基罗的西斯廷礼拜堂天顶壁画修复的类似激烈整理，修复工作试图通过移除常年积累的蜡烛烟渍及污垢，来把作品恢复到原本的状态。但最终是否做得太过以至于最终毁了原作呢？ 错误的修复方法可能导致严重且不可逆的后果，同时还会显著降低艺术品的价值。因此，藏护工作的风险是相当高的。

藏护是一个随着新技术和新材料的发展而不断变化的领域，与其相关的知识和观念也会随着时间而进步。过去部分的方法，哪怕有着最善意的初衷并由具备最纯熟技法的藏护师操作，也可能从根本上不利于艺术品。

语境：一些藏护历史

专业的藏护最初是作为一门科学开始的。在 19 世纪，身着白色工作服的化学家会被邀请到指定现场，最常去的是博物馆内设的实验室。从那时起，藏护工作逐渐变成了学科之间的合作，不仅涉及科学，也关系到美学，以及多方人员（和利益相关者）的参与。如今，一个重要的藏护决定不仅需要藏护师，还需要策展人、艺术史学家、艺术品经纪人、登记员的介入。如果是当代作品的话，还需要艺术家本人介入。[4] 简而言之，即需要所有了解艺术家创作过程和初衷的人，其中还可能包括收藏家本人。

藏护是一个随着新技术和新材料的发展而不断变化的领域，与其相关的知识和观念也会随着时间而进步。过去部分的方法，哪怕有着最善意的初衷并由具备最纯熟技法的藏护师操作，也可能从根本上不利于艺术品。而已造成的损坏如果还有可能弥补，则需要随后几代藏护师的努力去扭转。例如，在 20 世纪 50—60 年代，为了保护油漆层，藏护师通常会在现代主义绘画上涂上清漆。但随着时间的流逝这些清漆会泛黄，使无论是瓦西里·康定斯基（Wassily Kandinsky，1866—1944 年）还是乔治斯·布拉克（Georges Braque，1882—1963 年）的原作鲜明的色调变得暗淡。清漆的变色不仅改变了画的外观，而且按照今天的观念，这种藏护措施违背了原本选择不上清漆的创作者的审美选择。所以，今天现代主义作品的大部分修复工作都与清除旧的清漆有关。

所有收藏绘画的收藏家还应了解另一个过去曾被普遍运用后又备受争议的藏护方法——图像修复（in-painting）。图像修复是指填充随着时间推移作品颜料开裂或剥落区域的技术。在修复时，收藏管理员尝试还原作品的程度（从而掩盖修复过程）以及使用不可逆的材料一直是争论的焦点。在作品经修复又过了较长时间之后，由于原始颜料和新材料的化学成分不同，修复区域的痕迹反而变得更明显。并且不仅是经过图像修复的区域看起来会很糟糕，而且从根本上改变了艺术家所创造的作品。

同样，重托在今天也不常用了。一般而言，重托是在脆弱、易碎或撕裂的画布背面附着一层新的材料用于加固的程序。人们认为这种方法始于18世纪，随着多年来不同技术的发展而得到普及，直到问题开始浮出水面：胶水和蜡等黏合剂在涂抹时会渗入画布，或者随着时间流逝逐渐损害画作。因此，经过重托的画作其作品状况是存疑的，收藏家在购买时代较早的作品时应仔细调查这个问题。

当然也正因为意识到了这些有潜在危害的做法，保持可逆性的藏护原则才得以发展，即对一件物体所做的任何行为都应该是能够被逆转的。换句话说，物体的完整及原始材料本身的护理才是我们最需要注意的。现在，如果认为图像修复是必要的，那么整个程序必须是可逆的。我们要使用成分经过仔细检查，可分辨，且可溶解的颜料介质。例如，如果原作是油画，那么图像修复可使用丙烯酸颜料。

如果是还在世的艺术家的画作发生颜料脱落的情况，收藏家有时倾向于直接与艺术家联系，询问艺术家可否修复原作。尽管联系艺术家本人的做法看似合理，但有时也会被证明是个错误的选择。艺术家可能不会考虑他当前修复使用的材料与原初材料在化学成分上的不同，以及这种材料不一致可能造成的永久性后果。换句话说，有时对艺术品造成"修复损伤"的是艺术家自己。因此，即使收藏家与艺术家之间有直接和密切的关系，也还是应该让藏护师从一开始参与修复对话。

到了20世纪60年代，随着藏护工作的职业道德准则和从业标准的发展，保护的可逆性原则越来越普及。今天，这个原则从"可逆性"变更为"可撤回性"（retreatability），即以最少的干预来修复艺术品，强调修复的"可持续性"，或者能够预防未来潜在损坏的藏品护理。当一幅油画上出现了裂痕，大多数藏护师都会决定进行修复，毕竟裂痕与艺术家的初衷相去甚远。但接下来进行何种程度的修复则没那么容易决定。藏护师就像整形医生，有时会发现自己身处于一种两难处境，不得不拒绝收藏家对作品加大干预的要求，并出于职业道德不愿对作品采取主动的侵入措施。在今天，对于值得信赖的藏护师来说，位于第一位的永远是作品的完整性，而不是收藏家或策展人的意愿。

何时需要一位藏护师？

购藏作品前

收藏家应该在购买前了解作品的工艺方面的历史，并牢记卖家很少会在意作品的长期状况。由于作品状况和状况历史对价值有直接影响，因此在购买前必须做足功课。对于一些重要的作品，应首先咨询一位藏护师。有时，藏护师在艺术品经纪人或拍卖行运营的空间内对作品进行现场检查会按小时收取费用，不过藏护师有时也能免费为客户提供建议。

在购买艺术品之前，除非作品来自艺术家的工作室或一级市场，否则必须要求提供作品的状况报告。考虑到艺术品经纪人和拍卖行通常会花费大量时间与金钱使一件作品"准备好"被出售，那么要求状况报告就尤为重要了。收藏家可以从经纪人或拍卖行的销售专家那里获得报告，而作品经历的所有藏护措施都应被记录于报告中。今天，拍卖行也会在线上提供的拍卖图录中包含作品的基本状况报告。

尽管如此，收藏家依然需要比标准状况报告了解得更深入一些。通常情况下艺术品经纪人和拍卖行专家对作品的状况了如指掌，其中的佼佼者也会大方地分享他们了解的一切，但他们仍然是利益关联者，并且其主要目标还是出售作品。所以，一件作品为什么一开始要进行修复可能是个值得调查的问题。是否仅因为作品年代久远而进行了清理？还是说作品中还有其他有可能再次复发的特有问题？作品表面的裂纹或部分变色意味着什么？对一件价值 25 万美元，由甜甜圈组成的艺术品进行维护是否可行呢？ **5**

收藏家永远不应对作品的状况做任何假设。热切的收藏家可能会认为某件作品总是可以被修复的，特别是当他/她看见同一艺术家的另一件类似作品处于"正常"状态时。但事实可能并非如此。即使是掌握了著名的技法、享有盛誉的艺术家，其作品也会存在偏差。艺术家们经常进行实验，有时他们（或他们工作室的助手）的错误会导致整个系列的作品或特定时期的作品与其他作品不同。例如，一位炙手可热、在市场上非常畅销的当代艺术家的一幅作品表面出现了几道长长的裂缝，对于一幅仅创作于 10 年前的作品来说似乎有些奇怪。当一名藏护师被叫来解决这个问题时，他发现这幅画上有许多早期的裂缝，是已经经过另一位藏护师进行图像修复填补过了的。在这幅相对年轻的作品的状况历史中，反复出现这种修复表明艺术家可能曾将清漆混入作品，对收藏家来说，这可能是一个会反复出现的长期问题。

尽管似乎很诱人，但是收藏家永远不应该就是否继续购买作品征求藏护师的意见。收藏家有时需要提醒自己，藏护师只能对作品的状况发表评论，而不应要求他们就购买提供建议。

当作品受损时

某件作品受损，明显就是需要联系藏护师的时候。发现受损时，收藏家首先应做的事是立即拍照记录（见第五章，"意外发生"，第 195 页）。除非是为了拯救作品（如突遇灾难的情况）而不得已移动作品的情况，否则不可移动受损作品，因为这很容易进一步对作品造成破坏。

下一步就是联系藏护师了。藏护师为是否及如何将作品运输到工作室做出决定的最佳人选。如果情况适用，还应联系保险公司。由此可推论，在艺术品损坏前的某些情况下，藏护师也最好在现场。也就是说，当一件重要作品被借出展览或转移到其他住所时，收藏家的身边都应有藏护师的陪伴，以监督作品的包装和装箱。

艺术家的决定权

如果是作品的创作者仍在世的情况，收藏家可能需考虑艺术家是否希望受损作品被修复。如第一章提到的（见第 76—77 页），在欧洲和美国的某些州和城市，如加州和纽约，艺术家会保留著作人身权，即他们艺术作品的完整性的合法权利，包括有权拒绝以某些方式改变艺术作品。[6]

这意味着，即使收藏家已将作品修复完整，但若未获得艺术家的认可，作品可能也没有多少合法价值。有一次，一位著名收藏家以 100 万美元的价格将一件著名艺术家的地板雕塑委托给一家画廊出售。当板条箱在画廊被打开时，经纪人震惊地发现这件铅质雕塑被压扁了。在联系到艺术家工作室询问如何修复这件作品时，愤怒的艺术家放弃了这件作品。所幸该收藏家有艺术品保险可赔偿损失，不过 100 万美元的委托寄售价值一直是人们议论的焦点，并且尚不清楚这位收藏家最终能够收回多少钱。

需要注意的是，通常情况下，如果当艺术家拒绝承认一件作品，他们会坚持要求销毁它（并有足够证明销毁的文件）。然而有时仍有不道德的人会试图将被否定的修复作品卖给不知情的人。这是收藏家应对作品进行尽职调查非常重要的另一个原因。

清洁／老化

最常见的藏护措施之一是对作品的清洁。经过漫长的岁月，一些作品即使没有污渍，也会开始变得暗沉。如 19 世纪中期巴比松派的风景画现已失去了昔日的光彩，皮特·蒙德里安（Piet Mondrian，1872—1944 年）的一幅画也泛黄了，又或者像是里希特的一幅画布满了灰尘的情况。正如经纪人和拍卖行都了解的那样，良好的清洁会让艺术品的外观和人们对其价值的相应看法产生巨大影响。有时清洁需要去除旧的清漆，这意味着要用特殊棉签和溶液（如丙酮、矿物溶剂或水溶液）去除作品表面的污垢。但是，清洁溶剂也有可能损坏颜料表层。因此过度清洗一幅画的后果可能比画布撕裂更糟糕。后者还可以修复，而前者造成的作品表层的缺失（就像米开朗基罗在西斯廷礼拜堂的穹顶画，或前文提到的达·芬奇的画作一样）是无法挽回的。

因此为了解决这个问题，专家常需寻找其他的替代办法，并可能需要大量的调查和实验。纽约的现代艺术藏护工作室（Modern Art Conservation）的藏护师自称为"侦探"，他们依靠非常规的清洁方法，甚至与包括美国国家航空航天局（NASA）在内的不寻常的合作者合作，寻求修复的解决方案。[7]

在研究原子氧对航天器的损害时，美国国家航空航天局发现了可以去除烟灰或其他有机材料，以及除去煤烟或其他有机物质而不损坏表面涂层的方式（因为原子氧不会与氧化物发生反应）。在无意中发明的这种清洁颜料的复杂方法，虽然不属于日常清洁可用的措施，但从早期绘画大师作品上的严重烟灰到沃霍尔作品上的口红痕迹，这种方法成功并安全地履行了清除任务。[8]

当一件艺术品因为年代久远而开始分解或退化时，藏护工作就会变得更为常见。颜料会脱落，胶水和帆布会变质，安装部件则干脆会磨损或停止运转。

当一件艺术品因为年代久远而开始分解或退化时，藏护工作就会变得更为常见。颜料会脱落，胶水和帆布会变质，安装部件则干脆会磨损或停止运转。

对于纸上作品来说，老化的一个明显迹象是霉点 —— 纸面或内衬上出现的变色点。不过这些痕迹也很容易被纸张的藏护师清除。除此之外，霉点对于收藏家来说也应是检查内衬的一个警示信号，因为内衬往往是造成老化的罪魁祸首。提醒收藏家，框垫（美式英语为"mat"，英式英语则是"mount"）也需要检查，即裱框内以纸为基础的镶边材料，往往是罪魁祸首。在无酸材料发明之前，人们使用的是木质纸垫，它们随着时间推移而腐烂，并会"感染"纸上作品。所以旧的内衬都应替换成无酸材料。

可替代材料是另一个需要考虑的问题。法国装饰艺术大师埃米尔－雅克·鲁尔曼（Émile-Jacques Ruhlmann，1879—1933年）和让·杜南（Jean Dunand，1877—1942年）用乌木和树瘤木等异国木材制作家具，这些家具通常以象牙和鲨鱼皮做装饰，然而绿—米色鲨鱼皮或黄貂鱼皮这些曾经丰富的材料，在今天则是濒临灭绝物种的材料。同样难以更换材料的一些美洲原住民的卡奇纳（Kachina）娃娃所使用的材料，其中一部分脆弱的羽毛出自已灭绝的鸟类物种。而颁布于1918年的《候鸟条约法案》和1973年的《美国濒危物种法案》则禁止拥有或售卖此类材料。当一个孩子趁父母不在身旁时把一个霍皮族的卡奇纳娃娃从基座上拿走了，于是娃娃上的羽毛在玩耍的过程中被损坏了，并且无法替换。尽管藏护师在寻找替代品方面足智多谋，但这件艺术品永远不会和以前完全一样了。

藏品的常规维护

今天，藏品保护更侧重其可持续性，所以保护内容的重点已变成收藏品的预防性保护措施。具体来说，需关注光线、温度和相对湿度是否适中和稳定。着手藏品的护理其实需要另一种看待和思考艺术的方式，实际上这种方式会随着时间的推移加深收藏家与艺术品之间的联系。

如果收藏规模很大且价值不菲，通常建议请一位藏护师完成一份所有作品的藏护调查概览，列出哪些作品需要干预或需要清理。任何大规模的藏品都应有一个藏护计划，其中包括一般性的藏护说明，专项维护的时间表，以及正确护理和展示的指南。这对于易碎或敏感的作品尤其重要。出具藏护调查概览（通常以书面报告的形式）、藏护计划书和维护工作通常按小时收费。私人藏护师的费用各不相同，但每小时 400 美元是大型城市的平均费用。2020 年在纽约对一幅画进行实地调查的费用为 1000 美元。

在一个全面的藏护计划中，对于雕塑、古董、陶器、篮子、装置和纺织品等不同类材质的物品，可能会分别建议由不同的专家进行年度清洁。所有这些专家都有专门的工具，例如他们可以带到现场的微型真空吸尘器和特制溶剂。这份计划能够给出的建议还包括如何保护诸如摄影作品和纸上作品这样材质特别敏感的艺术品；如何以最好的方式将易碎作品固定在基座或展示架上（通常建议用微晶蜡来固定）；还有何时以及如何给稀有的钟表上弦。对于大型收藏，建议由具备训练有素的眼光和丰富的藏品知识的人员每天对作品进行巡查。

藏护师还可以提醒收藏家关注相关方面的最新技术发展，例如，缺氧或无氧存储技术 [9]，以及作品的安装建议（例如避免作品直接安装于壁炉上方，或在暖气和通风系统的路径上），并就虫害管理提供指导（例如蠹虫对纸类作品的损害，蛾幼虫对纺织品的损害）。无论何时，当藏品的物理状况发生变化时，都应通知藏护师。

藏品护理面临的挑战

光线和温度

藏护师虽然有惊人的创造力和丰富的经验，但没人知道如何在图画或照片褪色时扭转损失。长时间暴露在紫外线下很容易对纯艺术和装饰艺术的作品造成永久性损坏。但令人吃惊的是，很多收藏家还是会把作品安装在窗户附近。一位收藏家在她的卧室里挂了一张曼·雷（Man Ray，1890—1976 年）的小幅黑白照片，而且照片被有意识地放置在不被窗外射进屋内的阳光直射的位置（这位收藏家喜欢一直开着房间的窗）。即便如此，她仍在 10 年后的一天注意到照片的某些部位已经变色，呈现出扭曲的红色调，这很可能是间接曝光造成的。于是照片被移到房间的一个暗角以减缓曝光，但这件作品再也无法恢复如初了。光源会生成热量，热量会加速纸张等由纤维素纤维组成的材料的分解。热暴露会导致逐渐的恶化，这种损害一般在察觉时已经为时已晚。

一位英国收藏家专注收藏建筑图纸，出于对藏品的爱惜与执着，他把家里所有的窗户都关上了，这让房客们倍感困惑。其实可以采取一些不那么极端的措施，将紫外线过滤器安装在窗户上，或制成套管加装在荧光灯上[10]，有框作品则可以加装可过滤紫外线的有机玻璃。当作品所在房间不使用时应拉上百叶窗；长期无人使用时，应用布盖住作品。也可以考虑建立轮换展出作品的时间表，让那些精致的作品能在仓储环境中得到"休息"。

温度与相对湿度

所有保险业的核保员都会证实，水是危害艺术品的另一个罪魁祸首。管道爆裂或洪水的危害显而易见，但空气中的湿气虽然不易被察觉，却也可能威胁到藏品。当相对湿度值（RH 值，即湿度与温度的比率）很高时，有机材料会吸收水分并发生物理膨胀。而气候或空调造成的相对湿度值和温度波动会引起艺术品材料的膨胀和收缩，并给艺术品施加严重的压力。因此收藏家应为自己的收藏寻求建立稳定环境的条件。

越是精致娇贵的家具，越容易受恶劣的温度和湿度的影响，导致木材开裂和饰面剥落。一般来说，温度应维持在 20—21 摄氏度，相对湿度需保持在 45%—50%。藏品所在空间应安装温湿度计和测量温度及相对湿度的数据记录器，它们通常被安装在精美或高价值艺术品周围等尽可能不显眼的地方，并且应定期读取监测数据，关注波动。异常波动和作品损伤之间通常存在明显的相关性，其中一个很好的例子，就是前文提过的已属于濒危物种材料的鲨鱼皮曾因温湿度异常波动而脱落。那么既然这种相关性已明确显现出来，使用这些系统产生的成本和麻烦似乎也不那么沉重了。

一些收藏家花费大量金钱和精力创建 HVAC（供暖、通风和空调）和照明系统，以便为他们珍贵的艺术品提供最佳的环境，藏护师则可以对系统相关的事宜提出建议。不过在年代较久的住房设施中，这样理想的环境往往难以实现和维护。但收藏家需要记住的最重要的事情是做适当调节，避免诸如打开和关闭空调导致的极端温湿度变化。

随之而来的问题是收藏家应该在维持理想环境这一点上做到何种程度。有些收藏家会试图把家变成具备博物馆级别条件的空间，即使一年中可能有几个月都无人居住，也仍为艺术品全年保持最佳的环境条件。但另一些人则更关注此类维护的成本，无论是从费用上还是从给自然环境造成的影响上。考虑到个人的环境足迹（environmental footprints），许多收藏家开始调整他们的暖通空调的标准，以便在保存艺术品和节约能源之间取得平衡。

人为因素

收藏家应意识到，人的接触是对艺术品造成的最大威胁之一。不仅装卸艺术品有物理损害的风险，而且当我们用手拿着艺术品时我们手上的天然酸和汗液可能会对作品造成化学伤害。此类油脂产生的污渍不会立即显现，而是随着时间推移逐渐导致作品发黄。

在拍卖会预展或画廊开幕的场合里，我们常常看到潜在买家会拿起雕塑，或用手指在画作表面滑动，一般身边会陪伴着一名专家。这种做法虽然可能有利于作品的销售，但并不是保存艺术品的正面范例。在家中，所有的收藏家都应准备几双白色棉质手套，用来拿取艺术品。不过也许珍本书籍和精致且未装裱的纸制作品除外，因为手套会阻碍手指的灵活性，反而可能导致撕扯。这种手套价格实惠且容易获得，不仅能防止灰尘和有害油脂转移到艺术品上，也能避免在画框和防护玻璃上留下指纹。

由于艺术收藏品所需要的护理并不符合我们的自然习惯，因此，可能与艺术品接触的人员都应接受基础的博物馆藏品护理培训，特别是在做家务时有可能无意对艺术品造成很大损害的家政工作人员。首先，需要让工作人员清楚地识别艺术品，并与他们讨论。如果是当代艺术品，那么过度热心却对遇到的物件知之甚少的管家损坏甚至丢弃作品的事故时有发生。例如，一位私人收藏家的清洁工在2011年擦掉了马丁·基彭贝尔（Martin Kippenberger，1953—1997年）价值69万英镑的一件作品的铜绿，造成了作品不可逆转的损坏。[11]

如果可以的话，还应提供装卸作品的说明。例如，拿花瓶或茶壶时，千万不要仅捏着把手拿起，而是要托起底部。根据作品的特殊媒材和状况，藏护师可以就如何装卸和拿取不同的作品给出建议。

照片

尽管照片这种媒介有其具有挑战性的藏护问题，但摄影已成为最受欢迎的收藏领域之一。照片制作所使用的化学反应过程，使其作为媒材显得特别脆弱。染料会褪色，颜色会发生变化，明胶黏合剂会膨胀或破裂。简而言之，照片表面会由于不当的光线、温度和湿度水平，甚至因为大气中的毒素而迅速退化。据估计，当代艺术保险索赔中的40%都是针对摄影作品的索赔。[12]

20 世纪 90 年代，杜塞尔多夫学院的艺术家古尔斯基、托马斯·鲁夫和托马斯·施特鲁斯（Thomas Struth）开始研究有色印刷（C-prints），即以清晰度和鲜明色彩为特征的大尺寸照片。然而，由于显色印刷中使用的复杂的有机化合物特别不稳定，这些艺术家试图通过迪亚赛克工艺来克服藏护问题，即把照片粘在一层有机玻璃上，这样，从打印的那一刻就开始对照片进行保护。不过，迪亚赛克工艺是否真能延长作品的寿命还有待完全确定。25 年来，有一些证据表明它可能依然无法阻止照片老化。[13]

然而，迪亚赛克工艺也给藏护工作增加了另一个难题：保存有机玻璃。由于有机玻璃很容易被划伤，并且因为已经与照片黏合在一起，因此一旦损伤了也无法更换。这种划痕在私人收藏或市场上的某些作品上很容易看到。因此，收藏家应该对这些照片采取额外的预防措施，避免在人来往频繁的地方展示这些照片，并且在移动和包装作品时也要格外小心。

随着古尔斯基的一件摄影作品在 2011 年的售价突破 400 万美元，[14] 以及过去几十年对摄影市场的验证，人们对此类收藏的保存显现出前所未有的兴趣。为此，巴黎收藏保护研究中心（CRCC）与安盛艺术品保险（现为安盛信利）合作开发了一种可普及的剂量计，是一种专门用于测量光线强度随时间变化的设备。这种剂量计会提醒收藏家作品在何时过度曝光而应从展览中移除。

当代艺术

关于当代艺术保护所面临的挑战已被报道过很多。[15] 当一件价值 1200 万美元、浸泡在甲醛中的鲨鱼开始腐烂时会发生什么？作为英国青年艺术家小组的代表人物，赫斯特的作品《生者对死者无动于衷》（1991 年）是当代艺术藏护所面临的挑战的著名例证。原作中的主角是一只被澳大利亚渔夫捕获的虎鲨，把虎鲨的身体浸入甲醛以防

止腐烂。然而，这种"湿标本"未能阻止鲨鱼的逐渐腐烂。艺术家
最终在 2006 年用第二条鲨鱼取而代之，这条鲨鱼来自昆士兰州海岸，
用 6 米长的冰柜运输了大概两个月。[16]

此外，如何保存那些由大象粪便、硬糖或磁带录像机制成的艺术品？然而如托雷斯的倾斜的糖果（见第 184 页）是无数可替换的玻璃纸包装的糖果堆，或者珍妮·安东尼（Janine Antoni，1964 年生）的 1993 年的作品《舔舐与擦抹》是艺术家通过自己吃或洗澡来"重新雕刻"巧克力和肥皂制成的半身像，这些作品本来就设定为是短暂的，这种短暂性正是作品的重点。

时基媒体

尽管时基媒体十分流行，但很少有收藏家有充分理由把精力和资源集中在媒体艺术上。因为媒体技术日新月异，如何维护和欣赏这类作品成了一个问题。许多在 20 世纪 90 年代收藏了录像艺术（这类艺术最初因录像带得名）的收藏家现在都不再有还能运行的录像播放系统来展示这些作品了。

加州的一对收藏家夫妇帕梅拉（Pamela）和理查德·克拉姆里奇（Richard Kramlich）是这类艺术收藏的先驱者，他们超过一半的无与伦比的时基媒体作品收藏都来自 20 世纪 60 年代以后的当代艺术家之手。这对夫妇与瑞士建筑师雅克·赫尔佐格（Jacques Herzog）和皮埃尔·德·梅隆（Pierre de Meuron）合作了 18 年，设计了他们在纳帕谷的住所，以展示他们独特的收藏，整幢建筑如同一个配备了隔音设施的"可居住媒体装置"。[17]

德国收藏家朱莉娅·斯托舍克（Julia Stoschek）收藏新媒体作品已超过 20 年了，她在杜塞尔多夫和柏林设有专门的空间来展示这些收藏，她将收藏这件事比作收集雪花，因为两者（艺术品和雪花）都是一样无常的。[18]

激浪派先驱艺术家白南准（1932—2006 年）的作品常被认为是当代经典的仓库困境案例。因为他所用来创作早期作品中的电视机已经停产，并且越来越难以找到。那么当其中一台在现在已无法替代的电视出故障时，收藏家还有哪些选择呢？如果用新一代电视替代是否会完全改变艺术品本身？如果是艺术家本人又会如何选择？在谈及时基媒体时，艺术家可能只关心如何呈现作品，例如投影方式和投影位置。而对于其他人来说，设备本身是艺术品的基本要素，被认为是作品不可替代的组成部分。

艺术家的初衷

当遇到如此棘手的藏护问题时，艺术家的意图至关重要。当一家欧洲私人收藏中的许汉威（Terence Koh，1977 年生）的作品上开始出现霉菌时，收藏家联系了艺术家并按照艺术家的指示将霉菌视为艺术品"生命"的一部分，所以日后也没有采取任何措施来去除霉菌或干预霉菌的进一步增长。

为了更好地记录艺术家的创作意图，记录维护和修复作品的指南，藏护师和博物馆在系统研究方面取得了很大进展。收藏家有时也会被要求参与记录的过程，因为他们可能对艺术家的意图或创作过程有特别的了解。无论如何，当作品用了一种新的媒材创作，无论是录像还是甲醛中鲨鱼这样生命周期短的作品，收藏家都应向经纪人或拍卖行索取安装和维护作品的详细资料。如果可以，还应包括如何更换部件的说明。例如，当收藏家要获得弗莱文的灯光装置（拍卖纪录已超过 300 万美元）的替换荧光灯管时，[19] 必须向艺术家的遗产（管理方）提供原始的真品证书文件。

有趣的是，就新兴艺术品而言，经纪人和艺术家往往都不会考虑长期维护的问题 —— 而这可能是收藏家把更换条款放入购买协议的机会。例如，当问及艺术家朱利安·奥培（Julian Opie，1958 年生）2009 年的作品《行走》的计算机动画版本中的微型 LED 灯泡烧毁时要怎么办时，当时经纪人没有立即作答，但最终给出了一年内可更换的保证。可是一年以后作品又会如何呢？如果出于某种原因这种灯泡不再生产了又该怎么办？美国媒体艺术家詹姆斯·克拉尔（James Clar，1979 年生）的经纪人坦率地承认，她不知道如果作品《轰鸣》（2011 年）中的一个特别设计的荧光灯烧坏了会怎样，但她主动提议帮助艺术家和收藏家之间达成一个替换协议。[20]

灾难防范与恢复

紧急应对方案

全球火灾和飓风突发的频率不断上升，防灾和灾后恢复方案是艺术品收藏管理的重要组成部分。收藏家都应提前制订紧急应变计划，以便发生灾难时启动保护措施保护自己的藏品。

第一步是分清情况的轻重缓急进行优先级排序，列出在紧急情况下需要抢救的最重要的艺术品清单，并为需抢救的每件艺术品指定负责人（以安盛艺术品保险为例，一般在欧洲艺术博览会这样的艺博会上设有 30—40 位工作人员，每个人都被分配不同的艺术品以在灾难发生时提供保护）[21]。这个清单中还需包含紧急联系电话，其中包括保险公司（带有保单号）、藏护师、运输和仓储的联系方式，以及那些可以提供紧急维修工作和其他服务的个人的联系方式。

紧急应对的方案中应明示不同紧急情况下的应急步骤。应急步骤的制定应根据具体威胁而有所不同。在 "9·11" 之后，许多纽约收藏家认为该为下一次恐怖袭击提前做好准备。显然，这种威胁的应急准备与飓风的情况有所不同，并且很可能无法被提前警告。根据不同的情况，应急步骤可能是先把艺术品从墙上移走，转移到家中受保护的地点或者其他仓储设施中。但请记住，可能会出现断电的情况，因此会无法顺利进入转移运输的路线。

还应该探索在获悉灾难来临的那一刻将藏品安置到更安全的地点的替代方案。一种方式是，位于飓风地区的收藏家为了在飓风季节的防范会把藏品转移到另外的场所。只需预付定金，一些仓储设计公司（例如迈阿密的 Museo Vault）就会提供预包装材料、板条箱以及随叫随到的人力。另一种方式是给自己的住所做好迎接飓风的应对，如配备防护级百叶窗、防风暴安全柜，以及为暖通空调供电的备用发电机。一些专业的保险公司可能也会和收藏家合作制订特定的应急方案，以及能为从防风暴安全柜的尺寸到推荐紧急疏散中心等各方面给予的建议。

这样的紧急应对方案的数字版文件应保存在收藏管理系统中。而纸质版的副本应在藏品仓储现场（同藏品目录的复印件一起）存储于防水储藏箱中，也应在藏品所在地之外的另一地点再存一份。

灾后恢复

如果艺术品在灾难中受损，则应立即采取以下恢复措施。

- 检查所有艺术品（包括装饰性艺术品）的状态，检查是否有所损坏。
- 若有损坏，应立即拍照记录。
- 如背板、带孔框架或衬板这类材料在遇水或受潮后应尽可能去除。
- 所有艺术品无论是否损坏，都应首先被转移到干燥且通风良好的环境。霉菌在潮湿环境中会迅速生长，因此应迅速处理。
- 应联系专业人员（藏护师和保险公司）。
- "被毁坏"的作品不可在未咨询藏护师的情况下进行处理。

对于重要性位于其次的作品，收藏家则会另有打算。大型的藏护工作室可能会推荐更适合某些特定工作的初级藏护师来负责。博物馆的藏护员（比如纽约大都会艺术博物馆的藏护师）也常常承接外部的藏护项目（或直接为大型藏护工作室工作）。

很多地方都能够获得用于紧急护理的优秀资源。例如飓风桑迪过后，纽约现代艺术博物馆的网站提供了"艺术灾难"的应急指南，而美国文物修护协会（American Institute for Conservation of Historic and Artistic Works，简称 AIC）提供了一条 24 小时的热线电话，回答有关作品救助的问题并给予建议，如在作品得到修复以前，为了防止纸类材质生霉，可以冷冻作品。[22] 这类方式虽然很有帮助，但前提是在紧急情况发生后可使用网络和电话服务，但现实往往相反。因此收藏家有必要在灾难发生之前调查这些资源，然后将这些材料进行备份并与已制订的紧急应对方案一起保存，或纳入现有的方案中。

藏护流程

找到一位藏护师

藏护师有很多种：纸类藏护师、物件藏护师、绘画类藏护师、纺织品类藏护师等。在寻找藏护师时，应首先考虑其专业背景。除了可以参考艺术品的经理人、专家或可信赖的专业人士的意见外，在美国最好的着手处是咨询美国文物修护协会的网站，该网站列出了几乎每个细分门类的专业机构的成员。而在英国则应咨询英国文物修护协会（The Institute of Conservation，简称 ICON）。

如纽约的阿曼 + 埃斯塔布鲁克（Amann + estabrook）藏护协会保护中心这种为收藏品提供保护的大型机构一般都有多位不同领域的专家。一些收藏家认为，把需要藏护的藏品集中委托给一个机构放在同一处是最合适的选择，这样也有利于安排物流。而与大型藏护工作室合作的一个优势是他们能提供的专业条件：适当并合乎要求的气候控制、库存管理系统、存储架和安保。唯一可称得上是缺点的是成本较高。

对于重要性位于其次的作品，收藏家则会另有打算。大型的藏护工作室可能会推荐更适合某些特定工作的初级藏护师来负责。博物馆的藏护员（比如纽约大都会艺术博物馆的藏护师）也常常承接外部的藏护项目（或直接为大型藏护工作室工作）。又如，负责修复了纽约美国自然历史博物馆的蜂巢的一位年轻藏护员，被推荐去修复在一场公寓火灾中受损的一件经过盒式装裱（box-mounted）的画布上布满灰烬的孔洞。

另一个需要考虑的因素是藏品的移动——藏护师位于何处？藏品要如何安全运输到目的地？虽然偶尔能有小型藏护工作可以在现场进行，不过一旦需要挪动艺术品，一定不能掉以轻心，并且应尽可能避免挪动。如果是贵重的藏品，应委托给可靠的装卸人员将藏品转交给藏护师。如果是受损的作品，藏护师还需要一起参与藏品的包装。在任何情况下，收藏家都应该在作品移动前拍照。因为作品可能会在运输过程中或在藏护师工作室中遭到进一步损坏，所以在作品从收藏家手里离开前对其进行视觉记录是至关重要的。

藏护工作是很费时的。收藏家应该记住，大多数的保护工作需要数月甚至数年才能完成，所以收藏家应该提前为藏品长时间的缺席做准备。待藏品到了藏护工作室，应该在藏品管理系统中标记藏品所在具体位置。还应时不时联络藏护师跟进藏护工作的进展。

藏护费用

保护的相关费用是昂贵的。收藏家常常必须决定藏护或修复工作的费用是否真的值得，无论是提高藏品价值还是提升欣赏感受，都需要尽力权衡。

在一个案例中，一位美国加州的女士在已故祖父的阁楼上发现了一幅中等大小的后印象派油画，约 51 厘米 × 102 厘米。这幅画作色彩强烈且构图别致，曾属于她的祖父，所以对于她来说具有情感价值。但由于画的状况很糟糕，表面积聚了几十年的灰尘，且这些年来一直遭受着极端天气所带来的极度温差，不仅外表附着污渍，不少漆的颜色也已脱落，并且木质的内框也变得松散，原装的钉子也生锈了。画布上还有多个小孔，也许是因阁楼中或画布上的害虫所致。

若要修复这幅画，去除框架修复之外的修复报价为 8500 美元（藏护费、附加材料费和州销售税）。但是经调查，创作这幅画的艺术家其类似作品在当时的市场价值约为 7 万美元。虽然这幅画可能价值不高，但女主人将作品的藏护视为一种投资，既能够得以欣赏艺术品又保护了家族遗产。

有时为了给展览做准备，博物馆会主动清理或修复私人收藏借出的作品。这对于不愿花费资金修复作品的收藏家来说是件好事，而对于博物馆来说则是能够借到原本难以获得的作品的筹码。然而，考虑到当下博物馆的财务状况，收藏家可能会被要求承担藏护费用。一旦收藏家决定借出一件重要的艺术品，他们通常会主动向公众展示作品最好的一面，所以有时更愿意使用自己信赖的藏护师。未经作品所有者的书面同意，博物馆（或任何其他借展方）不得对作品进行任何藏护处理。

藏护处理方案

对艺术品的藏护处理通常始于收藏家与藏护师对作品状况和藏护目的进行的对话。

接下来的几周内（但有时是几个月后），收藏家可能会收到藏护员提供的一份详细的处理提案。提案中会标明作品的关键标签和信息（包括艺术家名称、作品名、材质、日期、尺寸以及铭文），同时也会附上作品状况报告，内含作品当时的状态和详尽分析。藏在藏护提案中还将概述建议的处理方法，说明是否建议清洁、结构性修复或填充破损区域。这一部分的语言相比之下会更笼统，如"使用适当的黏合剂修复"之类的表述。

护师的这份状况报告中应该还包括稳定性问题（作品结构是否稳定）、环境影响因素（如霉变和虫害的情况）、损坏因素（光线、虫害或固有损失），以及技术分析和过往修复历史（作品是否过去已被修复过，以及修复保持的时间）。通常作品以前的照片也应该包含在报告中。这份报告应远比拍卖行和经纪人提供的报告更详尽。

在这份提案中使用的词汇可能会不太常见，例如"斜接""榫眼""榫头"等术语，也有诸如"Beva""乙烯－醋酸乙烯酯乳液""Brij 700 表面活性剂"等材料名称。收藏家无须因大量术语而感到害怕或不安，只需在字里行间收集总体处理思路，最好与藏护师一起进行进一步的讨论。

在藏护提案中还将概述建议的处理方法，说明是否建议清洁、结构性修复或填充破损区域。这一部分的语言相比之下会更笼统，如"使用适当的黏合剂修复"之类的表述。如果提案中提出了更多有争议的诸如需要图像修复或重托的处理措施，收藏家需要再次确认该方案的必要性以及这些修复行为是否可逆。

提案中还应包括成本的估算。如果没有涉及，收藏家则需要提出要一份估价，避免之后被价格吓到。此外如果藏护工作看起来会大幅度超出估算的价格，收藏家应要求被提前告知。

藏护工作结束后，收藏家会收到一份处理报告。报告中使用的术语一般倾向与提案中一致，并使用过去时填写细节。在所有情况下，一位称职的藏护师都会用照片来记录他们的工作，同时还会提供作品处理"前"和处理"后"的对比图。有时在处理报告中也会包含作品的维护方案或存储、展览及移动方面的建议。

提案和报告一直以来都以纸质书面报告形式提供，并通常通过邮寄送达。不过，收藏家应该总是对这类报告进行硬拷贝备份，并且也应要求在藏品管理系统中保存一份数字版备份。

责任

一份藏护处理方案通常需要收藏家的签名以表明他认可其中的条款，不过电子邮件也足以构成具有法律约束力的协议。提案中通常包括限制藏护师责任的条款，有些要求委托人确认他们是否持有艺术品保险，因此收藏家必须要求他们的保险方放弃代为求偿权。虽然如此，收藏家应避免签署免除了藏护师所有应有关注的职责和疏忽责任的提案协议，尽管现实中收藏家在寻求专业人士服务时往往放弃使用这样的措辞。

不幸的是，当修复的结果不佳时，除非可以证明修复的疏忽是故意的，否则收藏家几乎无权追究，而且追究疏忽是一个耗时且费钱的过程。碰到这种情况，如果可以，通常会把艺术品转移到其他藏护师那里进行反向修复。如第四章所述（见"不良业务交易：非法挪用"，第 155 页；"藏护"，第 157 页），保险承保条款中一般排除由于修复不善而造成的损坏，但在藏护工作室无意被损坏的作品则是包含在承保范围中的。较大的藏护工作室通常都有自己的保险，以涵盖因水灾、火灾以及意外事故造成的作品损失。收藏家在委托前应首先询问委托藏护的作品是否会受这类保单保护。但无论什么情况，在艺术品要交托给藏护师时，收藏家始终应该通知自己的保险公司。

藏护和藏品护理：收藏家的责任？

许多收藏家的主要关注点还是在他们有生之年能够从他们的艺术品那里获得享受。因此，在热带的度假屋中放置稀有材质的家具，在阳光充沛的中庭墙面悬挂一幅精美的版画，或在使用中的火炉上悬挂油画这样的行为并不少见。当一些收藏家对将作品暴露于危险环境中会对艺术品造成的潜在伤害一无所知或漠不关心时，也有一些收藏家则实际上更在意与艺术品相伴的日常体验，而不是作品状况是否可能恶化。也有些人觉得预防措施的成本，甚至是维持气候控制系统会给环境带来的影响，都使将艺术品保持在原始状态这件事变得不值得。不过，那些被划定对当地文化遗产有重要意义的艺术品，收藏家可能需要履行保护艺术品的实际义务。例如在法国等大陆法系国家，当藏品对文化遗产有重要意义时，其所有者可能有隐含的法律义务来维护作品的完整性。但在英美国家的法律体系中，个人财产所有权高于艺术保护的责任（著作人身权除外）。比如，在美国的一位收藏家如果想烧掉自己拥有的一幅毕加索的稀有之作，也是不违法的。

对大多数收藏了重要艺术作品的严肃的收藏家来说，他们感兴趣的是保存重要作品的价值以及维护好作品的状态。他们视自己为艺术品的保管人，为了后代照顾这些艺术品。对他们而言，除了投资，这也是一种道德上的义务。随着越来越多的信息和资源变得容易获取，收藏家也开始将藏品的藏护和护理视为拥有艺术品的不可分割的一方面，这是一种最为幸运的发展方式。

第四部分

藏品的公共价值和私人价值

第七章
艺术投资和融资

虽然艺术品收藏的核心是拥有艺术品所带来的美学和心理上的裨益，但重要艺术品收藏的金钱价值也不容忽视。2008 年的股市崩盘凸显了传统市场的不可靠性，这使得艺术品投资突然变得更加可行。同时，技术进步让网络犯罪成为一种真正的威胁，这让人们对银行中持有的钱和墙上的画作的相对安全感突然反转。在千禧年之后某些领域的艺术品价格飞涨，好像每一次大型拍卖中都能创下新的世界纪录，而且有些人显然靠售卖艺术品发了大财。不可否认的是，艺术品现已被认为是一种活跃且真实的投资工具。

鉴于艺术的独特性，就不难理解在艺术品的智力、情感价值与将其作为资产这一概念之间存在着张力了。许多收藏家热衷于谈论"艺术品投资"，而其中有很大一部分收藏家现在主要是被经济利益驱动而进入市场的。无论如何，大多数购买艺术品的人都希望他们的投资随着时间推移至少能够保值。

市场崩盘、银行崩溃，众所周知的蓝筹股公司会在一夜之间消失，但是"好的卡纳莱托（Canaletto，此处应指 18 世纪威尼斯著名风景画家）永远是好的卡纳莱托" [1]。众所周知，艺术品就像黄金一样可以用来与通货膨胀和货币波动对冲，因此成为整个投资组合中合理的一部分。自有艺术市场以来，艺术和金融就纠缠在一起，但"作为投资的艺术品"这一观念直到最近才成为围绕艺术的公开对话的一部分。

从波兰到中国，专门为投资者和风险投资家建立的艺术基金开始在全球范围内兴起，并且整个投资行业都面向了千禧年后浮现的艺术品投资。诸如苏富比梅摩指数（Sotheby's Mei Moses）、Artprice、艺术市场研究（Art Market Research）和 Artnet 等艺术指数以股票市场的表现指数为模型，为艺术市场提供了各种市场表现分析。诸如 ArtTactic（艺术策略）和 Artvest（艺术护甲）之类的企业则针对希望通过进入市场获利的消费者创建报告并提供投资建议。2011 年，在巴黎成立了第一家艺术股票交易所，以 10 欧元的价格出售艺术品股份。[2] 同时，《斯凯特艺术投资手册》（*Skate's Art Investment Handbook*）2004 年首次发行，却如同艺术界的被遗弃者一般被美术馆和书店拒之门外，[3] 后来则变成了被艺术界话语所接受（虽然不是普遍阅读）的出版物。不足为奇的是，从 2010 年左右开始，关于艺术投资、基金和艺术融资的内容已成为欧洲艺术博览会、迈阿密、军械库等主要艺术博览会面向公众常规的附带板块，尽管现在的附带板块的重点已转移到了更紧迫的问题上——气候变化和英国脱欧对艺术品市场的影响。

艺术品投资领域新兴的著作和相关学术讨论会为所有这些活动做好了准备，其中包括经济学家、金融学家和艺术史学家的贡献，以便在艺术品消费者和全球金融家心中将"艺术是一种资产"这一概念合法化并给予背书。值得注意的是，当今的艺术爱好者不仅依靠像是《艺术论坛》（*Artforum*）和《艺术新闻》（*The Art Newspaper*）这样传统的艺术媒体和在线媒体资源（例如 Artnet）来获得该领域的新闻和评论，而且还转向《经济学人》（*The Economist*）、《华尔街日报》（*Wall Street Journal*）、英国《金融时报》（*Financial Times*）和彭博网（Bloomberg）等媒体，以便于及时了解情况。

这对个人收藏家意味着什么？艺术品如何能够作为替代性投资或作为资产加以利用，为抓住其他投资机会或支付遗产税提供所需的资金？本章将探讨艺术投资和融资领域中的核心活动及其注意事项，并考虑这些活动与个人收藏家的相关性。 即使收藏家本身对艺术品的投资没有兴趣、需求或必要性，但考虑到这一主题在当前的收藏时代的深入程度，对其有所基本了解还是很有用的。

投资艺术品

毫无疑问，现在越来越多的收藏家带着艺术品具有投资潜力的印象进入市场。其中有些人是只对获利感兴趣，但可能对艺术市场了解不深入的投机者。其他人则是真正的、经验丰富的收藏家和艺术专业人士，他们除了出于热情而进行收藏之外还具备专业的经验和知识，一旦发现了潜在的获利机会便会牢牢抓住。 然后还有一些只是简单跟风的业余爱好者。 然而，艺术收藏史上取得极大利益的一些案例，则是在结合恰好的眼光、直觉和机会后无意中成就的。

在考察各种艺术投资模式之前值得注意的是，美国税法最新的许多较大的变化已经改变了格局，尽管实际影响尚待充分评估。 过去许多艺术品收藏家根据美国税法第 1031 条的规定来投资艺术品，该税法规定只要将所售作品的收益用于购买"同类"艺术品并满足某些条件，那么此次艺术品售卖则可获得延税（可不断延迟缴纳，直到最后一次售出艺术品并不再另外购入同类艺术品）。 对于许多收藏家来说不幸的是，2018 年实施的《减税和就业法案》中将这一（长期以来备受关注的）"税务漏洞"消除，艺术品也不再符合此类减税条件。

无意的投资

无论是出于偶然还是纯粹的经济购买力，有能力购买最佳作品的收藏家通常都自然而然地成了最终从艺术品投资中获得最大回报的赢家。 即使在购买时并不以投资为目的，一些收藏家仍会在未来毫无疑问，现在越来越多的收藏家带着艺术品具有投资潜力的印象进入市场。其中有些人是只对获利感兴趣，但可能对艺术市场了解不深入的投机者。其他人则是真正的、经验丰富的收藏家和艺术专业人士，他们除了出于热情而进行收藏之外还具备专业的经验和知识，一旦发现了潜在的获利机会便会牢牢抓住。

几年中看到难以想象的利润。20 世纪 60 年代，一对夫妇以几千美元的价格从卡斯特利手中购买了几幅作品。他们只是为了享受乐趣，在他们的时代中购买了由同龄人创作的作品，而其中恰恰有一件作品 —— 托姆布雷于 1967 年创作的一幅黑板画在 2011 年的拍卖会上以超过 1500 万美元的价格被售出。 因此，纯粹出于娱乐目的而购买的艺术品也可以成为一项主要资产。

也有无数富裕人士的例子，他们从一开始就能够在成熟的市场买得起蓝筹艺术品，并赚得了难以想象的利润，尽管在开始购买艺术品时投资并不是他们的主要目标。仅举一个例子：2006 年的短短几个月内，好莱坞大亨和超级收藏家大卫·格芬(David Geffen)以 1.4 亿美元的价格售出了杰克逊·波洛克 1948 年的经典滴画作品《5 号，1948》（ No.5, 1948 ）， 当时成了史上售出的最昂贵的画作 （超过了同年 10 月为克里姆特的肖像画《阿黛尔·布洛赫 – 鲍尔肖像 1 号》支付的价格）， 还以总价为 4.21 亿美元的价格售出了德·库宁的两幅画作和琼斯的开创性作品。 虽然不知道格芬先生最初为这些艺术品支付了多少钱，但可以肯定的是，他得到的回报令人叹为观止。[4]

但是从长远来看，仅仅购买最好的作品并不一定总能确保最大的利润率。 能够识别市场的疲软区域，并在这个区间购买精美的艺术品，可能最终会带来最佳的投资成果。 这就是需要经验的地方。

有经验的投资

通过多年的收集、研究艺术品，遵循市场、历史或经济模式，收藏家可以发展一定程度的专业知识，使他们能够识别出具有投资价值的艺术品。收藏家就像二级市场经纪人一样（有时也与他们合作）非常了解市场，可以发现具有未来价值的新兴艺术品或在二级市场上被低估的作品。有时他们主要是为了投资而购买艺术品，其明确意图是在艺术品升值后出售，这会是在艺术品上获得的合理而令人兴奋的收益的方式。20世纪90年代初期，一位狂热的当代艺术收藏家通过在中国的业务往来，看到了收藏该国当代艺术的潜力。尽管市场领域不是他的热情所在，但他购买了100幅作品并将它们直接存储起来以进行投资，从本质上来说，就是以投资为目的单独创建了一项艺术品收藏。仅仅称之为一项明智的投资就有点太轻描淡写了。

集体投资（私人投资计划）

虽然艺术品基金通常向外部投资者开放，但就像艺术界本身一样，私人投资计划纯粹是内部人员的事务（话虽这么说，有些艺术基金实际上是朋友间的投资联盟，因此也存在令人混淆的空间）。只要有艺术品市场，经纪人、收藏家和其他个人的群体就会将资金集中在一起购买艺术品并转售以获取利润。有时，有现金进行投资的知名艺术家也将加入这些交易。共同投资者在将作品出售给他们的客户之前，可能会保留一段时间，或者一开始可能会想到一个特定的客户。客户付款后，则按比例分配利润。

这样做的好处是投资者常在这个非常特殊的投资市场上拥有特殊的专业知识，而持有成本则可录入在投资者自身常规业务中。对于此类私人投资计划或私人投资伙伴关系（Private Investment Partnerships，简称 PIP），通常都会采用延税策略。但重要的是，要有适当的结构并满足所有需求，因此必须咨询税务顾问和专业律师。

有时，收藏家或其他赞助人可能会投资画廊本身。画廊利用其资本来尽力保持业务的正常运转、购买精选的二级市场作品，并制作高质量的图录，画廊业务的年终净利润按商定的投资率进行分配。经纪人从投资者的投资现金中获利，而投资者则从经销商的知识、人脉和艺术品交易技巧中受益。一些投资者也可能会完全放手不参与管理，他们只对资产负债表感兴趣。

作为投资交易的一部分，其他投资者 / 收藏家可能会与画廊协商以获得与作品相关的优先权利，例如获得收藏家梦寐以求的、某位由该画廊代理的艺术家新作的优先购买权。收藏家让－皮埃尔·莱曼（Jean-Pierre Lehmann）在 2001 年向纽约画廊 The Project（项目）投资 7.5 万美元时就是这种情况。投资协议规定，莱曼在购买该画廊的艺术品时将获得总计 10 万美元的折扣，同时还可获得该画廊代理艺术家的作品的优先购买权，其中包括埃塞俄比亚出生的画家朱莉·梅雷图（Julie Mehretu，1970 年生）的作品。从本质上讲，这项投资是收藏家为了能够买到位列画廊当红艺术家名单上的作品而采取的手段（当画廊实际上没有给予莱曼第一选择权时，这位收藏家以违反合同为由提起诉讼，从而公开披露了这次投资的安排）[5]。

艺术品投资基金

2008 年金融危机前后活跃的艺术市场引起了广泛的讨论，有关于艺术投资尤其是艺术投资基金方面的讨论尤为夸张。2011 年，Artvest 计算出全球艺术品基金行业的产值达到 10 亿美元。[6] 大约在同一时间，中国的艺术品基金和其他艺术品投资工具（例如艺术品交易所）在当地推动了艺术品市场的繁荣，银行参与其中也推动着整个行业向前发展。[7] 投资者对这些基金的兴趣似乎在 2012 年达到了顶峰，当时大约有 90 种知名艺术基金。而到了 2014 年，基金仍在继续努力吸引投资者的兴趣，但数字已降至不到 60 个。[8]

艺术基金在全球艺术贸易总额中仍仅占一小部分。据估计，2019 年全球艺术贸易额为 641 亿美元，这凸显的事实是：艺术基金并不适合所有人，包括大多数收藏家。实际上，对艺术基金的投资已被描述为"深潜于黑洞的投入"。[9]

但是艺术基金到底是什么呢？艺术基金是一种由私人提供的投资基金，通常是根据私募股权基金的模式设立的。这个想法是一群人汇集固定数量的投资资本（通常为 10 万—25 万美元）用于购买投资组合（在这里则由艺术品组成），并在基金的整个生命周期内支付费用。在基金存续期间，投资组合中的艺术品经常被借给博物馆展览，目的是在降低存储和保险成本（通常由作品借入方负担）的同时，给标的资产（艺术品）增值。艺术品一般在固定的投资期限（通常为 5—10 年，也可能会再延长一两年）之后被出售，其收益将在所有投资者之间进行分配。像私募股权基金一样，艺术基金通常也会有一位投资经理，他一般会收取占总资本 1.5%~2% 的管理费，有时在基金到期时会在原支付额基础上收到一定比率的额外佣金。并且与股票基金一样，美国的艺术基金一般是有限合伙制组织的，并且通常在英属维尔京群岛等地注册，以避免资本利得税。艺术基金和私募股权基金之间的区别是标的资产的不同，以及衍生出的各种复杂差别。

艺术品的投资价值已有数百年的历史，尽管最近才受到关注，但艺术品基金的概念并不新颖。1904 年在巴黎成立的熊皮（Peau de l'Ours）艺术俱乐部是第一个也是最受欢迎的一个成功艺术基金的例子。 成员们购买了 100 多幅现代艺术作品，10 年后在德鲁奥拍卖中心（Hôtel Drouot）拍卖，获得了初始投资 4 倍的收益。20 世纪 70 年代在英国发起的英国铁路养老基金（British Rail Pension Fund，简称 BRPF）是第一个成功的大型艺术基金，并且仍然是当前基金讨论中经常被引用的例子。 作为针对 1973 年石油危机通货膨胀的对冲工具，英国铁路养老基金在 25 年的时间里实现了 11.9% 的利润回报。[10]

当今的艺术投资基金通常针对特定群体有不同的策略。一些基金关注特定区域内的作品，例如印度当代艺术，而其他基金则投资于涵盖市场领域的多元化作品。其中一个基金则始于其创始人私人这些基金明显的吸引力（尤其是在牛市中）是，它们为个人收藏家提供了购买一些仅凭个人之力难以企及的艺术品的能力。较大的投资资本反过来可以赋予收购方更大的讨价还价能力，尽管专业的艺术品经纪人通常不喜欢主要出于投机目的而购买的客户。

收藏中的作品。[11] 由首席执行官菲利普·霍夫曼（Philip Hoffman）
2001 年在伦敦成立的美术基金（The Fine Art Fund，简称 TFAF）也
许是最强大的基金案例，据称在伦敦、纽约、中国香港、瑞士和迪
拜拥有 40 名由艺术和金融专业人士组成的员工和代表［尽管它的服
务现已多元化，包括单独的艺术咨询业务，和自 2016 年开始成立的
艺术借贷基金，统称为美术基金集团 (The Fine Art Group)］[12]。集
团内部专家团队牵头作品收购，与外部专家进行咨询并给出购买作
品的建议，最后顾问与基金管理层共同审查。其初始基金——美
术基金 1 号（FAF I）的投资重点是多元化的，主要来自 5 个市场领
域：古典大师、印象派、现代、战后和当代。这一初始基金在 2005
年对新投资者关闭，出售资产的平均年化回报率为 14%。美术基金
随后引入了其他工具，例如中东美术基金（Middle Eastern Fine Art
Fund）和中国艺术基金（Chinese Art Fund）。[13]

美术基金凭借其详尽的网站和公众形象，与大多数未进行广告
宣传或鲜为人知的基金形成鲜明对比。另一个公众可见的基金是
2008 年创立，由哈维尔·伦布雷拉斯（Javier Lumbreras）领导的艾
特穆迪全球基金（Artemundi Global Fund)，该基金直到 2015 年才开
始接纳外部投资者。[14]无论面向公众的面貌如何，艺术品投资基金的
目标基本上是相同的：在当今艺术品市场中寻找价值并将其转化为
利润，无论其策略是识别尚未成熟的市场、专注于有问题的资产，
还是着眼于被潜在低估的作品（例如那些在拍卖会上被拍卖行购回
的作品）[15]。

艺术基金对收藏家而言的利弊：
利处

这些基金明显的吸引力（尤其是在牛市中）是，它们为个人收
藏家提供了购买一些仅凭个人之力难以企及的艺术品的能力。较大
的投资资本反过来可以赋予收购方更大的讨价还价能力，尽管专业

的艺术品经纪人通常不喜欢主要出于投机目的而购买的客户。此外，一些基金允许个人投资者真正拥有艺术品并在投资期中可以在自己的住所中欣赏艺术品，但前提是该投资者承担运输、展示和藏护的相关费用。通常这样的获益需要支付租金，这笔费用将用于基金的运营成本。理论上来说，这使得投资者可以用一小部分成本获得收藏家的无形收益。[16] 此外，随着藏品数量的不断增加，维持艺术品收藏可能是一项代价高昂的工作。由于所有投资者共同承担运营费用（包括基金收藏品的交易和维护成本），因此减轻了个人维护收藏品的负担。

缺点

对于专业的收藏家来说，投资艺术品基金最明显的缺点是作品最终总是要被出售的。尽管个别收藏家 / 投资者有时可能会从该基金购买一件作品（例如，美术基金为投资者提供了一种选择，使其可以考虑在其投资周期结束时从基金那里购买作品），但这就使投资失去了意义。一般来说，投资艺术品基金并不是热情的收藏家为了自己的乐趣而购买艺术品的途径。实际上，冷静才更是艺术基金游戏的规则。

投资艺术品基金还有其他相当大的缺点和明显风险。首先是艺术基金业务的性质及相关资产本身，即艺术品投资基金是未受监管的。艺术品基金没有报告要求，其活动不受诸如美国证券交易委员会（SEC）之类的监管机构的监控。众所周知，艺术品市场本身是不透明的，没有其他资产类别以如此低的透明度进行交易，因此投资尤其具有风险。

这在一定程度上解释了成功的艺术基金（那些能够持久并显示出获利能力的基金）据说只有 1/2 的原因。在 2003 年引起广泛关注，位列艺术界顾问头等花名册的菲门乌德艺术品投资公司（Fernwood Art Investments）最终在未能筹集到建议起始资金并受到利益冲突的困扰后倒闭了。其创始人布鲁斯·托博（Bruce Taub）是美林证券的前高管，后来被投资者起诉，并被判犯有欺诈罪。该基金的最终遗产是成了哈佛商学院关于艺术基金如何出错的案例研究。[17]

艺术品估值固有的挑战呈现出了另一个难题。 与其他投资工具不同，艺术基金标的资产，其真实价值即使并非不可能获知，也可能很难确定。 正如第三章所强调的（见第 108—137 页），对任何给定艺术品的评估都是高度主观的，并且可能有很大差异。 即使有几个不同的评估师就某个价值达成共识，艺术品市场也不一定会在出售资产时兑现这一价值。

艺术品市场不是流动市场这一事实呈现了另一个不可忽视的风险。与证券不同，艺术品不能立即被出售，反而需要时间、知识和大量的专业技巧。因此，艺术品基金的投资者在退出时几乎没有灵活性，而艺术品市场的变化无常则受制于不可估量的周期和品位，这使得情况更加复杂。 印象派和现代艺术是 20 世纪末期拍卖业的佼佼者，而世界大战后和当代艺术如今则在很大程度上推动了该行业的发展。私募股权基金的典型周期跨度为 5~10 年，可能与艺术品的表现周期不符，尤其是如果在此周期内发生了像 2008 年那样的崩溃的话。

最后，与股票或债券等传统投资相比，持有艺术品是很花钱的。该基金（投资者）将负责保险[18]、仓储、运输和估价的费用，以及任何担任基金顾问的专家的费用。 除基金经理外，大多数艺术基金还聘请艺术品专家（学者、策展人、艺术品顾问）为资产的购置和处理提供咨询。这些专家不仅成本高昂，而且经常存在利益冲突，因为他们自己可能以私人或专业身份从事与基金类似的工作。

根据基金的条款，这些费用可能必须预先支付，或者可能在 3~4 年后被定期评估补充资金，如果投资者恰巧缺乏现金并无法支付这些费用，则可能导致被罚款。 收藏家还应注意，鉴于维护艺术基金的高昂费用，该基金公布的回报可能无法反映出对投资者的实际回报。 此外，回报反映的是已售出的（已升值的）作品的回报而没有反映出仍在保留的艺术品的情况，这些可能没有升值，甚至价值缩水的艺术品通常构成了基金的大部分。 投资者在考虑加入艺术基金时需要意识到可能会有这种差异。

投资艺术品基金需要收藏家进行认真的尽职调查。考虑此类投资的收藏家应寻找在费用结构和方式上都完全透明的基金。所有基金条款均包含在发行文件中，投资者在做出任何承诺之前应仔细审查这些文件，还应调查所有参与专家的背景，以查明他们是否确实在特定领域具有公认的专业知识。

在加入艺术基金之前，投资者还应考虑税收问题，并与合格的专业人士进行讨论。 例如在美国，即使艺术品基金以金融资产的形式构成，所取得的收益（取决于收入）也要按照联邦政府对收藏品征收的 28% 的税率缴税，这高于其他长期投资应缴纳的 15% 的税率。

与其他资产类别相比，最新形式的艺术基金行业还相对年轻。全球持续的不确定性和其他投资的低回报为艺术基金打开了生存之门，而第二代和第三代基金（例如美术基金集团）发现随着知名度的提高，它们更容易筹集资金。 值得再次提及的是，重要的艺术基金仍然非常少，这些基金在面临所有风险和问题的长期生存能力，以及对普通收藏家的潜在价值还有待观察。

购买艺术品的股权

随着过去 20 多年对于"艺术品作为投资"的关注，开发出一种使个人可以购买艺术品股份进行投资，并因此向更加广大的公众打开艺术品投资之门的投资工具也就不奇怪了。由收藏家斯科特·林恩（Scott Lynn）于 2017 年创立的 Masterworks（杰作）允许个人购买蓝筹艺术品的股票，并自称为"第一个艺术品投资平台"。这家位于纽约的公司采购艺术品且承诺投入资金，通过美国证券交易委员会公开发售作品，并允许投资者以每股 20 美元的价格购买沃霍尔的作品或每股 21.05 美元购买莫奈的作品， 最低投资额为 1000 美元。在出售作品时会分配利润。虽然一幅画的预期保存时间为 3—5 年，但这些作品可随时出售，有时在没有被存放在特拉华自由港的时候可以放在私人画廊中观看。[19] 同样，区块链平台梅赛纳斯（Maecenas）与伦敦的达迪亚尼美术馆（Dadiani Fine Art）合作，在 2018 年提供安迪·沃霍尔 560 万美元的作品《14 把小电椅子》（*14 Small Electric Chairs*，1980 年）的部分所有权，使其成为区块链拍卖中被出售的第一幅价值数百万美元的画作。梅赛纳斯成立于 2017 年，允许用户使用比特币，以太坊（ETH）或平台自己的 ART 令牌购买珍贵艺术品不高于 49% 的股权。

这种对艺术品的投资可能会吸引那些好奇的人，他们真的相信有钱可赚，但又不想承担其他投资选择所需要的义务。以这种方式对艺术进行代币化的概念是否会有足够的吸引力，以及此类投资是否可能是对艺术品保有热情的传统收藏的入门通道，目前尚待观察。

第三方拍卖担保

担保是一项无论某件作品是否实际出售，都会为该作品支付指定金额的协议。从本质上讲，这是一项私下买卖，是为了要让其他人愿意支付更高的金额。拍卖行向卖方提供担保，以诱使卖方将其作品委托给拍卖行出售。担保为委托人提供了安全感，知道他们将获得一笔可接受的金额，并且委托人的作品不会被"熔断"——出现可能对作品价值产生负面影响的公开流拍的污点。尽管担保过去具有负面含义，让人联想到保密和市场操纵的观念，但现在则被更积极地视为市场稳定剂和在一些人眼中的巨大投资。

对于财力雄厚的收藏家来说，在拍卖中充当第三方担保人可以获得以好价钱购得所需艺术品的机会。这也是在艺术品市场上投资的另一个机会。越来越多的第三方担保人是对艺术品完全不感兴趣的投资者。在佳士得和苏富比于 2008 年金融市场崩溃放弃了自己担保的做法、担保有所下降时，[20] 第三方担保人很快就来接下了这块业务。[21] 2017 年在三大拍卖行晚间拍卖的所有作品的 40% 估值都在担保下完成，而其中有 90% 都来自第三方担保。[22]

第三方担保人，也被称为不可撤销的竞拍者（苏富比的术语）。他们与拍卖行合作，同意以非公开金额（通常在底价与最低估价之间）竞拍。如果竞拍价格不超过该价格，他们将获得该作品。理想情况下，收藏家担保的作品是他们实际想要拥有的一件，如果流拍，他们即可获得这件作品。 如果拍卖的出价超过了价格，担保人则会与委托人和拍卖行一同分得销售利润，最多可获得 30% 的"回馈"。通常，初始担保的金额越大，作品拍出价在超过担保额后保证人的收益也就越大。

如果一件作品售价超过了担保价，则担保人所赚不菲，有时甚至可以是数百万美元。例如毕加索的《裸体、绿叶和半身像》2010 年在纽约佳士得拍卖行打破拍卖纪录，以 1.065 亿美元的高价售出，大大高于最低估价 7000 万美元。[23] 而巴斯奎特的《无题》（1982 年）在 2017 年 5 月于纽约苏富比以 1.1 亿美元的价格售出，其担保价则是 6000 万美元。 更近也更壮观的例子则被认为是达·芬奇的画作《救世主》在 2017 年的佳士得拍卖会上以 4.5 亿美元的价格售出，比保证价格高出 3.5 亿美元（见第 121 页）。 除了这些惊人的结果，现在担保投资机会也出现在价位较低的市场领域中（在 25 万美元范围内）。

有时，第三方担保人也可以免于支付获得作品应付的买家酬金，这是对承担"融资费"风险的一种奖励，即相当于购买价格的折扣——尽管并非所有拍卖行都愿意为担保人提供这种额外好处。

在其他情况下，经纪人或收藏家为某件作品担保大多不是为了赚取利润，而更多是为了控制他们可能拥有的相似作品的价值。据说第三方担保人通过竞标他们所担保的作品来提高价格是一种惯例。

与作品有经济利益联系的人会参与竞标这一事实，通常会在拍卖图录中公开，担保人可能会在拍卖开始之前的最后一刻（而不是在每个拍卖品被拍卖之前）被宣布，然而这些信息很容易被忽略。 这类做法会引起利益冲突和引发道德问题，并曾被审查。[24]

艺术融资（贷款）

艺术融资（也称为艺术贷款）是一个规模相对较小但实力雄厚的行业，尤其是在美国。 人们对艺术品作为一种资产类别的接受程度日益提高，其结果之一是以艺术品作为贷款抵押品的方式得以不断发展。 2008 年金融危机后随之而来的流动资金的枯竭，使收藏家意识到，墙上的艺术品也可以被用来获取所需的现金，同时还不会破坏其他投资组合。 随着市场的扩大，以艺术品做抵押的借贷金额也随之增加。 在艺术品价值不断上涨且利率一直处于历史低位的时候，众多收藏家正在试图利用自己拥有的艺术品来寻求其他投资机会。这样，艺术品融资业务得以有显著的增长，现有的和新型的艺术品融资业务都介入其中，以协助收藏家通过抵押艺术品来获得贷款。

以藏品作为抵押品

艺术融资的做法在 20 世纪 80 年代的繁荣时期逐渐受到欢迎，并在 20 世纪 90 年代初期市场崩溃时让参与者吸取了许多经验教训。[25]今天从私人银行到拍卖行，再到专业贷款机构，随着越来越多的参与者参与到艺术融资中，其业务价值保守估计为 200 亿美元，这一领域也因此变得更加结构化和更加复杂。[26]

艺术融资让那些拥有重要价值的艺术品的人能够将他们的藏品货币化以筹集所需的现金。有时会以艺术品作为抵押寻求短期融资，以便在其他融资渠道可能被占用时购买更多艺术品，或者为拍卖担保金筹得资金。更常见的是，艺术贷款还用于开发房地产投资、提供商业资本和缴纳遗产税，而不必在不合时机的时候出售艺术品（见第十章，"艺术品出售"，第301—313页所述，出售藏品可能代价高昂，会产生高达30%的交易成本及31.8%的额外成本，其中包括28%的美国联邦资本利得税和3.8%的联邦医疗保险附加税）。贷款还能让收藏家在需要流动资金但艺术市场不景气时保留他们的艺术品，避免出现在市场周期中的错误时间出售作品的情况。此类贷款的主要好处之一，是收藏家有时仍可以将艺术品留在墙上，而其他人则并不知道它已被抵押出去了。

近年来，此类贷款所得款项的用途已变得更加广泛。目前在离婚协议中，当其中一方希望用艺术品贷款来向另一方支付和解金时，艺术品担保贷款就能够用于提供资金。对于已经退休，仍希望继续坐拥艺术品的人来说，此类贷款还可以为其生活方式提供资金，同时还无须缴纳资本利得税（类似于反向抵押贷款）。其中一个案例是，某位突然失业的高收入银行家能够通过他的艺术品获得融资，为他在一段时间内的生活方式提供资金。[27]

贷款比率

通常情况下，贷款金额会是要抵押的艺术品评估价值的40% ~ 60%，并且相对应的艺术品最低价值是50万 ~ 100万美元。这个比率被称为"贷款比率"。然而，正如第三章所讨论的，艺术品的估价并不那么容易被判定，并且可能成为争议事项（见第120—137页）。此外，贷款文件上并不总是定义要标明的价值类型，借款人可能以为文件上标明的估价是某种类型的价值（例如零售价），但贷款方可能会将"价值"解释为其他类型（例如会更低于零售价的适销现金价值）。

估价将在贷款时以及此后每年都进行一次确定，如市场波动较大，则贷款方可能需要每6个月进行一次估价。为了加快流程和为了客户（借款人）的最大利益，从一开始就要提供尽可能多的像是销售单、真品证书这类信息和文件。简而言之，就是提供藏品管理系统中的所有内容。

隐私

抵押艺术品的收藏家也应考虑隐私问题。所有贷款方的目标是获得其他人无法竞争的完善的担保权益。在美国，贷款方将提交美国统一商法典表格 1 以创建作品所有权的公共记录（见第八章，第274—275 页的"美国统一商法典表格 1"，和第十章，第 311 页中关于"美国统一商法典表格 1"的讨论），但这对于不想公开财务交易记录的借款人来说可能是一个问题。大多数贷款方也会将资金借给另一类实体，例如有限责任公司，但所需的抵押品详细描述（例如艺术家、作品媒材）实际上可能会暴露借款人的身份。[28]

贷款条款

此类艺术品贷款的条款千差万别，有些可能是彻头彻尾的欺诈。贷款条款取决于贷款方类型（见下文），应仔细审查以确保充分了解所有相关费用，其中包括估价费用、产权保险费（正在成为保护贷款方的标准机制，并且由借款人承担费用；见第 157—159 页），还有预付款或违约罚款。保险也会是一个问题。抵押作品在不同住宅之间的任何移动通常都需要保险公司和贷款方进行记录和协调。

一般来说，艺术品融资业务有 4 种类型的贷款方。这些贷款方的目标各不相同，并都会在各自的贷款条款中予以反映。

贷款方类型

私人银行

当我们想到艺术品融资时，我们往往首先想到银行。各大艺博会的精英贵宾休息室都是由金融机构承办的，例如德意志银行

（Deutsche Bank）对应弗里兹艺术博览会，瑞银对应巴塞尔艺术展、迈阿密海滩巴塞尔艺术展、中国香港巴塞尔艺术展，而财富管理机构则在世界各地的博物馆展览和双年展上举办独家私人活动，以彰显银行与艺术在私人财富管理战略中的交集。事实上对于花旗银行、摩根大通、美国信托、高盛和摩根士丹利（Morgan Stanley）等银行而言，艺术品融资不是核心业务，而是为其高净值客户提供的服务 [29]〔其他的，像瑞银这样的银行，则在艺术领域投入巨资，将客户外包给专业的资产贷款机构，如移民银行艺术金融机构（Emigrant Bank Fine Art Finance）〕。

私人财富管理这一行竞争激烈，银行积极追求客户，为艺术品收藏家提供收藏管理、艺术咨询和类似福利，以期获得他们的业务。就艺术品投资贷款而言，私人银行贷款的条件通常是最优惠的，利率是银行同业拆借利率上浮 2%—5%。抵押的蓝筹二级市场作品，从市场角度来看更安全，利率将处于区间最低段。最低贷款规模可以为 500 万—1000 万美元不等。

实际上，银行并不是针对单件或多件艺术作品发放贷款，而更多的是针对客户的整体财富组合放贷。他们想确定如果借款人在艺术品价值暴跌而违约时，还有其他资产可追讨。[30] 在私人财富管理部门，贷款机构和客户即使没有个人来往，通常也很了解客户。除了信贷，银行还关注借款人的性格。艺术品的所有者是不是一个正直的人，是否即使在抵押贷款过程中也会维护艺术品，从而保护其价值？例如，美国信托通常将其贷款构建为一种循环信贷额度，可续期为 1—3 年。它向"实实在在的收藏家"提供贷款，这一定义包括拥有价值至少 1000 万美元藏品的收藏家、正在建立自己的收藏的收藏家或"在市场上有影响力"的收藏家。[31]

与其他艺术贷款机构不同，银行对标的资产（underlying asset）——客户的艺术品不感兴趣；他们主要关心的是客户是否有现金流来满足付款时间表。因此，借款人通常必须提供几年的个人私人财富管理这一行竞争激烈，银行积极追求客户，为艺术品收藏家提供收藏管理、艺术咨询和类似福利，以期获得他们的业务。

财务报表、纳税申报表和资产评估。 然后银行的信贷部门将检查其财务状况，而艺术品专家——银行自己的艺术顾问（这能够确保隐私不外泄）或外部专家将对艺术品进行估价，并亲自完成实地检查，无论艺术品位于何处。 在借款人破产的情况下，银行可能不得不出售艺术品以清偿债务，而不需要寻求最佳的价格；但银行一般不愿参与这样的交易，此类违约事件也很少见。[32]

根据贷款关系不同，贷款文件本身的长度可以从几页到大约 30 页或 40 页不等，在某些情况下，短短几周内即可提供贷款资金。 除了提供最优惠的利率外，通过私人银行获得艺术品贷款的最大优势在于大多数银行都允许客户在此期间保留艺术品； 收藏家能够保留他们的艺术品，在整个贷款期间充分欣赏它［然而，收藏家几乎总是有义务在将抵押作品的所有权交给第三方（例如博物馆）之前寻求银行的批准。在这种情况下，必须在银行和第三方之间签署委托协议］。然而这只是美国的情况，美国的《统一商法典》为贷款方提供了法律认可的作品担保权益，这在一定程度上解释了为什么纽约被视为艺术品融资业务的中心。[33]

专业利基贷款机构

专业的利基（译者注：利基市场，指市场中被绝对优势企业忽略的某些细分市场）贷款机构中最著名的是移民银行的子公司——移民银行艺术金融，该机构通常提供最快的艺术贷款，因为这些专业贷款是他们的（核心）业务。当较大的私人银行限定了可接受的抵押品池（例如绘画和雕塑）时，移民银行艺术金融还接受其他收藏领域的抵押品并发放贷款（如弦乐器、邮票和硬币）。 此类专业贷款机构也会发放例如在 100 万美元范围内的小额贷款，而且这些贷款的期限通常比非专项银行提供的贷款期限长得多。 虽然摩根大通或花旗银行的贷款期限可能是 1—3 年（可能会或可能不会延期付款），但像移民银行这样的银行可能会提供 15 年的贷款期限。 根据情况，专业贷款机构提供的利率可能与私人银行相同或略高于后者。

专门的利基贷款方往往会获得其他银行不愿意承担的业务——例如，在某位客户不承诺将其银行业务关系转移到贷款银行的情况下，或者在某些情况下，贷款机构可能与其他借款银行分享贷款。由于艺术品融资是他们的核心业务，这些专业的贷款方可能对贷款过程中会出现的问题更加敏感且响应更加迅速，还可以提供其他贷款方可能不具备的一定程度上的灵活性。而且，就像银行贷款的情况一样，所有者通常可以保留他们的艺术品。

基于资产的贷款方

如果收藏家与能够提供艺术品融资的那少数几家银行没有建立关系，或者如果收藏家信用不佳但收藏能力强，他们可能会求助于资产贷款方以获得贷款。银行发展艺术品贷款的理由是视其为满足高净值客户的一种手段，那么发展资产抵押贷款的动机则是高回报，他们直接关注的是借款人的抵押资产（而不是信用）。如不幸的安妮·莱博维茨（Annie Leibovitz，生于 1949 年）的案例（见下文）一样，其中一些借款人的遭遇十分令人沮丧。最引人注目的基于资产的贷款方是精品金融公司——雅典娜艺术金融（Athena Art Finance），它筹集了大量资金，并拥有许多艺术品经纪人作为客户（雅典娜的利率在 8%—12% 之间）。2016 年美术基金集团的业务扩展中包括了贷款，为艺术品和珠宝提供高达 50% 的定期贷款或预付款贷款（如果涉及藏品出售），款项在几周内即可到达，贷款周期长至 3 年。

艺术资本集团（Art Capital Group）和艺术融资伙伴（Art Finance Partners）也针对艺术品直接提供抵押贷款，利率从大约 10% 到天文数字的 25% 不等，通常在利率区间的高段。总部位于英国的贷款方 Borro（博罗）在《艺术新闻》上刊登整版的广告、赞助艺术行业座谈会和 ArtTactic 的播客，也向收藏家极为积极地推销其服务。该公司承诺无信用检查，并在 24 小时内发放资金，其贷款利率是每月 2.5%—5%—— 相当于年利率高达 30%—60%，这个数字相当惊人。[34]

因此以资产为基础的贷款的缺点也相当大。 此外，这些类型的贷款方不允许所有者保留其艺术品的所有权。 根据艺术资本集团的网站介绍，该公司要求借款人在贷款期限内将艺术品交给艺术资本集团自己的仓储中或位于麦迪逊大道的画廊空间进行展示。[35]

除了此类贷款的高利率外，通常还会再收取 2% 的预付费用，外加因无法还款而面临的高额罚款。 基于资产的贷款方有时可以在错过付款后的几天内就宣布违约，并且拥有确定借款人财务状况或决定使用哪些评估师的唯一权力。 任何违反贷款协议的行为 —— 例如搬迁财产 —— 都可能被视为违约，此类决定可能是主观的，也可能是任意的，就像贷款人对借款人配偶财务状况的变化感到不安一样。因此，借款人在审查构成违约的事件时必须格外小心。

以美国摄影师安妮·莱博维茨为例，当她面临极端的经济困难时，她将毕生作品的知识产权抵押给艺术资本集团借款，其结果是灾难性的。 由于未能及时支付两笔总额为 1550 万美元的贷款，这位艺术家最终支付了 44% 的利率。[36] 鉴于她的高知名度，艺术资本集团和其他基于资产的借贷方的运作受到了显微镜式的细致关注，他们的活动被比作典当行。这个案例对于那些希望通过收藏套现的人来说，是一个警示。[37]

拍卖行

拍卖行也从事艺术品融资业务，其业务介于私人银行和资产抵押借贷之间。 例如，苏富比金融服务（Sotheby's Financial Services）自称为"世界上唯一一家提供全方位服务的艺术融资公司"——尽管在 2019 年其私有化可能会带来未来的变化。 佳士得艺术品担保贷款（Christie's Secured Art Lending）在另一种商业模式下运营的同时，也为客户安排艺术品融资。

对于拍卖行来说，融资服务提供了一种增加收入和与收藏家进一步建立联系的方式，并有可能获得寄售的财产。拍卖行的底线是获得能寄售艺术品的潜在可能，条款通常要求将作品抵押给拍卖行，并通过拍卖行出售一段时间，例如两年。

客户可以以其收藏的价值（或部分价值）借入资金，或以委托寄售作品的未来收益获得过渡贷款。其优惠利率为 9%—10%（尽管在某些情况下也可以低至 6% 或更低的利率），40%—50% 的贷款价值比率是基于藏品的拍卖较低估价来计算的藏评价值。这些贷款的期限往往很短，但也可提供更长期的贷款。如果抵押的作品未能出售，借款人当然必须在别处寻找资金，而收藏中的其他作品有时会作为抵押品（在拍品中如有任何一件带有此类经济利益时，拍卖行都需要公开披露，通常会在拍卖目录中注明）。

在所有艺术融资行为中，收藏家都不得将已承诺给别处的艺术品作为抵押品，无论其承诺性质是作为送给博物馆的礼物还是作为另一笔贷款的抵押品。虽然这看起来似乎很明显，但对于财务状况复杂的个人来说，因参与多项且不断变化的交易而忘记某些细节的情况也并非闻所未闻。尤其当他们是极有热情的收藏家时，他们在对理想艺术品的热烈追求中容易变得缺乏远见。

有一位这样的收藏家，她在拍卖会上购买了一件价值数百万美元的作品，并将她收藏中的另一件作品抵押给了拍卖行，以筹得购买资金。然而她忘记了，几个月前，当她需要流动资金时，这件承诺给拍卖行的作品已经在别处抵押了。购买几天后，收藏家本人、她的银行家和拍卖行的一名金融服务代表都陷入了拼命寻找解决方案的困境。不过幸运的是收藏家本人声誉良好并拥有其他可以替代的资产。但是，正如安妮·莱博维茨的案例所示，艺术融资也可能成为一种豪赌，一旦犯错就难以被原谅了。

第八章

共享藏品：
展示、出借和出版

　　墨西哥的当代艺术收藏家 —— 墨西哥卷饼连锁餐厅塞萨尔·塞万提斯（César Cervantes）的创始人曾经说过："对我来说，艺术如果不被共享，那么就不存在了，或者其存在非常有限。" [1]

　　大多数收藏家因其拥有的艺术品而获得乐趣。常常听到收藏家讲述他们在欣赏艺术时所经历的快乐，艺术如何促进和启发他们，或使他们的生活更加丰富多彩。伟大的收藏家和酒庄老板小唐纳德·L. 布莱恩特（Donald L. Bryant, Jr.）出售和购买的艺术品都创造过价格纪录，他在谈到自己的收藏时会很动感情。布莱恩特会定期花时间回顾他收藏的艺术作品，将自己收藏的抽象绘画（包括琼斯、杰克逊·波洛克和德·库宁的作品）形容为"心灵的游乐场"。[2]

　　因此毫不奇怪的是，收藏家无论是邀请其他人进入家庭空间，为自己的藏品创建专用的公共场所，将藏品借给公共或私人机构展览，还是为学术研究和出版提供藏品，他们都能因为与公众分享艺术而获得更多的乐趣。

　　分享收藏也是与机构、策展人、其他收藏家和公众建立关系的方式。这与扩大个人对自己拥有的艺术品的体验有关，并可能增加未来的收益。本章及第九章将论及收藏家与他人分享艺术品的兴趣，并提出一些分享行为可能引起的问题。

私人或半私人展示

拥有艺术品的真正乐趣之一就是决定如何展示艺术品。有的时候在购买艺术品时就会考虑到特定的地点，而有时要将艺术品放置在何处则是在购得作品之后才决定。有些收藏是固定的，因为他们的主人对作品的永久展示一直都很满意，多年来都未改变过。有些私人收藏甚至像博物馆一般，整个起居空间主要用于展示艺术品。其他收藏则更具弹性，目及之处的作品会定期更改，以便添加新入藏的作品、更新整体陈列或从仓储中轮换作品进行展示。

有时，更随机的安装方式会受到青睐，因为作品在购买后收藏家能够在可能的任何空间进行展示，使作品间任何形式的联系或对话可以随着时间流逝有机地体现出来。其他收藏家会努力通过策展的方式来展示他们的艺术品，利用作品之间历史、知识或创作方面的联系来促进收藏内部的对话。伟大的艺术赞助人和收藏家多米尼克·德·梅尼尔（Dominique de Menil）在世时致力于深入思考艺术品的展示，并认为自己是一位熟练的策展人。艺术史学家罗莎蒙德·贝尼耶（Rosamond Bernier）指出，多米尼克·德·梅尼尔"具有一种神奇的能力，能够从直觉上理解当一件艺术品放在某个特定的位置，或和某个特定对象相邻时会怎样；她以意想不到的方式并置作品，能让你停下来并再看一眼"[3]。

在某些情况下，收藏家可能会咨询博物馆策展人或艺术家本人，帮助自己决定某些作品最具意义的安装陈列方式。无论是为了容纳新的收藏，还是为了渴望重新发现未曾展示过的作品，布莱恩特会定期更改他在曼哈顿复式建筑中的艺术品展示。每一次更新，布莱恩特都会请纽约现代艺术博物馆、大都会艺术博物馆的策展人，或者是受尊敬的独立学者为他提供咨询。这些交流在他作为收藏家的生涯中是至关重要的方面。而对他和他妻子贝蒂娜为收藏家、艺术品经纪人、艺术家和策展人朋友们举办的众多热闹晚会来说，布莱恩特家中的艺术品展示（被比作私人博物馆）也是聚会的核心。

在创造了这些令人兴奋的藏品展示后，一些收藏家决定跨出自己的圈子去分享他们的艺术品。这是可以在非常私人的基础上有选择地完成的。 一位荷兰收藏家以口口相传的方式将其家族的当代艺术收藏以教育的目的开放给某些群体。

　　一些收藏家为展示作品专门设计并建造了空间。例如当一位欧洲收藏家在自己的住所无法容纳他想展示的所有艺术品时，便在自己房屋的后院找人建造了一座两层博物馆级建筑。在这座最先进的设施中有一个带有 8 面展墙的活动系统，并且每面墙上都装满了艺术品。只需触摸一下 iPad，展墙就可以滑出以被观看，或自动嵌回隐藏，这使得收藏家即使在偏远地区也可以在几分钟内更改展示的作品。

　　在创造了这些令人兴奋的藏品展示后，一些收藏家决定跨出自己的圈子去分享他们的艺术品。这是可以在非常私人的基础上有选择地完成的。一位荷兰收藏家以口口相传的方式将其家族的当代艺术收藏以教育的目的开放给某些群体。她本人组织导览，邀请客人围绕她的收藏方式和当代艺术收藏有关议题展开坦率热烈的讨论，和客人们一起收获友好且有趣的交流。

　　现在对于艺术博览会的组织者来说，要求当地收藏家为博览会贵宾打开私人住宅的大门已变得很普遍了。在这种情况下，个人收藏家可能会决定是否愿意分享自己的艺术品，以及他们希望参与的程度。有些人选择打开自己充满艺术品的住宅，为参观者提供鸡尾酒和地图，而另一些人则不会对大部分参观者开放住宅中通往私人房间的路径。毫无疑问，这样的特权访问可以增加艺博会参观者的体验，但是收藏家也受益匪浅，发现与精选公众的这种一次性分享，可以使他们结识分享特定兴趣的收藏家伙伴，或通过与来宾的公开互动来了解他们拥有的艺术品。

博物馆和画廊借展

借还是不借？

　　当我们谈到共享艺术品收藏时，通常会想到为了博物馆或画廊的展览而租借艺术品。对于任何展览的成功举办来说，能租到某些艺术品至关重要。因此策展人和艺术品经纪人通常会耗费数月通过电话和邀请讨好收藏家，竭尽全力地促成作品的借展。对于特别重要的借展作品，博物馆馆长甚至是艺术家都可能会亲自出马劝说收藏家出借作品。

一些收藏家会选择参与其中，他们也许会分享对展览画册很有用的借展作品的逸事或信息，或者参加借展人的晚宴，与其他也共享了自己的兴趣的借展人进行交流。选择将藏品借给博物馆或画廊展览的收藏家得到了与他人分享的无形的益处，且同时自己的藏品可能会因参加了著名展览而获得增值。艺术品的价值往往与其展览谱系相对应。收藏家慷慨参与画廊或博物馆（的展览）的过往历史记录，会使自己从艺术品经纪人那里购买新作品或给机构进行捐赠时获得优先权（不过并不是所有的礼物和遗赠都会被欣然接受；见第十章，"赠予时需考虑的问题"，第321—322页）。

收藏家在同意借出艺术品之前是有理由犹豫的，无论如何，除非收藏家的作品对展览至关重要，否则许多收藏家都不愿借出艺术品。最主要的担心还是艺术品可能会受损。如前几章所述，任何形式的移动都会使艺术品处于危险之中。除了更明显的事故外，对于收藏家来说，艺术品返回时和出借时的状态不同的情况很常见。像是画布上的针孔、小缺口或撕裂、画框刮擦、具有历史意义的展览标签的缺失、轻微变色——艺术品受到的伤害通常不是即刻显现的。

还有曝光的问题。如果被展示的时间过长，特别脆弱的作品，例如水彩画、素描和照片可能会受损。当一家大型博物馆为了某位重要艺术家的回顾展请求借一幅特别脆弱的水彩肖像画时，拥有作品的收藏家在同意出借前先咨询了对作品熟悉的藏护师。这位藏护师建议该作品只能出借到巡回展览中首次展览的场馆，而不能借往境外的第二回巡展的场地。在借展协议中还约定了展示这件作品的确切照明条件。

出借方同意在以下条件下出借藏品，即作品自借出至归还全程会保持和安装在满足以下条件的环境中：

50 光度（勒克斯），紫外线不超过 35 毫瓦 / 流明
温度：21 摄氏度 +/–3 摄氏度
相对湿度为 50%，任意 24 小时期间最大累积湿度波动为 10%。

借入方同意在作品安装期间以及在整个出借期间定期与出借方共享流明、紫外线、温度和相对湿度的数据。

借展期间发生的其他变化可能更加难以形容。20 世纪早期一位著名的德国表现主义画家的妻子曾抱怨说，她丈夫的作品每次经过展览被归还后，总好像失去了原本的"光韵"。仿佛聚在一起观看这些伟大画作的人群会以某种方式耗尽作品的活力一般。这位艺术家的妻子坚持认为，归还的作品需要一段在家中或工作室里的安静时光，以便在展览结束后得以"恢复"。

隐私问题也可能会被考虑在内。即使以匿名方式借出作品，许多相关人员还是会想了解是谁拥有该作品，跨境的艺术品转移也可能会引起税务机关不受欢迎的关注。

收藏家在考虑是否借出作品还有一个明显因素是作品本身的缺席。展览一般持续 6—12 个星期，但是当涉及多个巡展展场时，艺术品可能远离其拥有者数年。如果作品特别珍贵或者是收藏家生活空间的核心，那么这种缺席可能会很痛苦。借入方有时拥有权力和渠道，在借展期间会向收藏家提供作为替代的艺术品（可能是同一位艺术家的作品或具有相似风格和重要性的作品）。有一次，因为一件作品的出借对某场展览极为重要，而这场展览对创作这件作品的艺术家的遗产也非常重要，因此最后从艺术家的遗产中提供了一件作品给私人出借方作为借展期间的替代品。在另一个案例中，为

收藏家在同意借展后，应采取某些预防措施。 对于极其稀有或价值很高的作品，收藏家可能希望由合格的运送人（通常是策展人或可信赖的艺术品装卸员）亲自带到飞机上。

了能够借到一位抽象表现主义画家的重要作品，博物馆的策展人向一个收藏家许诺将博物馆藏品中的一件作品予以交换。然而在该收藏家同意以此为条件借出作品后，博物馆的董事会却否决了这一承诺（最好总是坚持以书面形式确认这类条件）。

在收到借艺术品的请求时，收藏家应提出以下初步问题。

· 借展期限是多长？
· 展览还将包括哪些其他作品？这些作品的出借方是谁？
· 会有几个（巡展）展场？收藏家可以同意仅将作品借给其中的某一个展场，或仅允许借给可以获得其批准的几个场所。
· 每个展场有怎样的安保措施？
· 在运输过程中和场馆内是否都有适当的温度控制？
· 是否会有展册出版？如果出版的话，谁会担任撰稿人？展册中是否会印有作品的图片，如果是的话是怎么排版的？（使用彩色图片还是黑白图片？图片是什么尺寸？被安排在展册的哪个位置？）
· 作品是否会由信誉好的艺术品物流公司进行包装和运输？
· 在借展期限内会如何为作品投保？
· 谁来支付哪些费用？

收藏家在同意借展后，应采取某些预防措施。对于极其稀有或价值很高的作品，收藏家可能希望由合格的运送人（通常是策展人或可信赖的艺术品装卸员）亲自带到飞机上。借入方应支付这些费用，并且这些细节应该在合同中予以规定（包括舱位等级）。

收藏家或出借作品的机构可能希望在作品对公众展示之前对其进行重新装裱、重新装配玻璃或进行修复。在大多数情况下，此类工作的费用应由借入方支付。未经绝对书面同意，借入方绝对不得擅自对作品采取此类重新装裱、修复等变更行为（见下文）。

在所有情况下，在借展全过程的每个步骤都应对作品进行拍照并将其状况记录在详细的报告中。这一点很重要，尤其是在将一件作品借给多个展览场所的情况下。否则，如果在运输过程中的某个环节发生损坏，则无法判定损坏可能是在何处及如何发生的（众所周知，保险公司会拒绝未及时报告的索赔，即使事故发生时作品所有人并不知晓）。理想情况下，所有记录文件都应包含在藏品管理系统中。

当借来的艺术品在送出前已存放了一段时间时，文档记录就尤为重要。在一个案例中，一幅珍贵的画作从仓库里直接被运抵博物馆后发现画布被刺破了。由于作品原始的包装箱在装运前未被打开过，因此没人知道损坏是发生在此次运输期间还是几年前就在仓库中发生了。尽管声誉良好的艺术品运输公司通常会提供状况报告，且通常要收取几百美元的额外费用，但让独立的策展人或藏护师在作品出借前和被归还后进行作品状况记录可能最符合收藏家的利益。对于非常重要的艺术品，这是必不可少的。在艺术品离开收藏家前和被归还给收藏家后，借入方应支付由收藏家选择的专家（如果收藏家没有指定专人，则由借入方推荐的专家完成）完成状况报告的费用。

借展协议

对于任何作品借展，借展协议都是必不可少的文件。虽然通常使用标准的借展模板，但借展协议里的条款通常都是可协商的。除了对上述借展的所有详细信息予以规定外，协议还应规定未经收藏家的书面同意，不得对作品进行任何改动，包括装裱、清洁、养护和修复。

如第四章所述（见第 167 页），借展协议通常提供"钉对钉"（或"墙对墙"）保险，这意味着借入方将作品从挂画钉上取下或开始移动作品起就应对作品投保。如借入方没有主动提供保险证明，则出借方应向借入方要求提供保险证明，并在其中将收藏家指定为损失赔偿的收款人。

尽管在借展过程中应将作品保险的责任转移给借入方，但收藏家（或其保险经纪人）有责任仔细阅读保险协议，并确保承包范围是充分的（美国的收藏家应该注意，美国以外的艺术保险政策往往受到更多的限制）。承保的保险公司在纯艺术市场上是否知名？是否在处理索赔时在公正、响应及时方面声誉良好？保单中是否有另外的批单将地震、水灾、火灾和恐怖主义行为囊括在承保范围中？（见第四章，"区域责任免除"，第153—155页）

许多收藏家希望自己的保险在作品借展期限内也有效，特别是如果他们的保险范围更广的话。在这种情况下，博物馆可能会支付这些保险中的一部分保费，并要求放弃其中的代位求偿权。有时，博物馆借展协议甚至可以用来扩展现有保险单的条款。

对于经常借出艺术品的收藏家来说，可能值得让艺术品律师起草一份涉及所有方面并充分保护收藏家利益的标准借展协议。这样可以节省时间，甚至可以最终节省律师费。

艺术品扣押豁免权

最后，如果将一件作品借出国外，即使艺术品有产权问题的可能性极小，收藏家也可能想确认借入方的司法管辖区对扣押法令是否有豁免权。如第一章（第68页）所述，美国海关于1998年以进入美国境内的被盗财产为由，从纽约现代艺术博物馆没收了埃贡·席勒的《沃莉肖像》，而这件作品本是从维也纳的列奥波多收藏中借来的。该事件充分展示了在经过展览或出版物向公众曝光后，作品是如何容易陷入产权问题的。这场备受争议的争端使得部分艺术品所有者不再愿意借出自己的藏品。因此，在世界范围内的许多司法管辖区制定了扣押豁免法令，通过保护"具有文化意义"的艺术品在借给境外司法辖区的博物馆期间免于被扣押，以鼓励借出方。[4] 因此，如果担心有扣押的可能性，那么检查借展的管辖区是否有这样的法规是很重要的，如果有，就提交保护该作品的申请。虽然借入作品的机构通常会协助完成此过程，但有时收藏家有责任提出该问题并将其纳入协议中。在一个案例中，一位美国收藏家向慕尼黑一家博物馆举办的回顾展借出了一件德国表现主义作品。当发现借展协议中没有提及作品扣押豁免权时，收藏家向策展人施压，后者随后代为申请获得了在德国巴伐利亚州的扣押豁免权，并将其列明在借展条约中。

对于面向美国的借展作品，美国国务院在其网站上为借展合同提供了以下示例语言："（申请人/借展机构）同意寻求美国国务院的认定，确认这些展品具有文化意义，这些展品在美国进行的临时展览符合国家利益，并且同意为此在进口展品前于联邦公报上进行发表。[5]"

在 2009 年迈阿密巴塞尔艺术博览会（Art Basel Miami）上，美国法警因为经济纠纷扣押了 4 件分别由德加、费尔南·莱热（Fernand Léger）、胡安·米罗和伊夫·克莱因（Yves Klein）创作的作品，总价超过 600 万美元。像这样被委托出售的作品，艺术品扣押豁免法令并不适用。[6]

美国统一商法典表格1

虽然听起来似乎不太可能，但对于将艺术品借给商业画廊的展览的真正风险，是这件作品有可能在出借人不知情的情况下被出售（见第四章，"不良业务交易：非法挪用"，第 155—157 页中有关萨兰德 – 奥赖利画廊案的讨论）。因此，在美国需敦促向商业企业借出作品的出借人提交美国统一商法典表格 1（UCC-1 表格），该表格是完善个人对作品的安全权益，使所有人关注该作品所有权的法律文件。此表格应在借出作品所在的州以及参展商开展业务的州（如果两地分属不同的州）提交。在借展协议中应引用这份表格。现在，拍卖行除了从事拍卖销售外还从事展览的销售，因此实际上也充当着画廊的角色，从理论上讲，将作品借给拍卖行的风险是相同的[7]（对于寄售的物品，也应提交美国统一商法典表格 1：见第十章，第 311 页，关于"美国统一商法典表格 1"的完整讨论）。

借展期间的作品价值

最后，收藏家还应在借展过程中注意作品价值这个问题。尤其是在涉及巡展到多个展场的情况下，一件艺术品可能会在一年的大部分时间内都处于出借的状态，而在此期间其价值可能会发生巨大变化。为了确保在借展期限内对作品有充分的投保和保护，任何这样的作品价值变化均应告知作品借入方和 / 或保险公司。

出版

共享藏品的另一种方法（通常是借展的必然结果）是出版。博物馆和画廊的展览同时常会伴随着出版物。这些展册通常包含一份有所有参展作品的展览清单、所有作品或精选作品的图片。对于作品图片，这取决于作品借入方如何向艺术家或艺术家的遗产（管理方）获取所有必要的版权许可。

收藏家还可以通过参与做作品全集画册的出版项目来分享他们的藏品。通常从事此类出版物研究的学者会根据其研究联络拥有这些艺术品的个人。虽然学者进行联络的主要目的是确认作品的所有权并将其列为作品出处的一部分，但收藏家也可能会被要求提供符合项目规格的作品图像。通常拍摄符合规则的作品图片所产生的费用由收藏家承担，这不仅因为此类项目通常没有足够的资金资助，还因为人们默契地认为，作品被收录在此类全集画册中会为艺术品带来价值。收藏家应在提供所需信息和资料前试着尽可能多地了解该项目。如果出版项目运作良好，通常会通知收藏家出版日期。这类全集通常需要数年才能完成。

收藏家为自己的藏品自行出版综合图录的情况也越来越普遍，

主要是为了供自己参考和欣赏，同时也成为记录和可能验证收藏的另一种方式。一个欧洲收藏家族已经为他们的当代艺术收藏出版了几本精装画册，每一本都针对一种媒介：绘画、摄影、装饰艺术、雕塑等。这些出版物旨在为自己的家族利益服务，为其提供一种观看的方式，甚至可以欣赏那些已存在仓库中的作品。但在此之外，也可以将画册提供给希望研究这些作品的学者。

纳尔逊·A. 洛克菲勒（Nelson A. Rockefeller）发现他的收藏品提供了"治愈般的喜悦"，并坚持将自己收藏的作品开放给其他人。[8] 除借展、博物馆捐赠，以及在纳尔逊去世后开放其位于纽约州威斯特彻斯特区的基奎特（Kykuit）庄园中的藏品以供参观外，这位收藏家（颇有争议地）在 20 世纪 70 年代通过尼曼百货出售其艺术品收藏的复制品，这样他所拥有的作品就能以合理的价格被其他人带回家中欣赏了。[9]

数字化共享

在数字时代，当然有在线共享艺术品收藏的方式。正如瓦尔特·本杰明（Walter Benjamin）在其 1935 年著名的论文"机械复制时代的艺术作品"（The Work of Art in the Age of Mechanical Reproduction）中预言的那样，技术让可访问性被解放，使消逝的"光韵"得到了回报。[10] 世界上许多伟大的艺术收藏现在已全部或部分可在网络上进行访问。Google 的艺术与文化（Google Arts & Culture，以前称为 Google Art Project）是与 17 个国际博物馆合作并于 2011 年启动的，它采用高分辨率技术使博物馆、艺术品和画廊可以虚拟访问（该平台目前拥有超过 3.2 万件艺术品，并与 40 个国家的 151 家博物馆达成了协议）。

毫不奇怪，私人收藏家也可以选择在线与少数人或普通大众分享个人收藏，在某些情况下还可以匿名分享。一位消息人士称，现在有多达 12% 的私人收藏家通过各种方式在线分享作品。[11] 譬如柏收藏家为自己的藏品自行出版综合图录的情况也越来越普遍，主要是为了供自己参考和欣赏，同时也成为记录和可能验证收藏的另一种方式。

林的独立收藏家平台（Independent Collectors，简称 IC，也是《宝马独立收藏家艺术指南》的发行方），是与由纽约新当代艺术博物馆的文化孵化器联合开发，被称作是"公共线上博物馆"的网站 Collecteurs（收藏家），这类专门平台使收藏家可以在网上与他人共享他们的艺术品，并与其他收藏家和感兴趣的团体建立联系。[12] 在 Collecteurs 网站上，公众能够免费看到大约 1200 件藏品。[13] 对于希望与更多的公众分享自己的收藏，但又没有资源或兴趣开设私人博物馆的那些收藏家来说（见第九章"私人基金会和博物馆"，第 282—295 页），虚拟共享可能是一个不错的选择。

此外，某些馆藏管理系统现在具有允许共享分类作品的功能。无论如何，现在大多数收藏家都可以在 iPad 或移动设备上访问他们的收藏，并随时与朋友、其他收藏家甚或是飞机上的某位和蔼可亲的邻座分享（如果有机会的话）。当然，没有什么可以阻止收藏家在 Facebook（脸书）或其他社交媒体平台上分享他们拥有的作品——拥有版权法的除外。

共享的注意要点

版权法

如今有如此多的发布收藏的方式，在这种情况下，收藏家必须牢记以下事实：艺术品的版权不属于该作品本身，而是一项单独的权利。除非与艺术家或其他版权所有者之间具有书面协议进行声明，否则在作品被出售时版权不会被同时转让。换句话说，当收藏家购买某件艺术品时，除非该作品属于公共领域，否则买家不会获得该作品的版权，因此在未征得版权所有者（艺术家、艺术家的继承人或通过合同获得版权的任何人）的明确许可前，买家不能发布该作品（无论发布方式是通过在线、印制图录、贺卡还是电影等）。在美国，对于 1978 年 1 月 1 日当天或之前创作的作品，其版权在作品创作之日到艺术家逝世后的 70 年之间受到保护，在这一期限之后，版权即属于公共领域。[14] 欧盟国家也有类似条款。

尽管 Instagram 上的艺术品图像数量激增，但版权法也适用于该平台上的帖子。然而，由于艺术家很少对此类帖子给其作品带来的曝光度提出抗议，因此 Instagram 空间目前处于某种灰色地带。但是，在任何情况下都必须注明艺术作品的创作者。

隐私

共享艺术品收藏需要在传授的欲望、公民福利和从安全角度上保护艺术品并保持私密性之间达到平衡。信息是使商业艺术界得以灵活运转的妙药。在公共展览中展出某件作品或将其列入作品全集，都可以成为对所有权的广而告之。拍卖行和二级市场交易商、寻求特定藏品收购的其他收藏家，以及寻找借展材料的策展人，更不用说税务部门，他们都在试图找出是谁拥有哪件艺术品。许多收藏家根本不希望被这些有时可能具有侵略性的团体纠缠。而且，共享收藏还可能使所有者更容易遭遇盗窃。

在借出艺术品时，一个明显的解决方案是规定让出借方保持匿名，并指定诸如"私人收藏"或"纽约收藏"之类的术语作为替代。这些替代选择完全是为了借展目的而发明的称谓，或是在为持有藏品而成立的公司的赞助下借展。

利益冲突

如前所述，藏品共享也可以带来金钱利益。人们普遍认为，将某件作品借给一所备受尊敬的博物馆或画廊举办展览，可以加强作品的血统，进而提高其价值。这就是为什么在作品估价时其展览历史和标签具有重要意义，而这些原因也成了分享藏品的有效动力。但是，如果收藏家与某些机构之间有非显性的财务关系，那么将作品借给这一机构时应谨慎行事。例如，尽管博物馆董事会成员将自己收藏的作品借给博物馆展览的情况并不少见（这通常是他们一开始被邀请成为董事会成员的原因之一），但如果这种行为被认为是过分慷慨的话，就可能上升为道德问题和冲突。

专门为单个收藏家的藏品举办展览时，这种利益的牵扯只会成为一个问题。希腊收藏家和新当代艺术博物馆董事会成员达克斯·约安诺（Dakis Joannou）将自己的藏品借给这所位于纽约的博物馆举办展览时就存在这种问题。该展览是由艺术家杰夫·昆斯（Jeff Koons，1955 年生，也是约安诺深入收藏的艺术家）策划的。[15] 通常，当博物馆展示还在世的收藏家的某件藏品时，会有一个肯定的委托，甚至是清晰的书面协议，希望将该作品作为给该博物馆的遗赠，或者至少在以后的一定时间内不出售（但是新当代艺术博物馆并没有永久性的收藏）。而相反的情况就例如，由数位投资者组成的仕丹莱收藏（Estella Collection）将其中国当代艺术藏品在丹麦的胡姆勒拜克（Humlebæk）的路易斯安那现代艺术博物馆（Louisiana Museum of Modern Art）展出，然而藏品却于第二年就在中国香港被拍卖。愤怒的希望保持公信力的博物馆工作人员表示，如果知道这些作品会被出售，他们永远不会组织这次展览。[16]

就像 1999 年在纽约布鲁克林博物馆举行的展览"感觉：萨奇收藏中的英国青年艺术家"（Sensation: Young British Artists from the Saatchi Collection，以下简称"感觉"，该展览早在两年前最初于伦敦皇家艺术学院展览时就引起了轰动），虽然收藏家（藏品借出人）没有对特定机构负有信托责任，但仍然是艺术品市场的活跃参与者，并且为包括自有藏品的展览提供经济支持，因此仍然引起了利益关联问题。布鲁克林博物馆的"感觉"展览不仅因其具有争议性的内容和展出后受到时任纽约市市长朱利安尼（Giuliani）装腔作势的态度而极具新闻价值，还因为这样一场展览可能为其藏品出借者——广告大亨和收藏家，也是该展览部分资金的提供者查尔斯·萨奇带来的藏品增值而备受关注。[17]

这种关于收藏家与博物馆之间道德标准的敏感争论在美国似乎更加明显，其博物馆和类似机构长期以来一直更多地依赖于私人慈善支持。鉴于"感觉"引起的轩然大波和道德问题，美国博物馆协会（现为美国博物馆联盟）发布了借用艺术品的准则，其中包括以下"警告标志"。

- 展览专门为一位收藏家的藏品举办。
- 展览涉及的收藏家是董事会成员、捐赠人或承销商的展览。
- 博物馆将展览的策展判断标准透露给收藏家或与收藏家联合定制标准。[18]

尽管避免此类冲突的真正责任在于博物馆，但此类问题也可能没有很好地反映给正在借出作品的收藏家。因此，与机构有直接财务关系的收藏家应充分考虑他们向这些机构提供的借展范围。

尽管存在这些潜在的问题，但当收藏家分享一件艺术品，尤其是一件稀有或非凡的作品时，还有很多值得称颂之处。艺术品可以是重要的教育工具，而杰出的艺术品可以提供令人难忘，甚或能改变人一生的体验。拍卖行的预告往往会吸引众多观众，他们渴望在一些艺术品失落于私人手中之前看到和接触到这些作品。多年来，只有少数特权人士才能接触到许多宏伟的、值得博物馆收藏的藏品，这可能会是学术和整个社会都要承担的代价。

第九章
私人基金会和博物馆

共享藏品的最终方法是通过建立私人博物馆让公众能够持续接触艺术品。尽管许多收藏家喜欢私下欣赏他们的作品，然后有选择地与更多的观众分享，但越来越多的人选择在另一个层面上开放他们的收藏，创建专用空间向更广泛的公众展示自己的收藏。的确，在过去超过 30 年里重塑艺术界的最重大的变化之一就是个人收藏家建立的博物馆的数量激增，且这一趋势一直在加速。据一项研究估计，当今 70% 的私人博物馆是在 2000 年及之后成立的。[1]

艺术品市场的扩张在全球范围内带来了更多的收藏家，而全球财富的进一步集中，则为更多的个人收藏家提供了为其收藏建立和捐赠公共展览空间的途径。2018 年，《宝马独立收藏家艺术指南第五册：当代艺术私人收藏全球指南》列出了全球 45 个国家 / 地区的 270 个公众可访问的当代艺术私人收藏[2]，这一惊人数字反映了艺术世界日新月异的面貌。根据中国香港地区收藏家数据公司拉里名单（Larry's List）的研究，截至 2016 年，全球共有 317 家私人成立的当代艺术博物馆。[3] 从新西兰到特拉维夫，渴望共享其热爱并倾力会集藏品的收藏家连接成了蓬勃发展的国际网络，而这些创立博物馆的收藏家则是其中一部分，其中许多空间成了网络的终端。

本章将探讨在这些努力背后的动机。它概述了一些已创立的博物馆 / 机构典范，并说明了这么做对于收藏家的益处以及要考虑的各种挑战。

综述

在西方世界最珍贵的艺术博物馆中，许多都是建立在由单独个人所有的私人收藏基础上的，其中包括美国纽约的弗里克收藏馆（Frick Collection）、美国马萨诸塞州波士顿的伊莎贝拉嘉纳艺术博物馆、丹麦胡姆勒拜克的路易斯安那现代艺术博物馆、法国圣保罗德旺斯的玛格基金会（Fondation Maeght）和荷兰奥特洛的克罗勒－穆勒博物馆。如今，"私人收藏家博物馆"在全球范围内兴起，其中包括了（艺术商业市场）新开发的地区。通过所收藏的艺术品，这些地区的强大收藏家获得了国际当代艺术的认可［例如，乌克兰基辅的平丘克艺术中心（Pinchuk Art Centre），墨西哥的墨西哥城的朱梅克斯收藏（Colección Jumex），俄罗斯莫斯科的车库当代艺术博物馆，中国南京的四方当代美术馆］，或者面向公众进行有关其各自地区中的非本地活动的教育（例如，墨西哥城的索马亚博物馆）。如今，韩国的私人博物馆比世界上任何其他国家都多，其中一位收藏家金昌一（Kim Chang-Il）仅在济州岛就开设了4家不同的博物馆。

确实，往往是政府缺乏对当代艺术领域的投资促使许多此类私人机构开始创立。在中国，自2010年以来创建的数百家私人博物馆，以及在意大利创建的各种"基金会"（Fondazioni）当中——最著名的有在米兰和威尼斯设有空间的普拉达基金会艺术中心（Fondazione Prada）、都灵（现坐落于马德里）的桑德雷托·雷·雷包登戈基金会（Fondazione Sandretto Re Rebaudengo，FSRR），还有像是土耳其伊斯坦布尔的埃尔吉斯博物馆（Elgiz Museum）、南非开普敦的蔡茨非洲当代艺术博物馆（Zeitz MOCAA）和阿联酋沙迦的巴吉尔艺术基金会博物馆（Barjeel Art Foundation），这些博物馆都填补了由于缺乏适当的为当代艺术设计的政府机构和资金造成的缺口。

定义及范本

在最近关于"博物馆"一词的定义的争论中，**4** 究竟是什么构成了私人收藏博物馆变得更加模糊了。 这个标签是否取决于规模、投资资金、项目或其他内容呢？ "博物馆"一词通常暗示了广泛的文化和教育使命，通常意味着比单纯个人或家族收藏的视野和财力更广阔的事物。 当迈阿密的收藏家唐（Don）和梅拉·卢贝尔（Mera Rubell）于 2019 年将他们的当代艺术收藏移至迈阿密更大的一个空间时（详见后文），卢贝尔家族收藏（Rubell Family Collection）这个名字被更改为了卢贝尔博物馆（Rubell Museum）。 这一改变反映的似乎是更大的投资和更严肃认真的目的。

诸如伊莱（Eli）和伊迪丝·布洛德（Edythe Broad ） 2015 年在洛杉矶市中心建立的布洛德博物馆（The Broad museum），其耗资 1.4 亿美元、面积约 1858 平方米的建筑，由迪勒·斯科菲迪奥＋伦弗罗（Diller Scofidio ＋ Renfro，简称 DS+R）建筑事务所设计，这类可公开访问的私人收藏家博物馆，通过他们的建筑模仿了传统博物馆的（观展）体验。 从宏大的历史角度来看，弗朗索瓦·皮诺（François Pinault）在意大利威尼斯建立的两间博物馆可以说也是如此：大运河上 18 世纪的建筑格拉西宫和海关大楼博物馆都由建筑师安藤忠雄（Tadao Ando）进行了现代化改造，现成为集项目、商店、咖啡馆与公共博物馆于一体为特色的范本。 那么随之而来的问题是，这些代表是否可以证实几十年私人、个人收藏的选择，以及这种选择是否有意义？

其他私人收藏家"博物馆"则更具个性，或者根本就是独特的。收藏家 J. 托米尔森·希尔（J. Tomilson Hill）以其拥有的克里斯托弗·伍尔（Christopher Wool，生于 1955 年）的文字绘画收藏和文艺复兴时期的青铜器藏品而闻名，他坚持认为自己在纽约切尔西（Chelsea）

附近的复式公寓中开设的新公共空间不是博物馆（在他看来这个词表示"永久性和更高的学术框架"），而是一个专门反映他在世的时候能够享受的个人品位和教育宗旨的基金会。[5]

矿业巨头贝尔纳多·帕斯（Bernardo Paz）的因赫泰姆当代艺术中心（Instituto Inhotim）位于巴西的贝洛奥里藏特（Belo Horizonte）约 60 千米处，它既非传统建筑，也没有室内空间。这个当代艺术中心是一个露天博物馆，拥有 500 多位国际艺术家的大型艺术品，仅可通过步行和电动车进入，整体坐落于美丽的自然植物园内。因赫泰姆当代艺术中心已成为行家和探险家都青睐的目的地，是被猫途鹰（TripAdvisor）列为"世界前二十五大博物馆"之一的"仙境"。[6]

私人博物馆常常因为其拥有者的其他能力而从风景如画的自然环境中受益，这种情况并不少见。米奇（Mitch）和艾米丽·拉尔斯（Emily Rales）在马里兰州波托马克的格兰斯通博物馆（Glenstone Museum）的场馆位于野外环境中，提供了一种与自然美景交织在一起的沉思体验。1996 年，挪威收藏家克里斯滕·斯维亚斯（Christen Sveaas）在奥斯陆以北的树林中建立了基斯特弗斯博物馆（Kistefos Museum）和雕塑公园［现称为"纽体"（The Twist），指的是 2019 年由比雅克·英格斯（Bjarke Ingels）设计的纽体形状的新建筑］。这片树林原本是其家族木浆产业的原址，因此该博物馆的使命是在展示和赞美挪威及国际当代艺术的同时，保护该地区的建筑物和工业遗产。

在美国，私人博物馆分布广泛。爱丽丝·沃尔顿（Alice Walton）的水晶桥美国艺术博物馆（Crystal Bridges Museum of American Art）位于阿肯色州本顿维尔，博物馆于 2011 年开放，面积是纽约惠特尼美国艺术博物馆的两倍。这位收藏家已成为艺术市场的一股力量，她受到启发，将殖民地时代至今的美国顶级艺术作品带到了阿肯色州，因为她想"在世界上某个有需要的地方有所作为"。[7]

世界各地的私人收藏家博物馆及基金会的形式和规模各异，成立的原因也多种多样。在本书的讨论中，"私人博物馆"一词将用来表示那些由私人收藏家建立的大小不一的艺术空间，他们致力于将自己的（有时也是其他收藏家的）收藏定期且持续地与公众分享。

历史案例研究：柏林和迈阿密

当前的私人博物馆已多得不胜枚举，或难以一一关注追踪。随着新空间更替的速度令人眼花缭乱，参考曾为先驱的两个城市的收藏家会有所帮助：他们在社区内建立这类艺术空间，使其他人也点燃了参与其中的热情，并显著地增加了他们各自社区和其他社区的艺术空间数量。这两座城市便是世界上私人博物馆最集中的柏林和迈阿密 [8]，其根源也可追溯到相对更早的时期。

1997 年，艾瑞卡（Erika）和罗尔夫·霍夫曼 （Rolf Hoffmann）在当时柏林正在发展中的艺术区 —— 米特区（Mitte）的中心改建了一家前缝纫机工厂，在那里他们将自己的当代艺术收藏以接受团体参观的方式开放，同时自己也在这个空间中生活和工作。这在当时迈出了很具创新的一步，在精神上呼应了德国统一时期发生的巨大变化。 [9] 霍夫曼收藏（Hoffmann Collection）当时成了世界上最富活力的艺术现场之一，许多其他私人收藏家也纷纷效仿，采用不同的模式建立艺术空间并最终创建了一个社区。霍夫曼收藏开放后的10 年，柏林墙倒塌后建立的画廊刚刚在城市中崛起，广告公司主管克里斯琴·波罗斯（Christian Boros）开始将他在经过改建的一座第二次世界大战掩体（这座庞然大物曾是柏林最富传奇色彩的电子夜总会之一）中收藏的当代艺术藏品开放给公众参观。而其他诸如收藏家博物馆（me Collectors Room，2020 年永久关闭，译者注）、豪布洛克收藏（Sammlung Haubrok）、朱莉娅·斯托舍克收藏（Julia

世界各地的私人收藏家博物馆及基金会的形式和规模各异，成立的原因也多种多样。在本书的讨论中，"私人博物馆"一词将用来表示那些由私人收藏家建立的大小不一的艺术空间，他们致力于将自己的（有时也是其他收藏家的）收藏定期且持续地与公众分享。

Stoschek Collection）和弗尔睿典藏博物馆（The Feuerle Collection）等私人博物馆也在几年内纷纷效仿创立。作为这种增长的顶点，柏林的私人收藏博物馆建立了联合网络，他们于 2019 年 8 月联合举办了"收藏之夜"，并与其他州立博物馆的常规展览形成了平行发展之势。[10]

在迈阿密，唐和梅拉·卢贝尔这对收藏家夫妇充满活力，他们的收购促使市场朝着当代年轻艺术家的作品推动。他们于 1993 年在前禁毒局没收违禁品的建筑设施中建立了一个向公众展示其收藏的基金会。除了向社区开放展览之外，卢贝尔夫妇的当代艺术基金会还赞助了一个艺术家驻留项目、一个活跃的博物馆作品借展项目和一所庞大的艺术研究图书馆。他们开创了本地私人收藏家创建新独立机构并对公众开放的先河（后来被称作"迈阿密模式"），并因此备受赞誉。[11] 经过了 55 年的收藏，卢贝尔夫妇的收藏不断扩大并于 2019 年在迈阿密阿拉帕塔社区（Allapattah）开设了约 9290 平方米的非凡空间，其中设有 40 个由安娜贝尔·塞尔多夫（Annabelle Selldorf）设计的展厅。

就在卢贝尔空间原址的几个街区之外，收藏家马古利斯在一个经过翻新、占地约 4181 平方米的仓库中向公众展示他的摄影、雕塑、装置和影像艺术收藏，每周设定了公众可参观的开放时间并向社区提供教育项目。该非营利空间被命名为"仓库中的马古利斯收藏"（Margulies Collection at the WAREhOUSE），游客参观需支付入场费，该费用将捐赠给当地为无家可归的妇女和儿童开设的庇护所。罗莎（Rosa）和卡洛斯·德·拉·克鲁兹（Carlos de la Cruz）将他们在附近比斯坎湾（Key Biscayne）的私人住宅向公众开放了 15 年，然后于 2009 年在迈阿密设计区启动了 3 层高的展览和教育空间。德·拉·克鲁兹当代艺术空间（de la Cruz Collection Contemporary Art Space）同样活跃，并同样也赞助讲座、教育工作坊和驻留计划。亿万富翁开发商、迈阿密佩雷斯艺术博物馆（Pérez Art Museum Miami，PAMM，于 2013 年开幕）的同名人物豪尔赫·佩雷斯（Jorge

Pérez）于 2019 年在阿拉帕塔附近揭幕了 23 空间（El Espacio 23），以展示他的个人收藏。 以上这些私人收藏家和其他收藏家一起不仅改变了周边社区，而且也使得迈阿密及迈阿密之外其他地区的艺术社区得以改变。

动机

是什么促使他们创造了这些艺术空间？ 又是什么使当前私人博物馆的数量前所未有地增多？ 对于许多收藏家来说，当个人领域范畴和可用存储空间已无法容纳收藏时，开设博物馆的动机之一就是博物馆的容量。对于其他人来说，则有一种对社会做出贡献的愿望，同时又要保持对自己收藏和遗产的控制权。

然而整体的驱动因素是能够分享的机会。 对于热情的收藏家来说，分享他们的艺术藏品能够使他们从另一个层面继续与自己的艺术品保持联系，还能带来学习和更新与作品对话（这种对话始于最初被所购艺术品所吸引的时刻）的机会。通常，收藏家本人会出现在这些空间中与参观者互动。 罗莎和卡洛斯·德·拉·克鲁兹以自己提供个人导览闻名。 梅拉·卢贝尔会指导学生如何观看艺术品，并询问他们所看到的内容。 艾瑞卡·霍夫曼经常从她的私人生活区走出来，问某个参观小组是否对她的收藏有任何疑问或评论。马古利斯及其长期聘任的策展人凯瑟琳·海因兹（Katherine Hinds）经常与来访者讨论藏品的历史和目标。

纽约切尔西的 FLAG 艺术基金会（FLAG Art Foundation）创始人格伦·富尔曼（Glenn Fuhrman）过去十几年来通过广泛的人脉网络借用作品举办了 50 多个展览。对他来说，拥有公共空间可以让他享受艺术世界的不同方面，以崭新且广阔的方式与艺术家和收藏家合作，而不是必须购买更多的作品[12]（就像托米尔森·希尔一样，富尔曼本身无意建立博物馆；他的收藏尽管也是与公众共享，但是本质是为了让他此生和公众在共赏艺术品的过程中收获快乐）。

这种个人的和利他的动机通常是共享收藏的核心，但同时也可以获得其他益处。毫无疑问，以这种方式分享收藏品将能获得社会和文化资本。[13] 通过向公众开放藏品，收藏家可以通过艺术来维护其个人身份，提高其知名度并创造遗产。收藏家还可以通过其公共场所赢得市场影响力，在购藏方面从艺术品经纪人那里建立更重要的地位，甚至可能提高所藏艺术品本身的价值。众所周知，某些艺术家的作品在这些收藏家空间中展示后价格就已逐步上涨，因为一旦这些艺术家被批准进入这些展馆，其他"跟风"收藏家就会购买他们的作品。

税收优惠

如此规模的收藏共享还有很多税收上的益处。私人博物馆是由私人个体或其正式成立的基金会建立的，后者通常强调其空间的公共性质，与画廊等商业运营是明确区分开的。

在某些基金会的司法管辖区中，如果收藏家可以证明其收藏符合公共访问的要求，则只要将作品所有权转让给基金会就可以申请免税。例如劳德的收藏构成了纽约新画廊的核心，这些年来，他将艺术品捐赠给私人基金会让他减免了数千万美元的联邦所得税。[14]

在美国，收藏家不仅可以用其艺术品的全部市场价值来抵扣税金，用于支付运营费用、捐款、现金和有价证券，同时与维护相关的所有支出都可用于减少应税收入，每年最高可减应税收入达 50%（在西班牙，抵扣限额仅为应税收入的 10%，或遗产价值的30%）。再加上将艺术品作为礼物赠予博物馆有诸多限制（见第十章，第 316—319 页），于是此类税收优惠毫无疑问会激励收藏规模庞大的收藏家将建立私人博物馆作为一个吸引人的替代选择。不过这些私人博物馆还要接受审查。

布兰特基金会艺术研究中心（Brant Foundation Art Study Center）坐落于康涅狄格州格林尼治的田园环境中，靠近其创始人彼得·M.布兰特（Peter M. Brant）的住所。该中心不仅以其收藏著称，而且以独家的开幕派对而闻名。2019年布兰特在艺术家瓦尔特·德·玛利亚（Walter de Maria，1935—2013年）曾经在东村的工作室开设了第二个空间。同样，米奇和艾米丽·拉尔斯夫妇最初于2006年在家附近建立了马里兰州波托马克的格兰斯通博物馆，最终在2018年扩展成了一座93.08万平方米的园区，因其让人沉思的自然环境和与博物馆的全方位融合而备受赞誉。由于这两所博物馆的地理位置较为偏远，它们的位置又靠近其捐助者的私人住宅（布兰特的东村空间除外），并且（由于地理局限性和参观要求高）普通游客很难获得门票，于是毫不意外的是这两个基金会以及包括布洛德博物馆和卢贝尔博物馆在内的许多其他基金会都受到了国会的审查。[15]争论的焦点在于，相较于授予的重大税收优惠而言，公众实际到底能从中受益多少——而不幸的是税法对于"公共利益"的界定又是不明确的。

这种税收优惠在多大程度上推动了私人博物馆的建立，以及这些税收利益将持续多久，目前尚不清楚。

限制

有人说："大多数私人博物馆都不知道自身未来的需要。"[16]在着手开设私人博物馆之前，值得先对潜在的挑战进行考虑。开放一间博物馆是一回事，而保持这间博物馆开放的运转则是另一回事。就像美国政府和媒体对围绕私人博物馆的税收问题的关注所表明的，尽管私人博物馆可以给予其创造者和参观者极大的满足，并对其社区做出显著贡献，但却并非无可指摘。不透明的管理结构和对短期计划的关注，使许多私人博物馆变成了仅仅是追求虚荣的项目，甚一位拥有基金会，但计划出售大部分艺术品和保留一部分艺术品给女儿的收藏家避开了建立私人博物馆的想法，并指出这些私人博物馆可能只能像"陵墓"一般"孤芳自赏"，反映的是一种不常见的情绪。

或是更糟。

一位拥有基金会，但计划出售大部分艺术品和保留一部分艺术品给女儿的收藏家避开了建立私人博物馆的想法，并指出这些私人博物馆可能只能像"陵墓"一般"孤芳自赏"，反映的是一种不常见的情绪。另一位评论家在参观了法国阿尔勒备受赞誉的卢玛基金会［LUMA Foundation，坐落于弗兰克·盖里（Frank Gehry）设计的占地约 6.07 万平方米的前工业园区内］之后，哀叹这其实是通过极大的努力对文化进行公式化的"特许经营"。[17]

还值得注意的是，一些私人博物馆的失败是由于创始人和任命的馆长的愿景不一致造成的。对于已得到认可的艺术专业人士而言，适应一位有主见的创始人的特有风格有时可能是一个挑战。还有其他问题也可能会起作用。2019 年 11 月，坐落在洛杉矶华丽而巨大的前苏格兰共济会神庙大楼中的"艺术家孵化器"马尔恰诺基金会（Marciano Foundation）[18] 仅仅运作了 3 年就在工作人员试图通过工会增加工资后关闭了。这就引起了人们对于博物馆创始人莫里斯（Maurice）和保罗·马尔恰诺（Paul Marciano）利他主义意图的质疑：如果马尔恰诺兄弟的艺术殿堂无法为工人提供生活费用，他们又如何能够为其所在的社区投入呢？一家领先的艺术出版物指出，公众很难辨清何为"为公共博物馆设置的半私人艺术品收藏"，部分原因是他们容易因为"有价值的"建筑物而混淆[19]，而该出版物将马尔恰诺基金会的灭亡归因于它"是伪装成博物馆的空壳"。

对于私人博物馆最普遍的担忧是可持续性，这也是所有收藏家都应认真考虑的一点。马尔恰诺基金会的瓦解在很大程度上归结于缺乏适当的董事会、组织结构、策展人员和可持续的计划。

长期的可持续性

据估计，现存私人收藏博物馆的平均运营成本为每年 150 万美许多私人收藏家的博物馆很容易因为依赖单一收入来源（收藏家的收入）而受影响，除非有足够的捐赠（例如，给布洛德博物馆捐赠的逾 200 万美元），否则该收入来源往往会最终耗尽。

元。[20]一旦（一个或多个）创始人不再提供支持，今天正在建立的私人博物馆中有多少具备维持运营的能力？在中国，这样的机构中只有 10% 被设立为基金会，由于雄心勃勃的展览计划运营成本很高，并且缺乏系统的支持，也因此尤其令人担忧。正如最近在中国香港开设国际画廊的人员所看到的那样，在亚洲也缺乏受过训练的艺术专业人员来支持日趋成熟的行业。

许多私人收藏家的博物馆很容易因为依赖单一收入来源（收藏家的收入）而受影响，除非有足够的捐赠（例如，给布洛德博物馆捐赠的逾 200 万美元），否则该收入来源往往会最终耗尽。长期运营计划和购藏预算也耗资巨大，因此在可行和适当的情况下，应寻求公司赞助和私人资助。此外，考虑其他收入来源也很有帮助，比如说可将部分活动场地出租。迪奥男装走秀已经在中国上海的龙美术馆和卢贝尔博物馆上演过了，这两所博物馆都定期将其场地面向公司和社会活动出租。

有一些案例，例如都灵的帕特里齐娅·桑德雷托·雷·雷包登戈（Patrizia Sandretto Re Rebaudengo）这样的收藏家，很幸运地有后代继续投入其中。[21]然而这并非普遍的情况。

私人收藏家博物馆和展览场所不一定是永久的。在下一章中将讨论在支持此类空间永久运行的资源、基础设施和意愿都不复存在的情况下，公—私合作伙伴关系如何提供可行且富有创造力的解决方案。无论怎样，只要经过周密的计划和适当的资源配置，这种创立私人基金会或博物馆的参与和投入的形式都可以为收藏家带来丰厚的回报。

第五部分

与藏品分别

第十章
退藏、赠予和遗产规划

迫使收藏家放弃一件或整个收藏的原因有很多。收藏家的喜好和兴趣也在不断地变化着，有时某件藏品不再适合继续收藏，就可能被售出以资助新的收购。一位狂热的当代艺术收藏家可能会参加马斯特里赫特的欧洲艺术博览会，并突然间对汉斯·霍尔因拜（Hans Holbein，约 1497—1543 年）以及科尼尔·德·里昂（Corneille de Lyon，约 1500—1575 年）充满热情。或者交易一件艺术家分量较轻的作品以获得资金购买更重要的作品。特别在一件作品升值幅度相当大的情况下，出售该作品不仅可以用来偿还债务或募集资金，有时也会用于慈善事业。

备受尊敬的收藏家以及艺术赞助人阿格尼丝·冈德（Agnes Gund）在 2017 年 1 月卖掉了她钟爱的、在 1976 年直接从罗伊·利希滕斯坦的工作室购买的《杰作》（1962 年），用于资助一项她发自内心支持的项目，也因此登上新闻头条。凭借打破了艺术家作品拍卖纪录的最终售价，冈德向支持刑事司法改革的正义艺术基金（Art for Justice Fund）提供了 1 亿美元的种子资金，此举也挑战了其他收藏家，希望他们能用艺术品促进社会公益。[1]

当然也有收藏家就是单纯地厌倦了收藏的情况，尤其是随着艺术品价格和竞争持续升级的艺术市场的性质发生变化。例如在第八章提到的（见第 264 页）当代墨西哥收藏家塞萨尔·塞万提斯，在经过几年认真的考虑后卖掉了他所有的艺术品收藏，以便购买建筑在艺术收藏管理和法律领域，与藏品分别的过程被称为"退藏"。与退藏密切相关的是遗产规划，即根据一个人在生前的意愿来规划财产（在这里的情况则是艺术品）的管理和处置过程。

师路易斯·巴拉甘（Luis Barragán）设计的佩德雷加尔之家（Casa Pedregal）。这个决定是因为他认为自己的收藏已达到顶峰，同时对艺术市场日渐商业化感到幻灭和失望，于是他决定把热情倾注在保护本土遗产以及具有更广泛意义的文化热爱上。 **2**

考虑到税收、个人或慈善方面的原因，收藏家会随着年龄和优先事项的变化而被鼓励将艺术品赠予家人成员或机构。收藏家布莱恩特在提到他给纽约现代艺术博物馆和他的大学母校博物馆等的巨额捐赠时建议说："如果你拥有的还没伤害到你，不要轻易送出。如果你送出了你所拥有的，那么就一直给予，直到让你感觉很好为止。" **3**

在艺术收藏管理和法律领域，与藏品分别的过程被称为"退藏"。 **4** 与退藏密切相关的是遗产规划，即根据一个人在生前的意愿来规划财产（在这里的情况则是艺术品）的管理和处置过程。

本章内容包括与艺术品分别的各种动机和方法，并概述需考虑的基本问题。由于遗产的处理会受复杂的税法约束，而每一种情况都不同，因此，建议收藏家在考虑如何最好地与艺术品分别时，应咨询他们的税务顾问或遗产规划师。以下提供的原则和建议进一步受现行美国制度所约束。虽然英国和欧洲其他地区在资本利得税等问题上有很多相似之处，但也有很大的不同，特别是在艺术品的慈善捐赠方面。 **5**

前提：信息、价值及一些策略

当出售或转让一件艺术品的所有权时，需要获得所有与之相关的信息才能做出明智的决定。因此，无论是"捡漏"还是精密的藏品管理系统，以及所有相关的文件，对于退藏作品的过程都是至关重要的。

收藏家必须对其所放弃的艺术品的当前价值有所了解，所以第一步就是估价。对于接下来所发生的一切，当前进行评估的重要性怎么强调都不为过。在某些情况下，法律会规定必须进行合格的评估。

当涉及多件艺术作品或整套收藏时，收藏家应通过使用这些信息来制定退藏策略或方案。应分析市场的每个相关板块，并为每件作品考虑最具可能的销售方。可能其中某一组或某一件艺术品是最适合拍卖的，而另一组或另一件则更适合通过经纪人出售，价值比较低的作品则可委托给规模较小的本地拍卖行。对于某些材质的艺术品，如果可能，最好等到其对应的市场回暖时再出售。收益、销售费用及税收因素均需被考虑在内，在一定程度上这些都决定着何时应该出售或赠送哪些作品。

收藏家在制定策略时应谨慎，不要通过同一时期大量出售同一位艺术家的类似作品而误导市场。卖方也需要避免在寻找作品销售方时货比三家，例如试图通过不同的经纪人私下销售一件作品，或者不断地通过一个经销商向不同的人推销却屡屡碰壁。这类作品如果后来被委托给了拍卖行，通常已无法引起买家的兴趣。

艺术品出售

当我们决定出售一件艺术品时，关键的问题是怎么出售以及什么时候出售。是通过画廊出售还是通过私人经纪人？如果可以选择，出售的最佳时机又是什么时候？收藏家应该先了解拍卖行或经纪人擅长交易的材料类型。除此之外，有些作品在特定地方的市场销售得更好，所以也要考虑地理位置和与销售相关的费用。例如一位纽约收藏家了解到德国新表现主义的画在柏林的市场最强劲，但他不得不权衡将作品委托到柏林拍卖以及从纽约运输到柏林的费用。由于作品的价值不高，不到 2 万美元，因此在确定不值得支付运费后，最终在纽约拍卖（但遗憾的是，它的拍卖结果仅达到了底价）。

通过拍卖出售作品也伴随着风险。拍卖会是公共场所，一些收藏家会担心被曝光。因为他们的作品一旦得到认可，人们可能会想知道他们为什么要卖掉这些藏品；（他们是陷入了困境吗？）如果作品卖不出去，也会被公开；流拍的作品将被认为已经"被烧毁了"，至少在短时间内不再可能售出预期的价格。

拍卖行和经销商只愿意保留他们认为有市场的寄售作品，因为并不是所有作品都很好卖，有些作品根本没有太大的市场可言。在这种情况下，收藏家可能会考虑将作品捐赠或赠予他人以抵消所得税（后文中会提到）。

通过拍卖行出售

部分艺术品应该通过拍卖行出售，而有些则不需要。拍卖的好处是卖方可能会同时得到几个潜在买家的关注，这可以帮助竞价，推高价格。大型拍卖会的拍卖周期还允许进行广泛的营销活动，包括广告和展览，这可以激发人们对拍品的兴趣。最后，拍卖市场相对透明，卖方知道什么时候他们的作品会被出售，甚至可以观察销售情况。

但缺点是卖家必须遵守拍卖的日程安排，这有时会带来不便。在夏季委托的作品可能要到 11 月才会进入拍卖环节（对于规模更小、更具地域性的拍卖行来说，销售过程通常要方便得多，因为制作拍品图录、营销、展览等都不是那么复杂）。付款通常是在交易完成 35 天后支付，但也有资金尚未到位，因而卖家不得不跟进的情况发生。

通过拍卖出售作品也伴随着风险。拍卖会是公共场所，一些收藏家会担心被曝光。因为他们的作品一旦得到认可，人们可能会想知道他们为什么要卖掉这些藏品；（他们是陷入了困境吗？）如果作品卖不出去，也会被公开；流拍的作品将被认为已经"被烧毁了"，至少在短时间内不再可能售出预期的价格。为了让这样一件被流拍的艺术品重新面向市场，卖家需要"恢复它的名誉"：把它在市场上放一段时间，并在可能的情况下把它借给相当重要的展览。这一切都需要时间。

对于那些价值不菲的作品，急于获得寄售的拍卖行有时会提供担保，或者以现在更普遍的做法，就是作为中介为即将出售的作品寻找第三方担保。这样做的一大好处是确保作品能在卖方接受的价格范围内被出售，以解除卖方的风险。站在卖方的角度，消除风险总是比分享高于估计的利润更值得的（见第七章，"第三方拍卖担保"，第 253—255 页）。

如果拍卖行向寄售作品的收藏家提供了担保，作品最终未能售出，则作品的所有权将转移给拍卖行。但如果拍卖行在之后不能以高于最初保证价的价格在私人拍卖会上出售该作品，那么委托人则会因这样的超额而利益受损。有时在这样的情况下收藏家可以与拍卖方协商，在指定的"尾期"内一旦有超额出售，则有一定百分比的超额售价能归于收藏家，以避免损失。

一些收藏家现在会选择绕过担保，转而协商采取"加强锤"（enhanced hammer）的做法，这意味着拍卖行在出售艺术品时自己能收取一些溢价。

某些情况下，在考虑是否要通过拍卖行出售作品前，收藏家应先考虑当初在购买作品时与艺术品经纪人达成的协议。需要注意的是，在一级市场中，艺术品经纪人喜欢控制他们代理的艺术家的市场，即使收藏家没有以书面形式向经纪人保证优先的购买权，经销商也可能抱有这样的期望，即这件作品后来还会通过画廊出售。忽视这个细节可能会产生一定的后果。

有一次，一位重要的收藏家把一件由二线当代艺术家创作的中等价值的作品委托给纽约佳士得拍卖行进行拍卖，那个时候，这件作品由该收藏家 5 年前从一位经纪人手中购得。而经纪人在拍卖前夕看到自己这件作品出现在拍卖目录中时，立即被激怒了。而收藏家却对此很困惑，他经常从这位经纪人那里购买一线艺术家的重要作品，而且他也从未把这些重要作品寄售过。尽管如此，愤怒的经纪人不仅坚持要求收藏家从拍卖中撤回这幅作品，还希望这位收藏家为此支付估价的 25% 的罚款。收藏家这时处于一个糟糕的境地：他是否要冒着失去自己最渴望的作品的风险而疏远经销商，还是承担损失，但同时也会惹怒负责拍卖的专家？因为已经有买家排着队买这幅作品，他与这些人的关系也很亲近。不管怎样，把作品委托拍卖这样简单的行为，对收藏家来说都有可能会遇到问题。

同样地，第一章中提到的欧洲的艺术俱乐部成员（见"与他人一起购买艺术品"，第 55—57 页），当他们决定解散收藏联盟并清算他们作为盟友一起构建的当代艺术收藏时碰到了难题。因为当初向他们出售艺术品的经纪人反对他们将作品在拍卖会上出售。虽然这些收藏家在未来购买艺术品不需要经过那些经纪人，但因为遵循了实现目标的最方便的方式而激怒到了他人确实是收藏家没有料到的窘境。

计划在拍卖会上出售作品的收藏家应从不同拍卖行获得竞价。这些拍卖行会对作品给出怎样的估价？相关的费用是多少以及如何进行销售？推出拍卖是一种战术操作，想要委托的收藏家应询问是否会有类似作品同时参加拍卖（因为同类作品过多会导致作品被削弱）以及讨论作品在拍品图录中的位置问题。对于大型拍卖，关键是要提早委托寄售作品，这样，收藏家才能在物流和策略方面有更多的议价能力。如果拍卖在 5 月举行，那么收藏家最迟要在 1 月或 2 月与拍卖专家沟通。然而市场低迷的时期，当寄售量很少且拍卖行急需作品时，在销售周期的后期再行委托可能对收藏家是有利的。

除非作品受到拍卖行的追捧可能会免除佣金，否则收藏家可能需要向卖方支付以成交价为准的 10% 的费用。除此之外，还需要支付运费、目录插图和保险费用。如果作品卖不出去，可能还会有买入费用和退货运费。可能会产生的修复、认证、产权保险费用，都将由卖方承担。因此，委托人必须仔细阅读寄售协议，以便充分了解附加的条件和产生的相关费用。

对于重要的委托，拍卖行通常会深入研究并为作品写一篇文章，里面通常包括一些其他重要作品的插图，以强调该作品的重要性。收藏家也应积极地给予编辑的建议或添加内容，这样可以为作品的故事提供相关的额外内容或历史色彩。有时，比起负责作品的工作人员，知识渊博的收藏家也许能提供与这件作品相关的更引人注目的实例。

卖方和拍卖行还必须就底价达成一致，即作品可以出售的最低价格。通常拍卖行提出的底价会比卖方给出的更低。但在任何情况下，收藏家都应确保寄售合同履行完毕，在拍卖行收到全额付款前，任何售出的作品都不得交给买方，否则买方除了法律索赔外什么都得不到。一旦作品被委托拍卖，在拍卖行内部能有一位律师参与会很有帮助，这位专家在委托拍卖的过程中能够管理财产，并在出售前为收藏家谋求利益。

私人洽购

除了公开拍卖之外，拍卖行现在也进行私人洽购并从中扮演经纪人的角色，而这让许多实际的艺术品经纪人感到懊恼。这种模式在过去几年里不断加强和多样化，如 2016 年，苏富比以 5000 万美元收购了艺术经济伙伴（Art Agency Partners）这家咨询公司。私人洽购是指由二级市场中的拍卖行主导的私人买卖，卖方由此会收到指定的价格。这些洽购也为寄售方提供了国际拍卖业务的广泛客户群网络（其中也包括类似作品的低价竞拍者），兼具隐私性和时间上的灵活性。例如在第五章（见第 189—191 页）中提到的，劳德通过私人洽购买下了古斯塔夫·克里姆特的《阿黛尔·布洛赫－鲍尔肖像1 号》。在出售作品时，收藏家应考虑谁能提供最好的报价，并利用信任关系来指导他们。

卖方和拍卖行还必须就底价达成一致，即作品可以出售的最低价格。通常拍卖行提出的底价会比卖方给出的更低。但在任何情况下，收藏家都应确保寄售合同履行完毕，在拍卖行收到全额付款前，任何售出的作品都不得交给买方，否则买方除了法律索赔外什么都得不到。

通过艺术品经纪人出售

通过艺术品经纪人（或艺术顾问）出售艺术品比在拍卖会上出售
更能保护隐私，也可以不受季度限制，在任何时间进行出售。对于
出售珍贵艺术品的收藏家来说，私人交易可以在更大程度上控制作
品的命运，作品会找到最"合适的"买家。不过也许需要数月甚至
数年的时间，经纪人才能找到一个愿意付出卖家期待价格的买家。
如果作品提供给博物馆，仅购藏的过程就可能需要一年或更长时间。
在某些情况下，把藏品直接卖给愿意接手的经纪人并直接收到钱，
可能更符合收藏家的利益。

然而，卖家更常见的做法是将作品委托给经纪人寄售。大多数
接受寄售工作的经纪人会向委托人提供一个作品净值，即最终会
支付给卖家的金额。而其余的收益——收藏家通常不会知道的金
额——则归经纪人所有。这部分收益可能是 20%～25%，也可能高
达给委托方承诺的净价的 50% 甚至 100%。虽然这种方式给委托寄
售的收藏家带来的风险更小——比方说，经纪人向买方担保 20 万
美元后，即使最终以 21 万美元出售作品，经纪人承诺的净值也必须
支付。但同时寄售的收藏家确实无法知道经纪人到底从这次艺术品
交易中赚了多少钱。因此，这种方式会引起透明度问题，可能会令
人不安或导致不信任。

经纪人和艺术顾问通常掌握更多的市场信息，此类专家以牺牲
收藏家利益为代价牟取暴利的故事比比皆是。例如，收藏家简·考尔
斯 (Jan Cowles) 在 2012 年 1 月起诉一名经纪人的案件中披露，该经
纪人从一幅以 200 万美元售出的画作中赚取了 100 万美元。[6] 因此，
在双方协商作品净值时，卖家应坚持规定经纪人或顾问收取的收益
金额上限。如果涉及艺术顾问，委托合同应规定该顾问不从任何其
他人（如买家）那里收取佣金。

　　通常对收藏家更有利的情况是按比例计算收益，即经纪人从收益中按一定的百分比收取佣金。通常情况下，经纪人将获得收益20%—25%的报酬。但价值高的作品，报酬会相对低一些。还有一种不太常用的方式是价格拆分模式，即对超过一个商定的作品价值以外的金额进行平分。无论哪种情况，都应该规定卖方可接受的最低净价，同样也应规定佣金上限。对于可能提供给潜在买家的折扣也应该加以考虑。

　　和经纪人签订的寄售合同中还需规定寄售期限，无论这一期限是3个月还是1年。如果作品还未售出，或者作品市场不稳定，双方可能会重新评估或协商委托条款。市场波动越大，其寄售期就应越短。经纪人需要足够的时间才有机会卖出一件作品，而委托人应该能够在一段合理的时间后收回作品。

寄售协议

　　无论委托人与经纪人或拍卖行之间达成怎样的协议，所有条款都需以书面形式清楚地表达在协议中。那个一切基于信任、握手交易的时代已经结束 。随着艺术世界的高风险和行业的日益专业化，收藏家更应该把艺术交易与其他任何商业交易同等看待，注重它的透明度和安全性。

　　某些拍卖的委托条款是由法律强制规定的，但其他条款则可以协商，具体取决于卖家和拍卖季的时间。一些委托拍卖协议相对简单，仅概述销售条款和卖方担保。但也有复杂的协议，特别是涉及担保等复杂财务的问题。无论什么情况，模板协议一般对拍卖行尤其有利，因为拍卖行的利益在于保护自己。如第一章所述（见第46—50页），寄售协议应始终要求将任何第三方付款或协议保持透明。

　　除了上述提到的许多要点外，寄售协议还应明确要销售的作品，鉴于这些可观的费用，在某些情况下，通过拍卖行或画廊以外的途径来出售艺术品也许是可行的。在某些情况下，可能会直接将作品卖给另一方。

并详细明列付款时间和程序。寄售协议还应规定，未经寄售人事先书面同意，不得对寄售艺术品进行任何处理（如装帧或藏护）。

寄售协议中应进一步明确由谁承担运输和保险等费用。经纪人的保单应对位于经纪人的"看护、保管和控制"期间的委托作品承保。条款中应规定，在买家全额付款之前，艺术品不会被交送给买家。作品从离开收藏家管控当日直到交易和所有权转让，经纪人或受托人应对这一期间的保险负责，并在协议中附上保险证明。任何对寄售协议的修改都应以书面形式进行。

美国统一商法典表格 1

正如萨兰德－奥赖利画廊和贝里－希尔画廊的案例（见第四章，"不良业务交易"，第 155—157 页）所说明的那样，画廊在出售艺术品时没有向寄售人付款，因此，应敦促美国的寄售人提交美国统一商法典表格 1，因为该表格能够确认寄售人在作品中的担保利益（见第 275 页关于借展的讨论）。在美国，寄售作品与经纪人或拍卖行展开的业务应在同一个州，如并不位于同一个州，则应填写和提交美国统一商法典表格 1。提交美国统一商法典表格 1 的成本是微不足道的，它为那些不想自己动手的人提供了提交服务。由于此类文件中不包含作品图片，因此收藏家必须非常精确地描述文件涉及的作品。因此，那些重视匿名、不愿公开自己作品记录的人，应该在保密的需要和作品的安全利益之间找到平衡。

然而即使提交了美国统一商法典表格 1，也并不意味着寄售人就能够收回作品或保证收到付款，它只是创造了债权人的优先地位。

费用和其他考虑事项

在决定把作品投放进市场前，收藏家还应考虑涉及的巨额费用，费用可能高达售价的40%。除了交易费、经纪人和拍卖行的佣金之外，还有 28% 的美国联邦资本利得税、3.8% 的联邦医疗保险附加费，可能还有州资本利得税，这些都将在作品售出时缴纳。如果艺术品在拥有不到一年的情况下被出售，这些艺术品将被视为普通收入，并将按最高 39.6% 的边际税率纳税。

鉴于这些可观的费用，在某些情况下，通过拍卖行或画廊以外的途径来出售艺术品也许是可行的。在某些情况下，可能会直接将作品卖给另一方。例如，一位欧洲收藏家拥有大量法国装饰艺术的杰出设计作品，包括皮埃尔·夏洛（Pierre Chareau）、让·杜南、埃米尔－雅克·鲁尔曼、让·普弗卡特（Jean Puiforcat）和阿曼德－阿尔伯特·拉多（Armand-Albert Rateau）的作品，他想把自己的藏品卖给另一位通过社交圈认识的著名收藏家。经过几个月的谈判，达成了一项价值 150 万美元的交易，双方都无须支付佣金。在这种情况下，我们还是建议卖家就价格咨询一下专家，以确定作品售价是经过充分估值的。

在另一个案例中，一名女士想要出售安迪·沃霍尔原创的丝印围巾，上面有沃霍尔在她年轻时经常光顾"工厂"时为她题的字。一些小型拍卖行也有意向将这件藏品纳入日间拍卖，但她最后选择在 eBay 上出售，以避免拍卖产生客观的交易成本。然而值得注意的是，在这些替代情况下，卖方仍然需要交税。而且如前所述，对于那些拥有珍贵的二级市场作品而又急需现金的收藏家来说，可能根本不会出售这些作品，而是把它们作为贷款的抵押品［见第七章，"艺术融资（贷款）"，第 255—263 页］。

离婚

有时在离婚的情况下，艺术品作为财产分割的一部分需要出售。在这种情况下，首先要确定夫妻中的哪一方拥有作品所有权。请记住，在没有其他证明的情况下，原始发票上的名称可能会构成决定因素 —— 即使它们不代表真正的合法所有权。[7] 当涉及共同拥有的艺术品时，在决定谁得到什么时，情感价值和其他心理因素可能会发挥作用。也许一方有钱购买艺术品，另一方却有热情和专业知识来获得购买渠道。虽然出售所有共同拥有的艺术品并分割收益似乎是最简单的选择，但前文所述的高额交易成本和税费可能会导致按非最佳解决方案出售。在某些情况下，如果必须由一方买断另一方拥有的权益后才可留下艺术品，那么艺术品融资可能是一种有用的工具〔见第七章，"艺术融资（贷款）"，第 255—263 页〕。

离婚双方还必须就相关作品的价值达成一致，如果他们的评估不同，应决定由中立方提供估价。然而，由于艺术品与其他要分割的资产不同，双方应考虑与维持所有权相关的成本（如保险和艺术品维护），以及如果艺术品将来要出售，需要缴纳的税款和高额的交易成本。因此，一幅价值 10 万美元的画作与价值 10 万美元的债券的"价值"不同，后者不需要维护，并可立即以极低的成本出售。

赠予及遗产规划

大多数收藏家都觉得与自己的艺术品有着强烈的联系。有些人与他们的艺术品一同生活了许多年，甚至一生。想到要与艺术品分离可能会让人觉得痛苦，于是很多收藏家会推迟遗产规划也就不足为奇了。那些勤于计划房屋、证券、商业利益转移的资产丰富的个人，在谈及与艺术品分离的前景时，有时会选择逃避现实。然而，健全的艺术品收藏管理要求收藏家抽出时间考虑其艺术品的最终处置。这不仅决定藏品将在不久的将来流向何处，还要考虑对藏品可能产生的长期影响。

正如本书试图强调的那样，拥有艺术品是一种责任 —— 并不是每个人都愿意承担这份责任。父母可能希望这些艺术品留在家里，但孩子可能并不总是最合适的继承人。由于收藏是一项个体、私人的努力，孩子们往往与他们的父母有不同的品位，对艺术的热情也不尽相同。又或许他们只对某几件作品感兴趣。因此，与家庭成员、其他潜在继承人或受赠人，开诚布公地讨论他们是否真的想要这些作品，以及他们是否有能力维护这些作品是非常重要的。或许也有必要对这些人进行培养，让他们了解作品的出处和价值，以及获得艺术品拥有权后的潜在负担。

例如，两个女儿继承了父母的现代艺术收藏，每人各分得一半。父母去世后，小女儿几乎立即就卖出尽可能多的作品，也失去了这些作品在接下来的 10 年中的巨大升值。即使她知道自己父母的收藏很有价值，但由于她对艺术市场知之甚少，所以也不会知道自己所拥有的作品价值在未来很快就会飙升。

而性格更感性的大女儿坚决不出售父母收藏的任何作品。她决定把自己拥有作品的一半留给自己的 4 个孩子，维护家族的遗产。在与美国国税局就遗产税缴纳问题上进行了一场斗争后（遗产估价由颇有进取心的拍卖行操作，并被税务机关标记了），在接下来的几十年里，无论是重要的还是不重要的作品都被堆放在家中各处的橱柜中，墙上仅有的空间都挂着家人自己的照片。4 个孩子在与母亲不同的情感环境和经验范围中长大，对他们而言，那些被放在柜子和阁楼里的作品与他们自己毫无关联，只是母亲决心要呵护的家庭遗产。

这个故事的寓意是，对于藏品受益人或艺术品来说，两位遗产继承人的处理方式都不是最佳选择。虽然没人能确定未来的市场，也没人能预测自己子女的变化倾向，但在以上的两个例子中，如果能够做一些计划并进行良好的咨询或公开讨论，本可以取得更好的结果。

完善的遗产规划目标是：（1）确保艺术品的处置符合收藏家的意愿；（2）尽量减少遗产税负担。理想情况下，这个计划是与税务顾问、财务规划师、信托和遗产律师、保险经纪人与藏品管理负责人合作完成的。然而，这个过程并不总是简单的。与传统的流动资产不同，艺术品呈现出的独特细微差别和挑战，是许多专业人士都无法应对的，而且，财务人员和藏品管理人员之间可能会发生冲突。因此，建议寻求具备处理艺术经验的专家。

根据 2017 年的《减税和就业法案》，在 2026 年之前，每位美国居民在财产低于 1158 万美元时享有联邦遗产税豁免（根据当时的通货膨胀指数，这一数额回到了 500 万美元）。[8] 法律还允许尚在世的配偶使用已故配偶去世前未使用过的豁免。当收藏家死亡时，考虑到其他适用的豁免和扣除（如婚姻扣除）后，对遗产中超过以上数额的任何财产，将征收最高达 40% 的联邦遗产税。该税必须由遗产执行人在收藏家死亡之日起 9 个月内支付。各州的遗产和继承税法律各不相同，可能也要考虑在内。由于其目的是保护受益人免受不必要的负担，因此收税人有必要提前考虑所有的战略，并利用有利的税收方法。

收藏家离世的情况下处理其艺术品时，它的价值不再是原始购买价格（收藏家收藏的"基价"），而是收藏家离世前已"逐步增值"的公平市场价值。在这一点上，作品的估值对结果至关重要。[9] 有时，特别是遗产中的艺术品得到极大升值的情况下，可能会为了偿还遗产税债而不得不出售继承的作品。在第一章（"限制"，第 57—59 页）中提到的索纳本德的案例中，艺术品经纪人的继承人被迫出售价值 6 亿美元的艺术品，以支付 4.71 亿美元的州和联邦遗产税。[10] 在这种情况下，不仅遗产会产生大量的交易成本，[11] 而且作品可能会被迫在不理想的市场条件下出售。如果艺术品市场在这段时间崩溃，对继承人来说后果不堪设想。

生前赠予

年度赠予免税额

生前赠予是一个明智的选择，因为这样一来艺术品的增值不会被计算到遗产总值中。从 2019 年开始，每位美国人每年可向不限数量的受益人捐赠 1.5 万美元，并无须缴纳赠予税，这就是所谓的"年度赠予税免税"。而配偶双方的免税额度加起来，有对外赠予 3 万美元的额度。这类赠予也可交由信托机构代管。收藏家死后，任何超过免税限额的赠予将从 1158 万美元（将经通货膨胀调整）遗产税豁免中扣除。对于藏品买入时价值不那么高但升值潜力很大的收藏家来说，这种免税的终身转让可能是一个非常好的选择。

然而，收藏家对于赠予的艺术品的拥有及保管要小心谨慎。收藏家应意识到，如果已将一幅油画赠送给了子女，却依然把它悬挂在自己的客厅中，那么在他死后，这幅画仍会被纳入财产税中计算。换句话来说，收藏家需要遵守赠予的规定，这包括赠予的契约文件以及从收藏家保单中移除作品的证明文件。此外，以低估值的方式赠予艺术品的做法可能很诱人（艺术品赠予和现金礼物不同），但此举有可能遭到审计，任何虚假陈述的后果都是很严重的。

此外，被赠予礼物的人将承担捐赠者现有的税基，这意味着他日后出售作品时也要承担更高的资本利得税。所以收藏家应衡量该税是否比遗产税更节省。

慈善捐赠

在有生之年进行慈善捐赠是减轻遗产负担和保存遗产的一种最有效的方法。在美国，法律对于慈善捐赠非常慷慨，这在一定程度上解释了为什么纽约大都会艺术博物馆 92% 的收藏都由收藏家的私人捐赠构成。[12]

美国《税法典》允许个人在向公共慈善机构或私人基金会捐赠艺术品的情况下，将所捐赠的艺术品的公平市场价值从个人所得税中扣除，也不会将艺术品的增值（资本收益）计入其应税收入。[13]这意味着，如果收藏家以 1 万美元的价格购买了一件艺术品，而该作品的价值已增长到 5 万美元，那么可从个人所得税中扣除 5 万美

元的慈善捐赠。这样，这位税率为 35% 的收藏家可因此节省 1.75
万美元的联邦所得税，从最初 1 万美元的购买中获得 7500 美元的
利润，同时还享有了作品多年的所有权。[14] 如果捐赠品的价值超过
了捐赠者调整后的总收入限额，则此类减免最长可延期 5 年。但是
这需要符合一些条件，毕竟相关法规是经过数十年的发展和修改而
形成的一项复杂的法律。由于规则众多，因此及时了解国会可能颁
布的任何变化是非常重要的。一般来说，艺术品的慈善转让需要满
足以下条件。

用途相符规则

任何被赠予的艺术品必须与其接受机构的目的相符，这是满足
减免规定的前提。所以捐赠给艺术博物馆或以艺术为中心任务的
"501(c)(3)"（非营利）组织机构，是满足减免条件的。相反，给一
家医院捐赠一件艺术品用于慈善拍卖，是不符合这一规定的（如果
用途不相关，则减免的部分将是成本基础和公平市场价值中较小的
一个）。为满足这个用途相符规则，博物馆或实体 3 年内不得出售
该作品。

公益慈善

捐赠的对象必须是公益慈善或私人运营的基金会。如果作品被
赠给私人非经营性的基金会（其资源用于造福其他组织的私人自主
基金会），其减免额度将不能超过作品的税基。针对上文提到的例子，
如果是 1 万美元，则减免至多仅能到调整后总收入的 20%。

合格的评估师

那些价值超过 5000 美元的艺术品，必须在捐赠日起的未来 60
天内提供合格的估价文件（见第三章，"价值评估与鉴定估价"，
第 109—113 页）。估价文件的重要性再怎么强调也不为过，因为如

果评估师被认定不合格，美国国税局会毫不犹豫地对作品价值提出诉讼，减免也可能会被取消。[15] 在一个案例中，一位评估师对自己的捐赠作品进行了估价，并因此损失了 2000 万美元的减免，因为他不是无利害关系方，于是不被国税局认可。[16] 超过 5 万美元的捐赠会自动由国税局艺术评估服务部门负责，他们也会与国税局的艺术顾问委员会（The Art Advisory Panel）共同协商（见第 325—326 页）。

资本利得财产

为了享受减免，该财产必须是长期资本收益财产，而并非普通收入涉及的财产。这意味着收藏家至少需持有作品一年以上（否则会被视为短期资本收益）才能捐赠，如果出售也不会产生损失。

国税局 8283 表格

对于价值 500 美元或以上的艺术品的慈善捐赠，美国国税局表格 8283 "非现金慈善捐赠" 必须与纳税申报表一起提交。对于价值 2 万美元或以上的艺术品捐赠，必须在纳税申报单上附上由合格评估师签署的估价书。表格 8283 还包含一份受赠人必须填写并签署的赠予确认书。该确认书还确认赠予财产将由受赠机构持有至少 3 年，否则必须向捐赠人和美国国税局报告。

利益让渡

只有当艺术品的所有者放弃对其使用、占有或享受的所有权利时，才可以为艺术作品申请慈善赠予的减免。换句话说，如果艺术品在契约所注明的赠予日期之后的任何一段时间内，仍挂在收藏家的墙上，则收藏家不得享受慈善赠予的减免。

不遵守这些条件的后果是严重的。因此，让会计师或律师审查任何此类捐赠文件是很重要的，以确保记录完整、价值评估完整，并包含所有必需的组成部分，以及适当市场中的可比价格。

公平市场价格减免的例外情况

在某些情况下，慈善捐赠也不能让捐赠人获得公平市场价值的减免。

如果所捐赠的艺术品是从艺术家那儿收到的礼物，收藏家仅能获得成本扣除——艺术家材料的成本。所以收藏家应始终支付一些费用来购买艺术品，并向艺术家索要收据。

对于向非美国慈善机构进行赠予（除非在赠予方逝世时）的情况，也将仅限于成本费的减免。但是，如果是赠给美国的"友国"的慈善机构，则可以免除全部的市场价值。同样，艺术品捐赠给慈善拍卖，也仅能享受基于成本费的减免。

最后，如果捐赠人的纳税身份是投资者或通过艺术品盈利的人（如艺术品经纪人），则也能够减免成本费。

部分赠予

部分赠予曾在美国收藏圈中十分流行，因为它利用了税收的漏洞，允许收藏家在满足相关使用规则和上述其他条件的情况下，不仅可以享受税收优惠，还能延长持有艺术品的享受（部分赠予对博物馆来说也是相当有益的方式，因为博物馆是这类赠予的主要接受者）。

然而，2006 年开始对部分赠予实施了限制，因此依赖这种做法的收藏家越来越少。[17] 不同于以前，基于最开始捐赠时的公平市场价值的任何升值都不可能被计入减免范围。捐赠人只能从最初捐赠时决定的原始公平市场价值的剩余部分计算减免。此外，如果作品在首次部分赠予后的 10 年内未被完整捐赠，捐赠者将被要求向国税局偿还之前扣除的部分，以及利息和罚款。另一项要求是，接收机构必须"实质性地拥有"受赠份额对应的作品。也就是说，如果收藏家捐赠了一件艺术品的 50%，受赠者应在 50% 的时间内拥有该作品。[18] 这种安排需要进行仔细的计划，并要考虑到各方拥有的时间和有关的责任，例如保险和运输。

代替选择开设私人博物馆（见第九章"私人基金会和博物馆"，第 282—295 页），或是收藏家随着年龄增长和优先事项的改变不再想要继续时，越来越多的收藏家考虑建立公私合作伙伴的关系，即把收藏品或部分收藏在指定条件下捐赠，使之能最终为双方所用。

赠予时需考虑的问题

除了考虑税收优惠外，收藏家也应好好考虑这些即将赠送的艺术品的最佳归宿。哪里对艺术品来说最好？哪个机构最需要这件作品？博物馆能否如收藏家所期待的那样护理和展示这些作品？是否有与收藏相关的教育项目？

代替选择开设私人博物馆（见第九章"私人基金会和博物馆"，第282—295页），或是收藏家随着年龄增长和优先事项的改变不再想要继续时，越来越多的收藏家考虑建立公私合作伙伴的关系，即把收藏品或部分收藏在指定条件下捐赠，使之能最终为双方所用。

居住在迈阿密的收藏家艾拉·丰塔纳尔斯－希斯内洛斯（Ella Fontanals-Cisneros），已将她杰出的拉丁美洲艺术收藏中的一部分赠送给了西班牙政府，这部分藏品将在塔巴卡莱拉（Tabacalera）艺术空间（曾经是一家马德里的烟草工厂）的5000平方米的侧翼楼占据一块永久展出的空间。

如第九章所述（见第286页），收藏家艾瑞卡·霍夫曼在自己柏林的私人住宅中定期与公众分享她的当代艺术收藏25年之后，决定将1200幅作品捐赠给德累斯顿国家艺术收藏馆（Dresden State Art Collection），而不是柏林博物馆。该馆同意不会孤立地展出这些作品，而是将其纳入德累斯顿国家艺术收藏馆的所有研究和展览项目中，以拓展新的联系与发现。

有时，收藏家也会考虑把作品赠送给与母校相关的机构或位于家乡的机构。位于俄亥俄州哥伦布市的收藏家荣恩（Ron）和安·皮祖蒂（Ann Pizzuti）入选了ARTnews（艺术新闻网站）"国际收藏家200强"名单，他们于2011年在哥伦布创立了非营利机构皮祖蒂收藏（Pizzuti Collection），并于2014年开设了一家私人博物馆。5年后，在2019年，他们向哥伦布艺术博物馆捐赠了整座经过翻新的建筑，以及40幅当代艺术作品。哥伦布艺术博物馆的皮祖蒂收藏不仅能确保收藏家的遗产得到保护，同时也提升了博物馆的地位。

赠予的决定可以取决于赠予者与策展人的关系，或藏品在公开展出时与某些机构建立的关系。而其他时候，往往会选择最具有意义的那一方。对于美国收藏家哈里·C. 西格曼（Harry C. Sigman）来说，他会将所收藏的德国和奥地利装饰艺术作品捐往的机构只有一个：纽约的新画廊。这是美国唯一一家专门收藏同一时期德国和奥地利艺术品的博物馆。[19]

有时情况可能比较复杂。博物馆通常不愿接受赠予；即便博物馆接受了赠予，也可能无法满足捐赠者的特定期待，例如无法将这些作品一起展出，或完全不被展出（平均而言，博物馆有 80% 的藏品都被保存在仓库中）[20]。

1988 年，颇具影响力的艺术品经纪人和收藏家海因茨·伯格鲁恩（Heinz Berggruen）向纽约大都会艺术博物馆捐赠了保罗·克利（Paul Klee，1879—1940 年）跨越其职业生涯的 90 件作品后，他对这些作品未能全部展出表示遗憾，并感叹道："我无条件地捐赠了这些作品，结果却让我上了一课。"[21] 伯格鲁恩觉得自己特殊的作品在这样一个百科全书式的博物馆中"迷失"了，这件事无疑对他后来的慈善事业造成了影响。正如许多媒体报道的博物馆藏品退藏案例，机构甚至可能会在未来几年出售其收藏品中的受赠作品。[22]

重要的是要记住，收藏家对赠予藏品施加的任何限制条件都可能导致受赠方拒绝受赠。例如，纽约现代艺术博物馆不接受带有退藏限制的遗赠，因为在未来，并非所有当代艺术作品的购藏都会有充足的资金。[23] 因此，考虑到这一点，相较这些大型博物馆，较小的地区性博物馆以及那些拥有教学收藏的大学博物馆，可能对某些赠予的接受度更高。

综合考虑这些可变因素，收藏家应该为捐赠过程留出足够的时间，并思考什么对个人最重要。这样的谈判通常需要几年的时间。因此，应尽早开始规划收藏的处置，考虑收藏或部分收藏能够产生最大影响的地方。

降价出售给博物馆

对于那些价值不菲的重要艺术品，收藏家可能会考虑以较低的价格出售给博物馆。这样做不仅让资金紧张的博物馆能够获得理想的藏品，同时收藏家也能获得一笔收入或用于支付遗产费，而且因售价降低，需缴纳的税金也相应减少。例如，当一家博物馆在柏林成立以展示伯格鲁恩的藏品时，该市的国立博物馆以当时市值的1/10，即1.29亿欧元购得了这些作品。这种对税收有利的策略被称为"低价交易"，它对双方都有好处，既为收藏家提供了现金，同时又保留了遗产，还可以大大增强城市收藏品的影响力。

离世时的遗产处理

有些收藏家选择离世时再与自己的收藏品分别，将藏品遗赠给继承人、机构或某个实体。而死后财产分配往往是通过遗嘱或信托进行的。如上文所述，在美国，每个人生前或过世时可免税的赠予金额为1158万美元（2020年经通货膨胀调整后），即"基本遗产税排除"。在考虑了其他使用的免税和扣除上，如果仍超出免税额，则该遗产应缴纳联邦税。

不过，如果把收藏留给慈善组织（无论是公共慈善机构还是私人运营基金会），则可以享受等同于艺术品全部市场价值的慈善减免。[24] 与生前赠予不同，离世时的这种捐赠不受使用要求的限制，只要该组织符合《国内税收法典》第501（c）（3）条的免税条件，也完全可以将藏品转移到外国的慈善组织。如在最近的一项裁定中，美国国税局判定，计划所有者（一位孀居的女士）逝世时向两家非美国博物馆赠予艺术品，对于赠予税而言也是有效的，即使该所有者在她的余生仍持有这些艺术品。[23] 这标志着美国联邦所得税与慈善艺术捐赠的赠予税待遇之间的另一个区别。这个裁定也标志着美国联邦所得税与赠予税在艺术慈善捐赠上处理的不同。

美国国税局要求对价值超过 3000 美元以及 1 万美元的藏品进行评估（而遗产价值达到 2 万美元或更高的收藏家，他们需要在申报遗产税时提交与该作品有关的各种详细信息以及高清照片）。

鉴定遗产内容

为了方便遗产的处置，收藏家是在生前还是在离世时分配的艺术品需要清楚地区分。最好的办法是在与艺术品所有权相关的所有文书上（包括遗嘱、信托和礼物契约）附上一份有插图的藏品管理系统报告或评估文件。与艺术品相关的所有记录也应包含在转让中，收藏家应确保各方都能完全地理解记录的内容（见第二章"库存管理"，第 82—107 页）。

信托、基金会和有限责任公司

收藏家的另一个选择是将其收藏转移给信托或基金会，通常按照所在州的法律和报告要求性质来决定选择哪一种。不过有些地区的要求可能很烦琐。这种方法不仅可以有效地避免遗产税，同时对资产也能保持一定的控制权。尽管对各类基金会和信托的可能性［例如克鲁米信托（Crummey Trusts）或授予人保留年金信托（Grantor Retained Annuity Trusts，简称 GRATs）］一起影响的讨论超出了本章的范围，但信托和基金会可以为关注其艺术品命运的收藏家提供可行的、有创造性的解决方案。

比如说，服装零售商 GAP 的创始人唐（Don）和多丽丝·费舍（Doris Fisher）多年来收集了许多杰出的当代艺术作品。当他们位于旧金山的普雷西迪奥公园创立博物馆的梦想落空时，他们通过建立信托，并通过该信托将藏品借给旧金山现代艺术博物馆 100 年（可再续期 25 年），就像与被纳入该馆永久收藏的一部分藏品一样。博物馆将建立一个特别的侧厅来展示他们的藏品，并在其资助下维护和展示艺术品。费舍的继承人用信托来保持对藏品的控制，该信托规定：（1）新馆陈列的作品中有 75% 必须是费舍的藏品；（2）最重要的作品必须每 5 年展出一次；（3）只有在升级收藏和与收藏策展人（对某些作品拥有否决权）协商后才能够退藏藏品。[26] 这种创造性的安排是双赢的，不仅留下了收藏家的重要遗产，还将博物馆推向了首要的位置。

例如上一章中讨论的，有另一群收藏家，通过开设私人基金会与公众分享其收藏品，同时保持对收藏品的控制权，并在有生之年从某些税收减免中受益。但如前所述，在收藏家过世后，这些收藏的去向我们还有待观察 。

收藏家还可以采用的一种税收策略是将艺术品转交给有限责任公司（LLC），并将实体的权益转移给家庭成员或信托。这种做法允许收藏家通过实体保持对收藏品一定程度上的控制权，同时可以降低收藏家去世时遗产的价值。但需要注意的是，实体需要具有合法的经营目的，收藏家对其的控制权也不宜太多。[27]

美国国税局与价值评估

从事遗产方面的律师表明，当遗产中涉及艺术品时，令他们感到惊讶的是许多平日的守法公民会选择（甚至急于）欺瞒税务。收藏家或者从收藏家那里继承了艺术品的人，通常认为他们可以向美国国税局隐藏遗产中的艺术品，尤其是在没有已知的公开文件记录（比如保险明细表）的情况下。然而，殊不知这是一场冒险的赌博。由于税务欺诈没有诉讼时效，这意味着继承人，甚至其后代，都需背负税务，加上巨额的利息以及罚金。

正如第三章所提到的，收藏家与美国国税局之间最常见的战争毫无意外地都围绕着艺术品估值，无论是为了赠予、慈善捐赠，还是为了去世时计算遗产税。[28] 美国国税局的艺术顾问委员会每年召开两次会议，负责对报价在 5 万美元及以上的艺术品或文化财产进行评估。艺术顾问委员会由选定的艺术品经纪人、策展人、拍卖专家等组成，"在纳税人根据《国税法》为了缴纳联邦所得税、遗产税、赠予税提报艺术品的公平市场价值，并提交佐证价值的财产评估文件时，艺术顾问委员会协助国税局来审查和评估认定是否接受纳税人的价值评估文件"。[29] 国税局的决定是最终判决（尽管人们可以像索纳本德的继承人那样，上诉税务法庭与国税局进行抗争），所以如果艺术品被视为估值不当，纳税人可能面临惩罚。

如果艺术顾问委员会审查后的结果是要让纳税人接受审计，这个结果可能会十分痛苦。一旦被审计，需要支付欠款的概率相当大。例如，在 2017 年，评估委员会仅通过了提交上来的 37% 的评估文件，并建议对其余价值进行调整。[30]

收藏家还需考虑国税局的估值对在世时的基本遗产税豁免的影响。如果收藏家的遗产中包括一件价值 1000 万美元的艺术品，那么根据 1158 万美元的通货膨胀后的计算，有可能该作品是无须缴税的。但如果国税局随后认定这件艺术品的实际价值超过 1500 万美元，则收藏家可能因此缴纳 342 万美元的税款，还有利息和罚金。因此，也许收藏家没有余下的资金能支付这笔税款。对于那些可能会引起税务机关注意的大型遗产，最好在估值时偏高一些。

艺术收藏是收藏家这一生中工作与热情的写照。正如维护一件收藏需要时间和精力一样，藏品的命运也需要细致和深思熟虑的计划。那些多年来有效管理藏品的收藏家，在艰难地和其珍贵的艺术品分开时，将会得到有意义的、深刻的收获。

后记

　　艺术品的收藏就像一段旅行，一开始只是旁观，接着是开始购买、持有收藏，到最后选择不再持有藏品。整个过程中，为了藏品的完整和价值，对收藏的管理和护理是不可忽略的。

　　没有收藏家就没有艺术品市场 —— 全球艺术市场的价值估算已超过 670 亿美元，不同类别的收藏家进入市场的原因也各有不同。与此同时，全球化、技术进步，以及随之而来的市场专业化和产业扩张都给艺术界收藏建立、维护以及使用的方式带来了变化。此外，由于艺术品价值不断攀升，也导致收藏的风险越来越高，这就要求收藏家对所获得的作品的持有和出售方式保持密切关注。

　　拥有艺术是一种责任。从收集和保存与每件藏品有关的信息那刻起，这份责任就已存在。无论是作品出处、价值，还是作品状况，这些信息都需逐年持续更新。无论是决定如何安全快速地将作品从A点转移到B点、如何展示作品、如何最好地保护作品不受损坏、是否（及如何）为作品投保，藏品管理都需要持续不断地投入和参与。

　　在投入了如此大量的资源和精力后，收藏家比任何时候都期待人们分享他们的艺术品。他们会通过网络平台，利用新的公开发布手段，向受众群体开放自己的私人收藏，并建立公共和半公共空间向公众分享他们的收藏，有些分享形式还很新颖。在这个过程中，无论从收获知识上，还是从社会或经济效益上来说，都是受益的。

　　艺术品价值的攀升和金融市场的不稳定，收藏家和其他艺术品买家发现，无论是有心还是无意，都可通过艺术品投资获利。对一些人而言，艺术收藏已成为一种可行的流动性资金来源，可能在需要时提供宝贵的货币来源。不过，这也意味着会有更多的人觊觎收藏家的资产或寻找漏洞。所以，对市场及收藏相关的各个方面的充分了解变得十分重要。

当涉及最终要与一件艺术收藏品分离的事务时，作品的升值可能是最关键的问题。在合适的时间，以合适的价格通过理想的方式出售艺术品，需要对艺术市场有所了解。而将艺术品赠给个人或机构，或者纳入遗产规划，则涉及充分的远见以及向大量专业人士咨询。而多年来一直积极管理自己的收藏的人，也最知道如何在获取利益的情况下与自己的藏品作别。

在大多数情况下，拥有艺术品的过程往往充满持续的快乐、喜悦，甚至会改变拥有艺术品的人，越是亲力亲为，就越能亲身体验到这样的感受。掌握本书中的内容能使这份体验变得更轻松，也更加丰富。

在此，强烈鼓励收藏家了解自己拥有的每件艺术品收藏：对它们进行检查、研究、记录，了解如何安装，跟踪它们的市场，保护它们，了解如何运用它们及为它们做规划，并让自己安静地陶醉其中。

注释

除非另有说明，否则在线参考资料在 2019 年 7 月—2020 年 1 月期间可访问。

前言

1 《艺术市场报告》（*The Art Market*），克莱尔·麦克安德鲁（Clare McAndrew）著，收录于《2020 年巴塞尔艺术展与瑞银环球艺术市场报告》。

2 这一形容出自维尔纳·穆恩斯特伯格（Werner Muensterberger）对收集的经典心理学研究，见《难以驾驭的收藏激情》（*Collecting: An Unruly Passion*），普林斯顿大学出版社，普林斯顿，1994 年。

3 "艺术费用如何累积"（How Art Expenses Stack Up），塔拉·洛德·威尔金森（Tara Loader Wilkinson）2010 年 9 月 19 日发表于《华尔街日报》。

第一章

1 出自普莱斯在美国艺术经纪人协会收藏家论坛（ADAA Collectors' Forum）"穿越世纪的收藏：21 世纪收藏中的古典大师"（Collecting Across the Centuries: Old Masters in 21st Century Collections）上的发言，弗里克收藏馆，纽约，2011 年 1 月 19 日。

2 "从愿望清单到收藏"（From Wish List to in Collection），伊丽莎白·桑塞尔·库贾夫斯基（Elizabeth Szancer Kujawski）著，收录于《罗纳德·S. 劳德收藏：公元前 3 世纪到 20 世纪的德国、奥地利和法国精选藏品》（*The Ronald S. Lauder Collection: Selections from the 3rd Century BC to the 20th Century—Germany, Austria, and France*），新画廊编著，普雷斯特出版社出版，慕尼黑、伦敦和纽约，2011 年。

3 有关于沃格尔夫妇完整的、鼓舞人心的故事，请参考这部精彩电影：《赫伯和多萝西：不必成为洛克菲勒也能收藏艺术品》（*Herb & Dorothy: You Don't Have to be a Rockefeller to Collect Art*），由佐佐木芽生（dir. Megumi Sasaki）指导的艺术电影，2009 年由 Curiously Bright Entertainment（奇异的明亮娱乐）和 LM Media（LM 媒体）制作发行。

4 链接：https://vogel5050.org。

5 纽约佳士得的一场名为"来自克拉克收藏的埃德·鲁沙的 35 件作品"拍卖会上，一幅 1969 年创作的限量石版画《眼睛》（*Eye*）估价在 6000~8000 美元之间，最终在拍卖会开始的数分钟内以 5.625 万美元被拍出。

⑥ 买得起艺术节（The Affordable Art Fair）1999 年创立于伦敦，官网：www. affordableartfair.com。

⑦ 出自与藏品经理塔莎·塞伦（Tasha Seren）2013 年 7 月 31 日的往来邮件。

⑧ 在欧洲更受欢迎的称谓是"画廊老板"（Gallerist），因为他们觉得"经纪人"似乎太过直白也太商业——尽管两者从事的活动和一般规则基本相同。

⑨ 1971 年纽约城制定价格真相法（Truth in Pricing law）后，所有零售机构，包括画廊，都必须在显眼的地方张贴价格。

⑩ "优先购买权是令人无法拒绝的提议吗？如果书面上有此一条，那么可能确实如此"（Is a Right of First Refusal an Offer You Can't Refuse? If It's in Writing, Most Probably），艾米·J. 戈德里奇（Amy J. Goldrich）著，收录于《斯宾塞的艺术法期刊》（Spencer's Art Law Journal），罗纳德·D. 斯宾塞（Ronald D. Spencer）编，2011 年春季第 2 卷第 1 号第 5—9 页。

⑪ "在法律诉讼中描述驱逐一些收藏家的艺术'黑名单'"（Lawsuit Describes Art 'Blacklist' to Keep Some Collectors Away），兰迪·肯尼迪（Randy Kennedy）2010 年 4 月 17 日发表于《纽约时报》（The New York Times）第 C1 页。

⑫ 《杜维恩：有史以来最惊人的艺术品经纪人》（Duveen: The Story of the Most Spectacular Art Dealer of All Time），S.N. 贝尔曼（S.N. Behrman）1959 年著，小书屋出版社出版，纽约，2003 年。

⑬ 《统一商法典》第 2.401（2）条。

⑭ 《艺术市场报告》，麦克安德鲁著，收录于《2019 年巴塞尔艺术展与瑞银环球艺术市场报告》。

⑮ 2008 年赫斯特在伦敦苏富比进行了名为"美丽永驻我头"（Beautiful Inside My Head Forever）的拍卖会，这一举动引人注意的众多原因之一，在于个人艺术家的作品直接在专门的拍卖会上出售，将艺术品经纪人排除于一级市场之外。

⑯ 直至 2020 年，佳士得拍卖行对最开始的 30 万美元收取 25% 的费用，30 万（不包含）~400 万美元（包含）收取 20%，高出 400 万美元的其余部分则收取 13.5%。

⑰ "亿万富翁被一件委拉斯凯兹 1400 万美元的'合理'价格吸引到了 2013 年马斯特里赫特·欧洲艺术博览会"（Billionaires lured to TEFAF Maastricht 2013 by 'reasonably priced' $14 million Velazquez），斯科特·雷伯恩（Scott Reyburn）2013 年 3 月 14 日发表于《每日艺术》（ArtDaily），链接：https://artdaily.cc/news/61296/ Billionaires-lured-to-TEFAF-Maastricht- 2013-by--reasonably-priced---14-million- Velazquez-#.XmGlTZNKjow。

18　《艺术市场报告》，麦克安德鲁著，收录于《2019 年巴塞尔艺术展与瑞银环球艺术市场报告》。

19　Paddle8 的联合创始人阿迪亚·朱尔卡（Aditya Julka）在纽约苏富比艺术学院的演讲。

20　"2018 年线上艺术市场增长达 9.8%——及 2019 年希斯考克斯报告中的其他关键要点"（The Online Art Market Grew 9.8% in 2018—and Other Key Takeaways from the 2019 Hiscox Report），本杰明·萨顿（Benjamin Sutton）2019 年 4 月 5 日发表于 Artsy。

21　2018 年，93% 的千禧一代高净值收藏家表示他们都曾在线上平台购买过艺术品，这与那些大多从未在网上购买过艺术品的婴儿潮一代形成鲜明对比。收录于《艺术市场报告》（2018 年），麦克安德鲁著，第 21 页，另见"2018 年线上艺术市场增长达 9.8%——及 2019 年希斯考克斯报告中的其他关键要点"，萨顿著。

22　"亚马逊宣布推出亚马逊艺术，在线上艺术品销售领域引起轰动"（Amazon Makes Splash in the Online Art Sales Space With the Announcement of Amazon Art），艾莉森·马拉弗朗特（Allison Malafronte）2013 年 8 月发表于《美术鉴赏家》（Fine Art Connoisseur）线上刊。

23　"前泽友作和全球其他收藏家从卓纳画廊虚拟的'线上巴塞尔'画廊抢购数百万美元的艺术品"（Yusaku Maezawa and Other Global Collectors Snap Up Millions of Dollars in Art from David Zwirner's Virtual 'Basel Online' Gallery），安德鲁·戈德斯坦（Andrew Goldstein）2019 年 6 月 12 日发表于 Artnet。

24　"在拍卖会上售出的第一幅人工智能生成的肖像以 43.25 万美元成交价打破预期——是其预估价的 43 倍"（The First AI-Generated Portrait Ever Sold at Auction Shatters Expectations Fetching $432,500—43 Times Its Estimate），艾琳·金斯拉（Eileen Kinsella）2018 年 10 月 25 日发表于 Artnet。

25　"艺术品的销售价值为 0，税单为 2900 万美元？"（Art's Sale Value? Zero. The Tax Bill? $29 Million），帕特里夏·科恩（Patricia Cohen）2012 年 7 月 22 日发表于《纽约时报》第 A1 页。

26　电子商务正在改变特定地区中对于"经商"的定义，这也使得美国州际税收考量变得复杂。见 2018 年南加州诉美国电商公司 Wayfair（一家美国电子商务公司）等（编号 138 S. Ct. 2080）一案。

27　"科兹洛夫斯基销售税交易"（Kozlowski Sales Tax Deal），唐恩·扎雷茨基（Donn Zaretsky）2006 年 5 月 14 日发表于艺术法博客（The Art Law Blog）上。

28　"在俄勒冈博物馆的展示使中标杰作得到税收减免"（Oregon Museums Dangle Tax Breaks in Bid for Masterpieces），金斯拉 2014 年 6 月 14 日发表于 Artnet。

29　"中国严打进口艺术品逃税行为"（Two Arrests in China Unnerve Artworld）， 杰 安 迪（Andrew Jacobs） 和 克 莱 尔 · 佩 宁 顿（Clare Pennington）2012 年 7 月 17 日发表于《纽约时报》第 C1 页。

30　"咖啡经济正在陷入停滞吗？"（Is the Coffee Economy Grinding to a Halt?），夏洛特 · 伯恩斯（Charlotte Burns）和查曼 · 皮卡德（Charmaine Picard）2012 年 11 月发表于《艺术报》[Art Newspaper，与《艺术新闻》（The Art Newspaper）不同] 第 22 卷第 240 号第 9 页。

31　链接：www.sothebys.com/content/dam/sothebys/PDFs/Droit%20de%20Suite.pdf。对于这点我们尚不可知英国脱欧后是否会发生变化。

32　关于艺术界缺乏透明度的讨论由来已久。专业人士在不同的会议中均讨论过这一话题。例如 2011 年 3 月 3 日，《艺术新闻》与美国艺术经纪人协会联合举办的"市场透明度"艺术产业峰会等活动。相关的文章包括：伯恩斯 2010 年 5 月发表于《艺术新闻》第 18 卷第 213 号第 1 和第 8 页的"法庭争端引发对艺术市场保密性减少的呼吁"（Court Battle Fuels Calls for Less Art Market Secrecy）； 梅兰妮 · 格莉丝（Melanie Gerlis）2013 年 5 月发表于《艺术新闻》第 246 号的"艺术基金呼吁提高透明度"（Art Fund Calls for Greater Transparency）； 以及罗宾 · 波格雷宾（Robin Pogrebin）和凯文 · 弗林（Kevin Flynn）2013 年 1 月 27 日发表于《纽约时报》第 A1 页的"艺术拍卖市场的猫腻"（As Art Values Rise, So Do Concerns About Market's Oversight）。这类讨论虽然一直持续，但近几年来情况却鲜有改变。不过欧盟的《反洗钱 5 号令》中包括了艺术品交易，这一预期指导一旦在 2020 年发布，应该会产生影响。

33　《视觉艺术与法律：一本专业人士手册》（Visual Arts and the Law: A Handbook for Professionals）， 朱迪斯 · 普罗达（Judith Prowda）著， 第 171—182 页，伦德 · 休姆夫雷出版社（萨里郡法纳姆）和苏富比艺术学院（伦敦和纽约校区）联合出版，2013 年。

34　见链接：www.collegeart.org/guidelines/histethics，第 4 节。

35　利奥波德博物馆最终于 2010 年 7 月同意向邦迪的继承人支付 1900 万美元。关于这一重要案件的完整概要及部分当事人在网络上的有趣交流，请参阅朱迪斯 · 多布林斯基（Judith Dobrzynski）2012 年 4 月 24 日发表于《艺术报》（仅限于在线版）的"是什么让沃莉肖像如此重要？"（What Makes the Portrait of Wally Case So Signifinant？）。 正如将在第四章中讨论到的那样，考虑到某件艺术品可能引出的一连串所有权问题，专门的保险最近被引入到市场中，以保护买家免受因所有权缺陷而导致的损失。

36 出自国际失踪艺术品登记组织总顾问克里斯托弗·A. 马里内洛（Christopher A. Marinello）2012 年 11 月 9 日在美国评估师协会和纽约大学继续教育学院举办的 "艺术法日" 研讨会（NYU-SCPS/AAA Art Law Day）"艺术法律与金融"（Art Financing and the Law）这一主题的发言。

37 完整的讨论见《视觉艺术与法律：一本专业人士手册》，普罗达著，第 222—238 页。

38 V&A 博物馆发布的 "堕落艺术"（原文为德语：*Entartete Kunst*）。

39 "一幅马克·坦西的画作，大都会艺术博物馆合法拥有其部分所有权，却被高古轩无意售出"（Met Museum Enters Legal Beef Over Its Mark Tansey Cow Painting, Unwittingly Sold by Gagosian），2011 年 5 月 11 日发表于布罗恩全球艺术新闻网（Blouin Art Info），如今线上已不可见，后重新发表于：https://www.artlistings.com/Magazine/ Met-Museum-Enters-Legal-Beef-Over-Its-Mark-Tansey-Cow-Painting-Unwittingly- Sold-by-Gagosian-71155。

40 链接：https://www.argolimited.com/aris/product/ know-your-title/。

41 "史上最大的艺术品伪作骗局？"（The Greatest Fake-Art Scam in History?），约书亚·汉默（Joshua Hammer）2012 年 10 月 10 日独家发表于名利场（Vanity Fair）网站。

42 "真假难辨的中国艺术品市场，谁在忽悠谁？"（A Culture of Bidding: Forging an Art Market in China），大卫·巴博萨（David Barboza），格雷厄姆·鲍利（Graham Bowley）和阿曼达·考克斯（Amanda Cox）2013 年 10 月 28 日发表于《纽约时报》。

43 如迈克尔·施纳耶森（Michael Shnayerson）2012 年 5 月发表于名利场网络版的文章 "艺术品来源的问题"（A Question of Provenance）中所指。

44 出自阿里斯产权保险公司总裁及联合创始人朱迪斯·皮尔森（Judith Pearson）2012 年 11 月 9 日在美国评估师协会和纽约大学继续教育学院举办的 "艺术法日" 研讨会 "真实性问题与法律"（Authenticity Issues and the Law）这一主题的发言。

45 帕特里夏·科恩在其 2012 年 6 月 19 日于《纽约时报》第 A1 页发表的 "在艺术中，表达的自由不适用于'艺术品的真假'这一问题"（In Art, Freedom of Expression Doesn't Extend to 'Is It Real?'）一文中对这个问题提供了一个彻底的检视。

46 出自苏珊·哈普古德（Susan Hapgood）和科妮莉亚·劳夫（Cornelia Lauf）为 2011 年 11 月 18 日—12 月 16 日于叩居艺术村工作室（KHOJ Studios）举办的展览"确实的契约——艺术中的真品证书"（In Deed: Certificates of Authenticity in Art）撰写的展览文本。

47 "莫瑞吉奥·卡特兰价值 12 万美元的香蕉的买家将该作称为'艺术界的独角兽'，并将其比作沃霍尔的汤罐"（Buyers for Maurizio Cattelan's $120,000 Banana Defend the Work as 'the Unicorn of the Art World,' Comparing it to Warhol's Soup Cans），卡琳·艾尔鲍尔（Carline Elbaor）2019 年 12 月 10 日发表于 Artnet。

48 《视觉艺术与法律：一本专业人士手册》，普罗达著，第 109 页。完整的讨论也可见于第 101—117 页。

49 2013 年马克·简克美术有限公司在纽约诉苏富比公司（Marc Jancou Fine Art Ltd. v. Sotheby's, Inc., 2013, NY Slip Op 04901）一案，也可见于特蕾西·兹维克（Tracy Zwick）2013 年 6 月 13 日发表于《美国艺术》（*Art in America*）的文章"苏富比和简克在上诉法院为了卡迪·诺兰德的艺术品开战"（Sotheby's and Jancou Battle in Appeals Court Over Cady Noland Artwork）：https://www.artnews.com/art-in-america/features/sothe-bys-and-jancou-battle-in-appeals-court-over-cady-noland-artwork-59382/。

50 "对于已拒绝承认的〈小木屋〉雕塑的修复，艺术家卡迪·诺兰德为此坚持法律斗争"（Artist Cady Noland Refuses to Give Up Her Legal Fight Over the Restoration of Her Disavowed *Log Cabin* Sculpture），莎拉·卡斯康（Sarah Cascone）2019 年 7 月 15 日发表于 Artnet 新闻。

51 为 2020 年 2 月 14 日可访问的链接中的内容，如今线上已不可见。

52 "理查德·普林斯抗议特朗普并退回收取的艺术品费用"（Richard Prince, Protesting Trump, Returns Art Payment），兰迪·肯尼迪 2017 年 1 月 12 日发表于《纽约时报》。

53 "布维尔事件"（The Bouvier Affair），山姆·奈特（Sam Knight）2016 年 1 月 31 日发表于《纽约客》（*The New Yorker*）。

第二章

1 处理材质脆弱的文档时，不建议佩戴白色保护手套（更多信息见第六章，"藏品护理面临的挑战"，"人为因素"，第223—224页）。

2 链接：www.artbase.com。

3 VPN 是指通过使用因特网让远程用户或旅行用户能通过身份验证后安全访问数据中心网络。由于 VPN 费用昂贵且不易安装，很快会被人们淘汰，很多人转而寻找其他远程访问方法，例如 GoToMyPC（www.gotomypc.com）。

4 出自 2019 年 11 月 9 日在收藏系统中提到的与创始人兼总裁埃里克·卡汉的对话内容：www.artlogic.net/clients/。

第三章

1 "艺术鉴定、价值与估价"（Art Appraisals, Prices, and Valuations），伊丽莎白·凡·哈布斯堡（Elizabeth Von Habsburg），雷切尔·古德曼（Rachel Goodman）和麦克安德鲁著，收录于《美术与高级金融：所有权经济学的专家建议》（*Fine Art and High Finance: Expert Advice on the Economics of Ownership*），麦克安德鲁编，第 36 页，彭博社出版，纽约，2010 年。

2 《养老金保护法》（*Pension Protection Act*）（第 109—280 号公法）120 Stat.780（2006 年），美国国税局公告 2006–96（IRS Notice 2006-96），查询链接：www.irs.gov/pub/irs-drop/n-06-96.pdf。

3 在 2006 年的《养老金保护法》规定下，有资质的鉴定师可能会因为准备不当的鉴定而被美国国税局处罚。链接：www.irs.gov/irm/part20/irm_20-001-012.html，第 12 大板块 "应用于错误鉴定的处罚"（Penalties Applicable to Incorrect Appraisals）中第一章 "处罚手册"（Penalty Handbook）里第 20 部分 "处罚与利息"（Penalty and Interest）。

4 "关于物质绘画的年龄与归属，材料可以告诉我们什么"（What Materials Tell Us about the Age and Attribution of The Matter Paintings），詹姆斯·马丁（James Martin）著，收录于《国际艺术研究基金会期刊》（*IFAR Journal*）2008 年第 10 卷第 1 号第 25—35 页。

5 2013 年 11 月 6 日，毕加索 1969 年的作品《管道火枪手》（*Mousquetaire à la pipe*）在纽约苏富比拍卖行以 3090 万美元的价格售出（估价在 1200 万—1800 万美元），创下了毕加索晚期作品的最高价。

6 "大都会博物馆完成了有史以来最大的购买"（The Met Makes its Biggest Purchase Ever），卡罗尔·沃格尔（Carol Vogel）2004 年 11 月 10 日发表于《纽约时报》第 E1 页。

7 该案最终被驳回。见朱莉娅·哈尔佩林（Julia Halperin）2012 年 4 月 8 日发表于布罗恩全球艺术新闻网的 "评估令人好奇的威廉·埃格斯顿案：作品收藏者真的能够阻止他制作出更多作品吗？"（Sizing Up the Curious New

William Eggleston Lawsuit: Can a Collector Really Stop Him From Making More Art?)。

⑧ 马丁·贝利（Martin Bailey）2017 年 11 月 14 日发表于《艺术新闻》的"佳士得发布达·芬奇作品《救世主》的状况报告"（Christie's releases condition report on Leonardo's *Salvator Mundi*)。

⑨ 丘博个人保险集团（Chubb Personal Insurance) 副总裁及全球美术业务经理多利特·施特劳斯（Dorit Straus）2010 年 11 月 12 日在美国评估师协会和纽约大学继续教育学院举办的"艺术法日"研讨会上的演讲："意外发生"（Accidents Happen）。

⑩ 关于这次事故的娱乐性描述，见尼克·鲍姆加滕（Nick Paumgarten）2006 年 10 月 23 日发表于《纽约客》上的"价值 4000 美元的一肘"（The $40-Million Elbow）。

⑪ 班克斯创作于 2006 年的作品《拿着气球的女孩》（*Girl with a Balloon*）遭遇部分粉碎之后更名为《爱在垃圾桶里》（*Love is in the Bin*）。

⑫ 见 2009 年 12 月 13 日《每日邮报》（*Daily Mail Online*）线上版："休·格兰特说：'我在醉酒状态下买下了伊丽莎白·泰勒手里的那幅画，获利 1100 万英镑。'"（Hugh Grant:'I was drunk when I bought Elizabeth Taylor painting that made £11m profit')。

⑬ 丹·杜雷（Dan Duray）2011 年 5 月 13 日发表于《观察家报》（*Observer*）线上版的"奇才卡赛再次拿下了富艺斯"（Wunderkind Kassay Takes Phillips, Again），链接：http://observer.com/2011/05/wunderkind-kassay-takes-phillips-again。

⑭ 沙恩·费罗（Shane Ferro）和雷切尔·科贝特（Rachel Corbett）2013 年 1 月 30 日发表于布罗恩全球艺术新闻网的"被艺术市场抛下的曾经十大轰动"（10 Former Art Sensations That the Market Has Left Behind）。

⑮ "艺术鉴定、价值与估价"，凡·哈布斯堡、古德曼和麦克安德鲁著，收录于《美术与高级金融：所有权经济学的专家建议》，麦克安德鲁编，第 36 页。

⑯ 理查德·波尔斯基（Richard Polsky）2008 年 8 月 27 日发表于《*Artnet* 杂志》（*artnet Magazine*）的"一位艺术品经纪人的回顾"（A Dealer Looks Back）。

⑰ 这一交易的 30 年前，巴斯奎特的这幅作品只需 1.9 万美元就能获得。

⑱ 在专业文献中，收藏家的乐趣通常被称为从美术投资得到的"精神回报"。相关概述见"论艺术投资回报分析"（On the Return of Art Investment Rerurn

Analyses），布鲁诺·S. 弗雷（Bruno S. Frey）和雷纳·艾肯伯格（Reiner Eichenberger）1995 年发表于《文化经济学期刊》（*Journal of Cultural Economics*）第 19 卷第 207—220 页。

第四章

1. "飓风桑迪造成的艺术保险损失可能达到 5 亿美元"（Art Insurance Losses from Hurricane Sandy May Reach $500 Million），阿兰·科津（Allan Kozinn）2012 年 12 月 31 日发表于《纽约时报》第 C3 页。
2. "空中博物馆"（A Museum in the Sky），2001 年 10 月 11 日发表于《经济学人》。
3. 出自安盛艺术品保险前总裁及前首席执行官克里斯蒂安·费舍尔（Christiane Fischer）2012 年 3 月 1 日于苏富比艺术学院的发言。
4. 这一香槟事故被丘博个人保险集团副总裁及全球美术经理施特劳斯 2010 年 11 月 12 日在美国评估师协会和纽约大学继续教育学院举办的"艺术法日"研讨会上的演讲："意外发生"的发言中提及。
5. 出自费舍尔 2012 年 3 月 1 日于苏富比艺术学院的发言。
6. 见施特劳斯 2010 年 11 月 12 日于纽约大学的演讲。
7. 出处同注释 6。
8. 贝式公司用字母等级为保险公司分级。见"保险与艺术市场"（Insurance and the Art Market），费舍尔和吉尔·阿诺德（Jill Arnold）著，收录于《美术与高级金融：所有权经济学的专家建议》，麦克安德鲁编，第 200 页。
9. 出处同注释 8，第 199 页。
10. 出自费舍尔 2013 年 4 月 23 日于苏富比艺术学院的发言。
11. 见"飓风桑迪之后保险公司还会承保切尔西区吗？"（Will Insurance Companies Cover Chelsea After Sandy?）对费舍尔发言的引用，该文由布莱恩·鲍彻（Brian Boucher）2012 年 11 月 7 日发表于《美国艺术》：https://www.artnews.com/art-in-america/features/sandy-insurance-59114/。
12. 出自"易腐坏的艺术品：投资可能不会持久的作品"（Perishable Art: Investing in Works That May Not Last），M.P. 麦昆（M.P. McQueen）2007 年 5 月 16 日发表于《华尔街日报》。
13. "关于'固有磨损'你应该知道的事"（What You Should Know About 'Inherent Vice'），贝茜·多夫曼（Betsy Dorfman）2009 年 4 月 16 日发表于艺术航运（Fine Art Shipping）博客。
14. 2007 年弗里根诉太平洋赔偿公司（Frigon v. Pacific Indemnity）一案中，伊

利诺伊州的一名联邦法官认为，"全险"保单的承保范围涵盖画廊对受委托作品的交易。出自伊丽莎白·C. 布莱克（Elizabeth C. Black）的"将您的艺术品委托给他人照管或拥有所隐藏的所有权风险 —— 艺术品保险是否会承保您的损失？可能不会"（Entrustment, the Hidden Title Risk of Leaving your Artwork in the Care or Possession of Others—Will your Fine Art Insurance Cover your Loss? Probably Not），收录于《斯宾塞的艺术法期刊》，斯宾塞编，2010/2011 年冬季刊第 1 卷第 3 号第 3 页。

[15] "揭开萨兰德的混乱"（Untangling the Salander Mess），金斯拉 2010 年 7 月 1 日发表于 Artnews。

[16] "贝里–希尔的诉讼连连"（Berry-Hill Stacks Up Lawsuits），玛莎·拉夫金（Martha Lufkin）2011 年 3 月 14 日发表于《艺术报》第 222 号。

[17] 只有 25% 的所有权索赔与作品出处有关。出自阿里斯产权保险公司的皮尔森 2011 年 4 月 13 日在纽约体育俱乐部举办的人工智能论坛 Artelligence 上，在"将艺术理解为资产"（Understanding Art as an Asset）的小组讨论中的发言"监管链中的最好方法"（Best Practices in the Chain of Custody）。

[18] 出自费舍尔 2013 年 4 月 23 日于苏富比艺术学院的发言。

[19] "美国的艺术与税收"（Art and Taxation in the United States），拉尔夫·勒纳（Ralph Lerner）著，收录于《美术与高级金融：所有权经济学的专家建议》，麦克安德鲁编，第 216 页。

[20] 出处同注释 19，第 215—216 页。

第五章

[1] 出自艺术品物流公司第四工作室首席执行官兼国际展览与美术品运输商联合会主席施瓦茨于2019年12月4日在迈阿密海滩巴塞尔艺术展上的讲话。

[2] 国际展览与美术品运输商联合会在 2018 年将他们的标准纳入其协会章程，将被用为决定新成员引入组织的新标准。

[3] 例如，国际展览与美术品运输商联合会是由遍布 35 个国家 / 地区的 70 多家艺术品运输公司组成的国际网络。

[4] 出自 2013 年 6 月 17 日在纽约长岛与第四工作室联合创始人兼执行副总裁安德鲁·范蒂奇（Andrew Faintych）的电子邮件。据范蒂奇称，大多数盗窃都发生在装卸码头。

[5] 卡多根·泰特艺术品搬运公司网站：https://www.cadogantate.com/en/art-services/contact。

[6] "ARTA 消除了艺术品运输的麻烦"（ARTA Takes the Hassle Out of shipping Art），安·彬洛特（Ann Binlot）发表于福布斯官网。也可见于：http://shiparta.com。

[7] "莫马特仓库的争议解释了艺术品运输的危险"（Momart Dispute Reveals Hazards of Shipping Art），克里斯蒂娜·鲁伊斯（Cristina Ruiz）2011 年 11 月发表于《艺术报》第 229 号。

[8] 链接：https://turtlebox.com/。

[9] "英国初创公司推出新的艺术品包装解决方案集以彻底改变行业"（UK Startup Launches new Art-packaging Solution Set to Revolutionize the Industry），罗迪·克拉克（Roddy Clarke）2019 年 9 月 28 日发表于福布斯官网。也可见于：https://rok-box.com/。

[10] "不适应环境的木箱之岛"项目由施瓦茨 2019 年 11 月 7 日在费城的登记员及收藏专业人士协会（Association of Registrars and Collection Specialists，简称 ARCS) 上提出：https://www.arcsinfo.org/programs/2019-conference。

[11] "艺术和博物馆运输服务"：http://customcritical.fedex.com/us/services/market-industry/art.shtml。出自《联邦快递服务指南》。

[12] 出自作者与施瓦茨 2019 年 12 月 4 日在迈阿密海滩巴塞尔艺术展上的对话。

[13] "艺术品、收藏品和古董"（Works of Art, Collectors' Pieces and Antiques）：http://usitc.gov。收录于 2019 年《美国协调关税表》（Harmonized Tariff Schedule of the United States）第 17 修订版第 21 节。

[14] 出自 1928 年 12 月布朗库西诉美国政府一案（Brancusi v. The United States, T.D. 43063, 54 Treas）。

[15] "弗莱文和维奥拉的作品被裁定为'不是艺术'"（Flavin and Viola works ruled 'not art'），乔治娜·亚当（Georgina Adam）2010 年 12 月发表于《艺术报》第 219 号第 59 页。

[16] 《当代艺术收藏指南》（Owning Art: The Contemporary Art Collector's Handbook），路易莎·巴克（Louisa Buck）和朱迪斯·格里尔（Judith Greer）著，第 191 页，文化冲击传媒出版社出版，伦敦，2007 年。

[17] "美国将对从英国和德国进口的某些印刷品和照片征税"（The U.S. will tax imports of certain prints and photographs from the UK and Germany），克里斯蒂·奎塞尔（Christy Kuesel）2019 年 10 月 16 日发表于 Artsy 官网。

[18] 见第一章第 62 页"增值税和进口税"中对德国一名艺术品管理人员被捕入狱的讨论。根据杰安迪和佩宁顿 2012 年 7 月 17 日发表于《纽约时报》第 C1 页的"中国严打进口艺术品逃税行为"所述，电子邮件证据似乎表明该

艺术品管理人员是同谋。

[19] "巧妙的闪避：中国收藏家为何'借'自己的作品"（Artful Dodge: Why Chinese Collectors Are 'Borrowing' Their Own Pieces），奥利维亚·耿（Olivia Geng）2014 年 7 月 28 日发表于《华尔街日报》。

[20] 一位专业内部人士在 2019 年指出，该商业模式尚未盈利。链接：www.singaporefreeport.com。

[21] "瑞士自由港拥有不断增长的艺术宝库"（Swiss Freeports Are Home for a Growing Treasury of Art），大卫·西格尔（David Segal）2012 年 7 月 21 日发表于《纽约时报》网络版。

[22] ARCIS 自由港官网：https://www.arcisartstorage.com/。

[23] 正如负责艺术品装卸的专业人士汤姆·祖法利（Tom Zoufaly）2012 年 4 月 19 日在纽约苏富比艺术学院的发言，随着当今可持续性问题的加剧，在平衡风险和成本（包括环境）时是否会使用相同的方法很值得怀疑。

[24] 在《纽约时报》关于此次收购的一篇文章中，劳德表示："这是我们的蒙娜丽莎。" 见"劳德以 1.35 亿美元的价格拍下了克里姆特的肖像"（Lauder Pays $135 Million, a Record, for a Klimt Portrait），卡罗尔·沃格尔 2006 年 6 月 19 日发表于《纽约时报》。

[25] 链接：http://www.chenue.com/en/。

[26] "化为灰烬的艺术品"（Art into ashes），詹姆斯·米（James Mee）2004 年 9 月 22 日发表于《卫报》（Guardian）：www.theguardian.com/artanddesign/2004/sep/23/art.britartfire。

[27] 全球风险评估方案，链接：https://www.risks-online.com/about.html。

[28] 这段话援引自利曼于 1990 年发表于《佳士得国际杂志》（Christie's International Magazine）3—4 月刊的文章"装裱的艺术"（The Art of Framing），后被贾里德·巴克（Jared Bark）引用到其发表于《国际艺术研究基金会期刊》2012—2013 年第 13 卷第 4 号第 30 页的文章"给凡·高的《夜间咖啡馆》装裱"（Framing Van Gogh's The Night Café）。

[29] 这种做法在演员 / 收藏家史蒂夫·马丁的小说《物之美》（An Object of Beauty）中有所描述。小说中年轻的苏富比员工主角争着想要一幅米尔顿·艾弗里（Milton Avery）的画，然而这件作品被装在了一个"可怕的画框里，以至于彻丽·芬奇（她的老板）不得不用手指比出方框以便于把画框遮住来欣赏这幅画"，该作在售出之前请了"上东区伟大画框的缔造商"Lowy（洛伊）进行了重新装裱。具体见《物之美》第 22—25 页，阿歇特图书出版集团出版，2010 年。

30　"商业机密中：画框至少值得占据 500 字篇幅"（Trade Secrets; Frames are Worth at least 500 Words），伊莱恩·路易（Elaine Louie）1999 年 3 月 25 日发表于《纽约时报》。

31　出自 2011 年 5 月 17 日在纽约佳士得举办的国际艺术研究基金会之夜的小组讨论"画框可以告诉我们什么"（What Frames Can Tell Us）。小组成员包括大都会艺术博物馆的修复师乔治·比萨卡（George Bisacca）、耶鲁大学美术馆早期欧洲艺术策展人劳伦斯·B. 坎特（Laurence B. Kanter）和伊莱·威尔纳和其公司（Eli Wilner & Company）的首席执行官兼创始人伊莱·威尔纳。

32　出自"给凡·高的《夜间咖啡馆》装裱"，巴克引用，收录于《国际艺术研究基金会期刊》2012—2013 年第 13 卷第 4 号第 30 页。

33　出自 2013 年 9 月 25 日与任职于荷兰奥特洛的克罗勒 - 穆勒博物馆研究部的巴斯·穆伦（Bas Mühren）的电话谈话。

34　见"给凡·高的《夜间咖啡馆》装裱"，巴克引用，收录于《国际艺术研究基金会》2012—2013 年第 13 卷第 4 号第 32 页。

35　出自 2011 年 5 月 17 日在纽约佳士得举办的国际艺术研究基金会之夜"画框可以告诉我们什么"的热烈讨论（见注释 31）。

36　链接：www.eliwilner.com/。

37　出自 2013 年 10 月 8 日与马古利斯收藏的策展人凯瑟琳·海因兹的电话交谈。此后该装置被拆卸了两次，策展团队使用带有编号框的模板系统来保证拆卸顺利。

38　在这种情况下需要用到 D 形环。

39　"美国未能打击艺术犯罪"（US Fails to Tackle Art Crime），帕克·波布里克（Pac Pobric）2013 年 4 月发表于《艺术报》第 22 卷第 245 号第 5 页。

40　见艺术品安保公司 Art Guard 官网：https://www.artguard.net/private-collections/。2019 年 12 月 20 日可访问。

41　"房屋油漆工因长岛艺术品失窃案被指控"（House Painter Is Charged in Long Island Art Thefts），约瑟夫·柏吉尔（Joseph Berger）2013 年 5 月 7 日发表于《纽约时报》第 A18 页。

42　"底特律艺术品盗窃：19 件价值数百万的作品，其中一件是安迪·沃霍尔的作品，在私人收藏中被盗"（Detroit Art Theft: 19 Works Worth Millions, One by Andy Warhol, Stolen From Private Collection），2012 年 5 月 22 日刊登于《底特律赫芬顿邮报》（*HuffPost Detroit*）。

43　见艺术品安保公司 Art Guard 官网：www.artguard.net/。

44 2019 年，莫瑞吉奥·卡特兰的《美国》（*America*，2016 年）在牛津郡布伦海姆宫租借期间仅于安装几天后就被盗。据信这件作品已被熔化。

45 2004 年，武装劫匪在光天化日之下从奥斯陆的蒙克博物馆偷走了蒙克另一个版本的《呐喊》和《圣母玛利亚》（*Madonna*），两年后被找回。在此 10 年前（1994 年），另一个版本的《呐喊》从奥斯陆国家美术馆被盗走，3 个月后被找回。

第六章

1 托马斯·韦塞尔（Thomas Wessel）引用纳扎宁·兰卡拉尼（Nazanin Lankarani）2008 年 5 月 30 日发表于《纽约时报》的文章"当代艺术繁荣给保险行业带来的机遇以及挑战"（Contemporary art boom brings opportunities, and challenges, for insurers）。

2 2011 年 4 月 1 日，沃顿在纽约苏富比艺术学院的演讲。

3 "达·芬奇油画的修复引出的艺术专家们的分歧"（Leonardo Painting's Restoration Bitterly Divides Art Experts），伊莱恩·西奥利诺 (Elaine Sciolino) 2012 年 1 月 4 日发表于《纽约时报》第 C1 页。

4 文物登记人员是艺术品的监护人和看管人，负责艺术品的接收、处理以及艺术品在博物馆内的移动等操作的监督，越来越多的文物登记人员参与到文物保护事宜的文档的编辑工作中。

5 当代艺术藏护师克里斯琴·谢德曼（Christian Scheidemann）接受了挑战，试图找到保存罗伯特·戈贝尔（Robert Gober，1954 年生）1989 年创作的作品《装有甜甜圈的袋子》（*Bag of Donuts*）的方法。在 4 天的尝试中，谢德曼将甜甜圈放入一个含有丙酮（洗甲水中的常见成分）的低压容器中，成功去除了甜甜圈上的油脂。但甜甜圈的实际重量也发生了改变。因此，他们又用树脂溶液重新填充，使其"恢复"到原来的尺寸。最终 8 个版本的甜甜圈中，有一个以 24 万美元的价格成功拍卖。见"艺术博士：同艺术一路向前"（The Art Doctor: Onward and Upward with the Arts），丽贝卡·米德（Rebecca Mead）2009 年 5 月 11 日发表于《纽约客》第 85 卷第 13 号第 58 页。

6 纽约和加利福尼亚的精神权利的立律（署名权或发表权）赋予了艺术家宣称或放弃作者权利。详情可见《视觉艺术与法律：一本专业人士手册》中的讨论，普罗达著，第 101—117 页。

7 出自 2011 年 10 月 18 日在 MAC 工作室的首席藏护师及创始人苏珊娜·夏诺（Suzanne Siano）的对话。

[8] 见美国国家航空航天局格伦研究中心于 2007 年 7 月 24 日发表的文章"原子氧修复系统修复艺术品"（Atomic Oxygen Restoration System Restores Artwork）。 链接：https://www.nasa.gov/centers/glenn/business/AtomicOxRestoration.html。

[9] "隔绝空气来保存一件作品"（Preserving a Work by Starving it of Air），艾米丽·夏普（Emily Sharpe）2011 年 9 月 14 日发表于《艺术报》第 227 号，仅限官网。

[10] 这种过滤器应该每 10 年左右更换一次。

[11] "价值 69 万英镑的作品被误当脏迹而遭到过度清洁"（Overzealous Cleaner Ruins £690,000 Artwork that she Thought was Dirty）， 海伦·皮德（Helen Pidd）2011 年 11 月 2 日发表于《卫报》。

[12] "关注相机的视角"（Caring for What the Camera Saw），夏普 2011 年 6 月 17—19 日发表于《艺术报》巴塞尔艺术展日报版第 4 页。

[13] "有色印刷在光线下褪色"（C-prints Fade into the Light），鲁伊斯 2010 年 4 月发表于《艺术报》第 18 卷第 212 号第 36 页。

[14] 2011 年 11 月 8 日，古尔斯基的《莱茵二世》（*Rhine II*, 1999 年）在纽约佳士得拍卖行（Christie 's New York）以 430 万美元成交，成为截至 2020 年最昂贵的（已确认）照片拍卖。

[15] 当代艺术保护所面临挑战的文献和讨论包括：

"新的藏护：当代艺术作品的保护与修复"（Conserving the New: Preserving and Restoring Contemporary Artworks），美国艺术经纪人协会收藏家论坛 2010 年 1 月 23 日发表于纽约；

"当代艺术藏护所面临的挑战"（The Challenges of Conserving Contemporary Art），沃顿著，收录于《新的收藏：博物馆与当代艺术》（*Collecting the New: Museums and Contemporary Art*），布鲁斯·阿特舒勒（Bruce Altshuler）编，第 163—178 页，普林斯顿大学出版社出版，普林斯顿和牛津，2007 年；

《当代艺术品护理：艺术行业中协同藏护的方法》（*Caring for Contemporary Art:Towards A Collaborative Approach to Conservation in Art Business*），克里斯蒂娜·比亚吉（Cristina Biaggi）2010 年的硕士论文，苏富比艺术学院，纽约；

《现代艺术：谁护理？跨学科研究项目与现当代艺术藏护国际研讨会》（*Modern Art: Who Cares? An Interdisciplinary Research Project and an International Symposium on the Conservation of Modern and Contemporary Art*），艾斯邦·胡梅伦（Ijsbrand Hummelen）和迪翁·西勒（Dionne Sillé）编，原型出版社出版，伦敦，1999 年；

"让艺术家为自己的作品保护发声"（Giving the Artists a Voice in Preserving Their Work），兰迪·肯尼迪 2006 年 6 月 29 日发表于《纽约时报》；

"时间媒体装置中显示设备的管理"（The Management of Display Equipment in Time-based Media Installations），皮普·劳伦森（Pip Laurenson）2005 年春季发表于《泰特论文》（Tate Papers）第 3 期：www.tate.org.uk/download/file/fid/7344；

《易腐坏的艺术品：投资可能不会持久的作品》，M.P. 麦昆（M.P. McQueen) 2007 年 5 月 16 日发表于《华尔街日报》。

[16] "与死去的鲨鱼一起游泳"（Swimming with Famous Dead Sharks），卡罗尔·沃格尔 2006 年 10 月 1 日发表于《纽约时报》。

[17] 链接：https://www.kramlichcollection.org/about，摘自赫尔佐格 & 德·梅隆（建筑事务所）的网站。2019 年，由柏林的汉杰坎茨出版社负责出版了一本关于该宅邸的书。

[18] "朱莉娅·斯托舍克对建立新媒体艺术收藏需要谨慎的谈话"（Julia Stoschek on the Extreme Care It Takes to Build a New Media Art Collection），阿玛 – 罗斯·艾布拉姆斯（Amah-Rose Abrams）2019 年 12 月 13 日发表于 Artsy 官网。

[19] 2014 年 5 月 14 日，弗莱文 1964 年的作品《1964 年 3 月 2 日的另一条对角线（给唐·贾德）》[Alternate Diagonals of March 2, 1964 (To Don Judd)] 在纽约苏富比以 307.7 万美元的价格售出。

[20] 出自 2011 年 12 月 3 日在迈阿密 PULSE 艺博会上与 Blythe（布莱斯）项目经理希拉里·梅茨（Hillary Metz）的对话。

[21] 出自费舍尔 2012 年 3 月 1 日的发言。

[22] "被飓风桑迪摧毁的绿点工作室以及多年的工作成果"（Hurricane Sandy Leaves Greenpoint Studios Wrecked, Destroying Years of Work），萨拉·卢菲奴（Sara Roffino）2012 年 11 月发表于布罗恩全球艺术新闻网。

第七章

[1] "投资艺术品：艺术品作为一个资产类别"（Investing in Art: Art as an Asset Class），杰里米·埃克斯坦（Jeremy Eckstein）所著章节，收录于《艺术商业》（The Art Business），伊恩·罗伯逊（Iain Robertson）和德里克·钟（Derrick Chong）著，第 70 页，劳特里奇出版社出版，牛津郡阿宾顿，2008 年。

[2] 链接：www.aexchange.net。

3 出自《斯凯特艺术投资手册》创始人谢尔盖·斯凯特奇科夫（Sergey Skaterschikov）在赫里克·范斯坦律师事务所（Herrick, Feinstein LLP）2012 年 9 月 13 日于纽约律师协会（New York State Bar Association）的娱乐、艺术和体育法版块发布的"艺术金融问题：艺术贷款和艺术投资基金的探索"（Matters of Art Finance: Exploration of Art Loans & Art Investment Funds）中的评论。斯凯特奇科夫回忆说，第一版《斯凯特艺术投资手册》被禁止在博物馆书店出售。

4 "里程碑式的德·库宁之作为其所在的收藏加冕"（Landmark de Kooning Crowns Collection），卡罗尔·沃格尔 2006 年 11 月 18 日发表于《纽约时报》。

5 "艺术世界的诉讼故事"（A Tale of an Art World Lawsuit），瓦尔特·罗宾逊（Walter Robinson）2005 年 1 月 18 日发表于 Artnet 新闻，该篇文章很好地说明了这个故事的背景。

6 《艺术基金的真相》（*The Truth About Art Funds*），迈克尔·普卢默（Michael Plummer）和杰夫·拉宾（Jeff Rabin）2012 年 1 月发表于尤里卡对冲基金（Eurekahedge）数据库第 1 页。现实情况是，很少有基金能够成功吸引超过 5000 万美元的资金，这就解释了为什么艺术基金还没有成功吸引机构投资者，而是将目光投向标的资产更透明的数十亿美元的基金。

7 "中国艺术基金走向危险的成熟之路"（Chinese Art Funds on a Risky Road to Maturity），发表于《艺术报》2012 年 7—8 月第 21 卷第 237 号第 47 页。中国的艺术基金周期较短，且大多数可用的投资工具受到的监管（如果有的话）都非常宽松。这导致了估值为 9 亿美元的引人注目的投资活动。然而，它仍然没有达到私募股权基金的水平（季投资达数十亿美元的规模）。此外，如果艺术品市场崩溃或政府突然介入并实施监管，这个投资市场随时可能会减少，就像印度未注册基金突然被关闭的情况一样。

8 "未来的回报：艺术基金吸引的投资者很少，但有些值得一看"（Future Returns; Art Funds Draw Few Investors, But Some Are Worth a Look），凯伦·胡贝（Karen Hube）2019 年 4 月 23 日发表于《巴伦周刊》（*Barrons*）。

9 "投资者渴望艺术基金"（Art Funds Starved for Investors），马库斯·巴鲁姆（Marcus Barum）2005 年 8 月 22 日发表于《华尔街日报》。

10 在此期间，其他各种形式的艺术基金也随之而来，但没有一个能够持久。有关艺术基金历史的精彩讨论，见"艺术投资基金"（Art Investment Funds），收录于《交易的艺术：全球金融市场下的当代艺术》（*Art of the Deal: Contemporary Art in a Global Financial Market*），诺亚·霍罗维兹（Noah

Horowitz）著，第 151—156 页，普林斯顿大学出版社出版，普林斯顿，2011 年。

[11] 艺术优势基金会（Art Vantage fund）从其创始人瑟奇·蒂罗什（Serge Tiroche）的个人收藏开始。见蒂罗什 2012 年 10 月 5 日于 ArtTactic 播客"艺术优势"（Art Vantage）上的发言。

[12] 见美术基金集团官网：https://www.fineartgroup.com/en/。

[13] 出自 2019 年 11 月 11 日与美术基金集团的邮件沟通。

[14] 出自网页：http://artemundiglobalfund.com/。

[15] 在 2011 年 11 月 22 日发表于 Artnet 上的文章《美术基金的秘密》（*Secrets of the Fine Art Funds*）中，丹尼尔·格兰特（Daniel Grant）就美术基金和其他基金提供了精彩的讨论。

[16] 一些内部人士表示，在实践中，这些作品租借很少发生，因为它们会拖累作品快速出售的能力。此外，将艺术品借给博物馆从而提高其价值通常比从其成员那里获得的任何租金更能使基金受益。出自 2011 年 4 月 13 日在纽约体育俱乐部举办的人工智能论坛 Artelligence 的专题讨论会"艺术基金：成功的关键"（Art Funds:The Key to Success），出自"将艺术理解为资产"的小组讨论。

[17] 《菲门乌德艺术品投资基金：在不完美市场中领先》（*Fernwood Art Investments: Leading in an Imperfect Marketplace*），鲍里斯·格罗伊斯伯格（Boris Groysberg），乔尔·波多尼（Joel Podolny）和蒂姆·凯勒（Tim Keller）2004 年 9 月 27 日发表于波士顿哈佛商学院。

[18] 需要注意的是，由于这些新兴企业缺乏数据和透明度，艺术品保险行业发现为艺术品基金承保很难。出自"保险与艺术市场"，费舍尔和阿诺德著，收录于《美术与高级金融：所有权经济学的专家建议》，麦克安德鲁编，第 209 页。

[19] 链接：https://www.masterworks.io/。

[20] 2008 年苏富比发行的所有拍卖担保总额为 6.26 亿美元，2009 年降至仅 700 万美元。见"担保政策：第三方担保可以降低风险和收益奖励"（Assurance Policies: Third-Party Guarantees May Reduce Risk and Yield Rewards），贾德·塔利（Judd Tully）2011 年发表于《艺术与拍卖》（*Art + Auction*）9 月刊第 37 页。

[21] 2019 年有 90 个第三方担保人，而在此 5 年前只有 12 个。见"艺术投机者竞标失败"（Art Speculators Bid to Lose），凯利·克劳（Kelly Crow）2019 年 5 月 13 日发表于《华尔街日报》。

[22] 出自雷伯恩 2018 年 9 月 14 日发表于《纽约时报》上的"艺术被视为一种闪闪发光的投资。然而新税收是否会使其褪去光芒？"（Art is Seen as a Glittering Investment. Will New Taxes Take off the Shine?）中对 Pi-eX 研究的引用。

[23] "被担保的结果：是卖方保险还是市场操纵？为什么拍卖担保人正在分裂艺术品交易"（Guaranteed Outcome: Insurance for Sellers or Market Manipulation? Why Auction Guarantees are Dividing the Art Trade），乔治娜·亚当和伯恩斯 2011 年 3 月 2—3 日发表于《艺术报》军械库展览版第 9 页；及"艺术拍卖市场的猫腻"，波格雷宾和弗林 2013 年 1 月 27 日发表于《纽约时报》第 A1 页。

[24] "艺术拍卖市场的猫腻"，波格雷宾和弗林 2013 年 1 月 27 日发表于《纽约时报》第 A1 页。

[25] 有关艺术金融起源的讨论，见"艺术银行业务"（Art Banking），苏珊娜·捷尔吉（Suzanne Gyorgy）著，收录于《美术与高级金融：所有权经济学的专家建议》，麦克安德鲁编，第 118—121 页。

[26] 2019 年"艺术与金融报道"（Art & Finance Report），德勒（Deloitte）著，第 109 页：https://www2.deloitte.com/lu/en/pages/art-finance/articles/art-finance-report.html。

[27] 2019 年 11 月 8 日，在科尔多佐大学法学院的评估师协会"艺术法日"上，移民银行艺术金融的安迪·阿根布里克（Andy Augenblick）在"购买和出售艺术品的金融选择"（Financial Options for Buying and Selling Art）小组发言中引用了这些例子。

[28] 艺术品出借人在国际失踪艺术品登记组织登记他们对艺术品的担保权益也变得越来越普遍，这是一项公共记录，见马里内洛 2012 年 11 月 9 日在美国评估师协会和纽约大学继续教育学院举办的"艺术法日"研讨会"艺术金融和法律"这一主题的发言。

[29] "银行从'支出和借贷'策略中获利"（Banks Cash In on 'Spend and Lend' Strategy），格莉丝 2012 年 6 月 13 日发表于《艺术报》巴赛尔艺术展日报版（电子版）。

[30] 例如，花旗要求至少 4 件来自不同国际艺术家的艺术品，见"艺术银行业务"，捷尔吉著，收录于《美术与高级金融：所有权经济学的专家建议》，麦克安德鲁编，第 125 页。

[31] "与……美国信托的郑东就艺术借贷的来龙去脉进行对话"（Conversation with...Trinh Doan of U.S. Trust on the ins and outs of borrowing against art），"在

您获得艺术贷款之前需要了解的内容：与郑东的问答"（What You Need to Know Before You Take Out an Art Loan: AQ&A with Trinh Doan），本杰明·吉诺齐奥（Benjamin Genocchio）著，收录于《艺术与拍卖》2012 年 11 月第 36 卷第 3 号第 93 页。

[32] 根据摩根大通证券的尼古拉·瓦尔特（Nicola Walter）2012 年 11 月 9 日在美国评估师协会和纽约大学继续教育学院举办的"艺术法日"研讨会"艺术金融和法律"这一主题的发言，她并不知道在她的银行有任何艺术品贷款违约情况。阿根布里克 2019 年也证实了这一情况，她说明收藏家并不愿失去他们的艺术品。出自 2019 年 11 月 8 日，科尔多佐大学法学院的评估师协会"艺术法日"。

[33] "艺术品贷款行业一览：大银行和'以贷养贷'的高利贷产业的大幅涌现"（Navigating the Art Loan Biz, A Surge in Industry Attracting Both Big Banks and 'Loan-to-Own' Sharks），费罗 2012 年 4 月 4 日发表于布罗恩全球艺术新闻网。

[34] 出处同注释 33。

[35] 见艺术资本集团官网：www.artcapitalgroup.com。

[36] 关于这场灾难的详细说明，见"这一切是如何发生在安妮·莱博维茨身上的？"（How Could This Happen to Annie Leibovitz?），安德鲁·戈德曼（Andrew Goldman）2009 年 8 月 24 日发表于《纽约杂志》（New York Magazine）第 50—57 页，第 161—162 页。也可见"艺术资本从安妮·莱博维茨身上至少赚了 1600 万美元"（Art Capital Made at least $16 million off Annie Leibovitz），费利克斯·萨尔蒙（Felix Salmon）2010 年 4 月 6 日发表于路透社博客。

[37] "那件古典大师之作？在典当铺里"（That Old Master? It's at the Pawn Shop），艾伦·索尔金（Allen Salkin）2009 年 2 月 24 日发表于《纽约时报》第 A1 页。

第八章

[1] "为了买巴拉甘的房子而卖掉藏品的收藏家"（The Collector Who Sold His Collection to Buy a Barragán House），劳拉·康拉德（Lara Konrad）2019 年发表于《收藏家》（Collecteurs）。

[2] 见布莱恩特 2011 年 2 月 8 日在纽约苏富比艺术学院的演讲。

[3] 《马克斯·恩斯特的挂画》（Max Ernst Hanging）介绍部分，弗朗索瓦·德·梅尼尔（François de Menil）和约翰·德·梅尼尔（John de Menil）的电影，梅

尼尔基金会，休斯敦，2010 年。

4 美国行政法令 12047 号（1978 年 3 月 27 日，第 43 号法令第 13359 条）在 1982 年 10 月 14 日由 12388 号行政法令修订（1982 年 10 月 14 日，第 47 号 法令第 46245 条）。

5 参考"豁免申请的段落范例"（Sample Introductory Paragraphs for Immunity Application），美国国务院官网：www.state.gov/s/l/3197.htm。

6 "美国法警在迈阿密博览会扣押了德加和米罗的作品"（U.S. Marshals seize Degas, Miro Works at Miami Fair），林赛·波洛克（Lindsay Pollock）2009 年 12 月 3 日发表于彭博网。

7 例如"模糊的艺术世界"（The Art World, Blurred），卡罗尔·沃格尔 2012 年 10 月 26 日发表于《纽约时报》第 25 页。

8 《纳尔逊·A. 洛克菲勒的收藏：现代艺术杰作》（*The Nelson A. Rockefeller Collection: Masterpieces of Modern Art*），李·博尔丁（Lee Boltin），威廉·S. 利伯曼（William S. Lieberman）和多萝西·坎宁·米勒（Dorothy Canning Miller）著，第 20 页，哈德逊山出版社出版，纽约，1981 年。

9 《纳尔逊·洛克菲勒的收藏——尼曼 – 马库斯的赞美》（*The Nelson Rockefeller Collection—Compliments of Neiman-Marcus*），纳尔逊·A. 洛克菲勒和理查德·马库斯（Richard Marcus）著，收录于《纳尔逊·洛克菲勒的收藏》（*Nelson Rockefeller Collection*），达拉斯出版社出版，20 世纪 70 年代。

10 "机械复制时代的艺术作品"，瓦尔特·本杰明著，收录于《启迪》（*Illuminations*），舒尔坎普出版社出版，法兰克福，1955 年。

11 "艺术收藏在线"（Art Collections Online），阿纳·巴比克（Ana Bambic）2014 年 3 月 3 日发表于 Widewalls（宽墙）网。

12 链接：www.independent-collectors.com 和 www.collecteurs.com。

13 "艺术消失于私人手中。社交媒体能否让它重现于公众？"（Art Disappears in Private Hands. Can Social Media Resurface It?），苏菲·海格尼（Sophie Haigney）2019 年 8 月 14 日发表于《纽约时报》。

14 关于版权的完整讨论请见《视觉艺术与法律：一本专业人士手册》，普罗达著，第 55—78 页。

15 "博物馆展出的那些受托人的艺术收藏"（Some Object as Museum Shows Its Trustee's Art），德博拉·桑塔格（Deborah Sontag）和波格雷宾 2009 年 11 月 10 日发表于《纽约时报》第 A1 页。

16 "中国新艺术拍卖会掀起的一场轩然大波"（An Auction of New Chinese Art

Leaves Disjointed Noses in its Wake），巴博萨 2008 年 5 月 7 日发表于《纽约时报》。

⑰ 有大量的商业和学术文献剖析了这场争论的来龙去脉。例如：

"'感觉'如何成为丑闻"（How 'Sensation' Became a Scandal），史蒂文·C. 杜宾（Steven C. Dubin）著，收录于《美国艺术》2000 年 1 月第 88 卷第 1 号第 53—55，57，59 页；

"追随金钱"（Following the Money），帕特里夏·法伊林（Patricia Failing）著，发表于 ARTnews 2000 年 1 月第 99 卷第 1 号第 150—153 页；

⑱ "博物馆展出的那些受托人的艺术收藏"，桑塔格和波格雷宾 2009 年 11 月 10 日发表于《纽约时报》第 A1 页。

第九章

❶ 《私人艺术博物馆报告》（*Private Art Museum Report*），拉里名单和雅昌艺术市场监测中心（Art Market Monitor of Artron，AMMA）编，现代艺术出版社出版，维也纳，2016 年。对该主题感兴趣的人，可参阅该报告中的素材。

❷ 《宝马独立收藏家艺术指南第五册：当代艺术私人收藏全球指南》，宝马集团和独立收藏家编，汉杰坎茨出版社出版，柏林，2018 年。

❸ 《私人艺术博物馆报告》，最密集的国家是韩国（首尔有 13 个），其次是美国，德国，中国（德国和中国各有 9 个）以及意大利。平均总面积达到 3400 平方米，其中超过 1/3 的博物馆每年接待超过 2 万名游客。

❹ "究竟什么是博物馆？国际博物馆委员会对新定义提出争议"（What Exactly Is a Museum? Icom Comes to Blows over New Definition），文森特·诺斯（Vincent Noce）2019 年 8 月 19 日发表于《艺术报》。

❺ "艺术收藏家 J. 托米尔森·希尔说：这是关于我所喜欢的"（Art Collector J.Tomilson Hill: It's about what I like），朱莉·贝尔科夫（Julie Belcove）2018 年 11 月 30 日发表于《金融时报》。

❻ "旅行者之选：全世界排名前 25 名的博物馆"（Travelers' Choice Top 25 Museums of the World），"世界博物馆"发表：https:// museums.eu/ highlight/details/111695/ travelers-choice-top-25-museums-of-the-world。

❼ "亿万富翁的艺术眼光建立了她的奇特博物馆"（A Billionaire's Eye for Art Shapes her Singular Museum），卡罗尔·沃格尔 2011 年 6 月 16 日发表于《纽约时报》。

❽ 依据 2016 年的《私人艺术博物馆报告》，柏林与北京并列排在第二位，拥

有9家私人博物馆。迈阿密则拥有8家私人博物馆，排名第四。虽然在此之后，博物馆的数量可能有所变化，但排名顺序应不受影响。

9　罗尔夫·霍夫曼先生 2006 年离世。

10　链接：www.berlincollectors.com。

11　"关于卢贝尔家族收藏以及当代艺术基金会"（About the Rubell Family Collection and Contemporary Arts Foundation），卢贝尔家族收藏／当代艺术基金会 2009 年发表。

12　参考"换言之"（In other words）栏目广播第 45 期：与 FLAG 创始人富尔曼探讨收藏和赞助的问题，艺术经济伙伴 2018 年 11 月 29 日发布。

13　文化资本和社会资本这两个词是由社会学家皮埃尔·布迪厄在他 1986 年发表的颇具开创性的研究《资本的形式》（The Forms of Capital）中提出的，布迪厄认为第三种形式是经济资本。

14　"数十亿的家族资产巧妙地得以免税"（A Family's Billions, Artfully Sheltered），大卫·科切涅夫斯基（David Kocieniewski）2011 年 11 月 28 日发表于《纽约时报》第 A1 页。

15　"博物馆的税收状况遭参议员质疑"（Tax Status of Museums Questioned by Senators），帕特里夏·科恩 2015 年 11 月 29 日发表于《纽约时报》。

16　"后记"（Afterword），收录于《未来私人博物馆》（The Private Museum of the Future）第 190 页，克里斯·德康（Chris Dercon）引用德斯特（Deste）当代艺术基金会的达克斯·约安诺的发言，苏黎世，2018 年出版。

17　"亿万富翁已经营了当代艺术博物馆"（Billionaires have franchised the modern art museum），约翰·盖普（John Gapper）2018 年 8 月 8 日发表于《金融时报》：https://www.ft.com/content/af4638ee-9a40-11e8-ab77-f854c65a4465。

18　"马尔恰诺艺术基金会关闭后，非营利博物馆下一步会怎样？"（What's Next for Non-Profit Museums After the Closing of The Marciano Art Foundation?），卡罗莱娜·A. 米兰达（Carolina A. Miranda）2019 年 11 月 8 日发表于《洛杉矶时报》（Los Angeles Times）。

19　"马尔恰诺的假面被揭穿"（The Marciano Masquerade is Exposed），乔里·芬克尔（Jori Finkel）2019 年 11 月 19 日发表于《艺术新闻》。

20　《私人艺术博物馆报告》，拉里名单和雅昌艺术市场监测中心编。

21　"为什么众多艺术收藏家在西班牙开设博物馆？"（Why are so many art collectors opening museums in Spain?），保罗·理查森（Paul Richardson）

2019 年 6 月 21 日发表于《金融时报》: https://www.ft.com/content/dd3bf112-8928-11e9-b861-54ee436f9768。

第十章

1. 《纽约时报》2017年6月11日的报道中,波格雷宾这样写道:"阿格尼丝·冈德出售了一幅珍贵的利希滕斯坦的画作,并用所得款项成立了'正义艺术基金'。"

2. 塞万提斯对艺术界变化的思考,以及他决定出售艺术品产生的后果都值得大家读一读。"为了买巴拉甘的房子而卖掉藏品的收藏家",康拉德2019年发表于《收藏家》。

3. 2011年2月8日,布莱恩特在纽约苏富比艺术学院的演讲,这句话来自他的父亲。

4. 该术语最常用于博物馆售出已完成使命的作品来筹集运营资金时,这种情况并非没有争议,但实际中很少出现。

5. "英国以及其他地区的艺术与税收"(Art and Taxation in the United Kingdom and Beyond),皮埃尔·瓦伦丁(Pierre Valentin),菲利普·门罗(Philip Munro)和萨曼莎·摩根(Samantha Morgan)著,收录于《美术与高级金融:所有权经济学的专家建议》,麦克安德鲁编,第 249—262 页。

6. "高古轩的诉讼案展现艺术品交易的罕见一面"(Gagosian Suit Offers Rare Look at Art Dealing),兰迪·肯尼迪 2012 年 11 月 8 日发表于《纽约时报》第 C3 页。

7. 在此强调了无论代理商和客户处于什么情况,检查销售记录是否准确的重要性。例如,当发票上的名字是由代理商系统自动生成的,如果资金来源分散,发票上的名字就不能如实地反映哪一方真正获得了作品的所有权。

8. 链接: https://www.congress.gov/115/bills/hr1/BILLS-115hr1enr.pdf。

9. 继承者应该会收到所有遗产评估的副本,以便日后出售时计算自己的所得税基,因为改税基础会"提高"遗产评估价值。如果没有收到作品的副本,继承者需要在遗赠时自己对作品进行评估。

10. "艺术品的销售价值为 0,税单为 2900 万美元?",帕特里夏·科恩 2012 年 7 月 22 日发表于《纽约时报》第 A1 页。

11. 如果遗嘱明确要求出售作品,销售金额则可被扣除。如果没有明确,美国法院在此问题上存在分歧。

12. 纽约大都会艺术博物馆前馆长菲利普·德·蒙特贝罗(Philippe de Montebello)的演讲"跨越世纪的收藏:21 世纪收藏中的古典大师作品",

2011 年 1 月 19 日发表于美国艺术经纪人协会收藏家论坛，弗里克收藏馆。

[13] 减免金额不得超过调整后毛收入的 30%，但超额的部分可在 5 年内结算。另一种选择是，扣除艺术品的公平市场价值，扣除个人税基，最高可达调整后总收入的 50%。

[14] 有关本例所基于的税收问题的完整讨论，请参阅"美国的艺术与税收"，勒纳著，收录于《美术与高级金融：所有权经济学的专家建议》，麦克安德鲁编，第 211—248 页。

[15] 同注释 14，第 219—229 页。

[16] 正如国税局首席法律顾问办公室的卡琳·格罗斯（Karin Gross）2012 年 11 月 9 日在美国评估师协会和纽约大学继续教育学院举办的"艺术法日"研讨会"慈善与法律"（Philanthropy and the Law）这一主题的发言。

[17] 2006 年的《养老金保护法》实质上终止了美国的部分捐赠。见《今夜星空不再好：养老金保护法毁掉了部分捐赠》（A Not So Starry Night: The Pension Protection Act's Destruction of Fractional Giving），伊丽莎白·迪林杰（Elizabeth Dillinger）著，收录于《UMKC 法律评论》（UMKC Law Review）2008 年第 76 卷第 1045—1046 页。

[18] 然而，"实质性地拥有"的确切定义似乎并不明确。见勒纳的文章，收录于《美术与高级金融：所有权经济学的专家建议》，麦克安德鲁编，第 235 页。

[19] 出自 2013 年 2 月 6 日在纽约的新画廊与收藏家的交谈。

[20] 根据奥罗拉咨询集团（Aurora Advisory Group）的荷兰·邓恩（Holland Dunn）2012 年 11 月 9 日在美国评估师协会和纽约大学继续教育学院举办的"艺术法日"研讨会"慈善与法律"这一主题的发言。

[21] 见《纽约时报》2007 年 2 月 27 日的报道，艾伦·里丁（Alan Riding）在伯格鲁恩的讣言中写道："海因茨·伯格鲁恩，有影响力的毕加索作品收藏家，去世时享年 93 岁。"

[22] 例如詹姆斯·帕内罗（James Panero）2009 年 4 月 15 日发表于《华尔街日报》在线版的"另一家博物馆把它的藏品放在了街上"（Another Museum Puts its Collection on the Block）。

[23] 根据纽约现代艺术博物馆的副总法律顾问亨利·A. 兰曼（Henry A. Lanman）2012 年 1 月 24 日在纽约律师协会"成功的艺术继承：遗产规划和收藏家的实际问题"（Successful Art Succession: Estate Planning and Practical Issues for Collectors）上的发言。

[24] 如果捐赠人已婚，原本被指定用于慈善的艺术品应留给配偶，待配偶在世期

间进行转让，从而避免未来配偶过世的遗产税。将所有权免税转让给配偶的好处被称为婚姻税收减免。此为 1981 年经济恢复税法（ERTA）的一部分。见勒纳的文章，收录于《美术与高级金融：所有权经济学的专家建议》，麦克安德鲁编，第 239 页。

25 《私信裁定》（*Private Letter Ruling of the Internal Revenue Service*），刊号 PLR 201825003，美国国税局 2018 年 3 月 9 日发表：https://www.irs.gov/pub/irs-wd/201825003.pdf。

26 "私人收藏变得公开化"（Private Collection Becomes Very Public），卡罗尔·基诺（Carol Kino）2010 年 6 月 6 日发表于《纽约时报》第 A23 页。

27 "艺术收藏家的遗产规划技巧"（Estate Planning Techniques for the Art Collector），迈克尔·S. 阿林（Michael S. Arlein）著，出自"将艺术理解成资产"，纽约体育俱乐部 2011 年 4 月 13 日于人工智能论坛 Artelligence 上提交的相同标题的材料。

28 有关启发型案例的概述，见勒纳的文章，收录于《美术与高级金融：所有权经济学的专家建议》，麦克安德鲁编，第 224—226 页。

29 "艺术评估服务"（Art Appraisal Services），美国国税局 2013 年 2 月 22 日更新，链接：www.irs.gov/Individuals/Art-Appraisal-Services。

30 "2017 年财政年度总结报告"（Annual Summary Report for Fiscal Year 2017），美国国税局艺术顾问委员会（The Art Advisory Panel of the Commissioner of Internal Revenue）发表：https://www.irs.gov/pub/irs-utl/annrep2017.pdf。

参考书目

书籍、报告和文章

《钱暴：21 世纪艺术市场大爆发》（*Big Bucks:The Excesses of the Art Market in the 21st Century*），乔治娜·亚当著，伦德·休姆夫雷出版社出版，伦敦，2018 年。

《艺术品和其真实性》（*Art and Authenticity*），梅根·奥尔德里奇（Megan Aldrich）和乔斯·哈克福特－琼斯编，伦德·休姆夫雷出版社（萨里郡法纳姆）和苏富比艺术学院（伦敦和纽约校区）联合出版，2013 年。

《未来私人博物馆》，克里斯蒂娜·贝西特勒（Cristina Bechtler）和多拉·英霍夫（Dora Imhof）著，荣格出版社出版，苏黎世，2018 年。

《杜维恩：有史以来最惊人的艺术品经纪人》，S.N. 贝尔曼 1959 年著，小书屋出版社出版，纽约，2003 年。

"打开我的图书馆：谈藏书"（Unpacking my Library: A Talk About Book Collecting），瓦尔特·本杰明著，收录于《启迪》，哈里·佐恩（Harry Zohn）译，汉娜·阿伦特（Hannah Arendt）编，肖肯出版社出版，纽约，1968 年（是一篇关于收藏的本质的重要文章）。

《当代艺术品收藏指南》，路易莎·巴克和朱迪斯·格里尔著，文化冲击传媒出版社出版，伦敦，2007 年。

《画框的秘密生活：百年艺术与工艺》（*The Secret Lives of Frames: One HundredYears of Art and Artistry*），德博拉·戴维斯（Deborah Davis）著，菲利帕基出版社出版，纽约，2006 年。

《艺术的价值：金钱、社会、美》（*The Value of Art: Money, Power, Beauty*），迈克尔·芬得利（Michael Findlay）著，普雷斯特出版社出版，慕尼黑、伦敦和纽约，2012 年。

"论艺术投资回报分析"，布鲁诺·S. 弗雷和雷纳·艾肯伯格 1995 年发表于《文化经济学期刊》第 19 卷第 207—220 页。

《理解艺术对象：用眼睛思考》（*Understanding Art Objects: Thinking Through the Eye*），托尼·戈弗雷等人著，伦德·休姆夫雷出版社出版，萨里郡法纳姆，2009 年。

《交易的艺术：全球金融市场下的当代艺术》，诺亚·霍罗维兹著，普林斯顿大学出版社出版，普林斯顿，2011 年。

《私人艺术博物馆报告》，拉里名单和雅昌艺术市场监测中心编，现代艺术出版社出版，维也纳，2016 年。

《照片收藏的预防性保护指南》（*A Guide to the Preventive Conservation of Photograph Collections*），伯特兰·拉韦德林（Bertrand Lavédrine）著，盖蒂藏护研究所出版，洛杉矶，2003 年（第一版）。

《过往的摄影：过程与保存》（*Photographs of the Past: Process and Preservation*），伯特兰·拉韦德林，约翰·P. 麦克艾霍恩（John P. McElhone），米歇尔·弗里佐（Michel Frizot），让-保罗·甘道夫（Jean-Paul Gandolfo），西比尔·莫诺（Sibylle Monod）著，盖蒂藏护研究所出版，2009 年。

《艺术法：给收藏家、投资者、经销商和艺术家的指南》（*Art Law: The Guide for Collectors, Investors, Dealers, and Artists*），拉尔夫·勒纳和朱迪斯·布雷斯勒（Judith Bresler）著，职业法学院出版，纽约，2013 年（第四版）。

《收藏当代》（*Collecting Contemporary*），亚当·林德曼（Adam Lindemann）著，塔森出版社出版，科隆，2010 年。

《美术与高级金融：所有权经济学的专家建议》，克莱尔·麦克安德鲁编，彭博社出版，纽约，2010 年。

《艺术市场报告》，克莱尔·麦克安德鲁著，收录于《2020 年巴塞尔艺术展与瑞银环球艺术市场报告》。

"艺术博士：同艺术一路向前"，丽贝卡·米德 2009 年 5 月 11 日发表于《纽约客》第 85 卷第 13 号第 58 页。

《难以驾驭的收藏激情》，维尔纳·穆恩斯特伯格著，普林斯顿大学出版社出版，普林斯顿，1994 年。

《罗纳德·S. 劳德收藏：公元前 3 世纪到公元 20 世纪的德国、奥地利和法国精选藏品》，新画廊编著，普雷斯特出版社出版，慕尼黑、伦敦和纽约，2011 年。

《艺术和布局的力量》（*Art and the Power of Placement*），维多利亚·纽豪斯著，莫纳切利出版社出版，纽约，2005 年。

《劫掠欧罗巴：西方艺术珍品在第二次世界大战中的命运》（*The Rape of Europa:The Fate of Europe's Treasures in the Third Reich and the Second World War*），林恩·尼古拉斯（Lynn Nicolas）著，克诺夫出版社出版，纽约，1994 年。

《视觉艺术与法律：一本专业人士手册》，朱迪斯·普罗达著，伦德·休姆夫雷出版社（萨里郡法纳姆）和苏富比艺术学院（伦敦和纽约校区）联合出版，2013 年。

《展示艺术的艺术》（*The Art of Showing Art*），詹姆斯·K.里夫（James K. Reeve）著，理事会橡树出版社出版，亚利桑那州塔尔萨，1986 年第一版，1992 年第二版。

《艺术商业》，伊恩·罗伯茨和德里克·钟著，劳特里奇出版社出版，牛津郡阿宾顿，2008 年。

《专家与客体的较量：视觉艺术中的假象与伪归因》（*The Expert versus the Object: Judging Fakes and False Attributions in the Visual Arts*），罗纳德·D.斯宾塞编，牛津大学出版社出版，纽约，2004 年。

《绘画研究和藏护：塞缪尔·H.克雷斯收藏的不定期论文》（*Studying and Conserving Paintings: Occasional Papers on the Samuel H. Kress Collection*），原型出版社出版，伦敦，2006 年。

《艺术世界中的 7 天》（*Seven Days in the ArtWorld*），莎拉·桑顿（Sarah Thornton），W.W.诺顿出版，纽约，2008 年。

《为爱、金钱和更多收藏艺术》（*Collecting Art for Love, Money and More*），伊桑·瓦格纳（Ethan Wagner）和西娅·韦斯特赖希·瓦格纳（Thea Westreich Wagner）著，费顿出版社出版，伦敦，2013 年。

"当代艺术藏护所面临的挑战"，格伦·沃顿著，收录于《新的收藏：博物馆与当代艺术》，布鲁斯·阿特舒勒编，第 163—178 页，普林斯顿大学出版社出版，普林斯顿和牛津，2007 年。

《镀金边缘：画框的艺术》（*The Gilded Edge: The Art of the Frame*），伊莱·威尔纳著，编年出版社出版，旧金山，2011 年。

《如何创办和经营商业艺术画廊》（*How to Start and Run a Commercial Art Gallery*），爱德华·温克勒曼（Edward Winkleman）著，奥沃思出版社出版，纽约，2009 年（了解画廊的运作方式对收藏家来说非常有益，这本书提供了最好的内部洞悉）。

《当今艺术收藏》（*Art Collecting Today*），道格·伍德汉姆（Doug Woodham）著，奥沃思出版社出版，纽约，2017 年。

《美国博物馆联盟——艺术品来源和研究指南》（*American Association of Museums Guide to Provenance and Research*），南希·叶德（Nancy Yeide）等人著，美国博物馆联盟出版，华盛顿，2001 年。

线上资源

一般收藏、来源和编目

Artnome 博客：www.artnome.com/，杰森·贝利（Jason Bailey）关于艺术与科技交汇处的博客。

"堕落艺术"，V&A 博物馆的纳粹从德国机构没收的艺术品清单：http://www.vam.ac.uk/content/articles/e/entartete-kunst/。

专注收藏历史的弗里克艺术参考图书馆中心（Center for the History of Collecting）：www.frick.org/research/center。自文艺复兴到现在的欧洲和美国的公共及私人纯艺术和装饰艺术。

盖蒂来源索引数据库：www.getty.edu/research/tools/provenance/search.html。

盖蒂研究指南：www.getty.edu/research/tools/vocabularies/intro_to_cco_cdwa.pdf，盖蒂文物编目指南。

国际艺术研究基金会全集：www.ifar.org/cat_rais.php，艺术家作品全集的搜索数据库。

国际艺术研究基金会收藏家角：www.ifar.org/collectors_corner.php，有关收藏家感兴趣的一系列主题的信息。

国际艺术研究基金会作品来源指南：www.ifar.org/provenance_guide.php，带有关键组织链接的作品来源指南和完整参考书目。

独立策展人网站：www.independent-collectors.com/，成立于 2008 年的全球当代艺术收藏家网络。

展览"印制的图像"（The Printed Picture），纽约现代艺术博物馆：www.benson.readandnote.com/，理查德·本森（Richard Benson）为那些有兴趣收集版画的人提供的有用的信息。

保险、库存和灾后恢复

贝式公司评级网站：www.ambest.com/ratings/guide.asp，一个评估承保公司财务偿付能力的机构。

全球风险评估方案，安盛信利保险公司：https://www.risks-online.com/about.html，评估艺术品存储设施的风险评估系统。

MoMA 灾后恢复紧急指南：www.moma.org/docs/explore/emergency_guidelines_for_art_disasters.pdf?utm_source=cmail&utm_medium=email&utm_campaign=e110312_gdl，这些指南在飓风桑迪之后发布，为灾后恢复提供了宝贵的指导，尤其是在水灾方面。

藏护

美国文物修护协会：www.conservation-us.org/，位于美国的专业藏护师组织，提供藏护信息和藏护师搜索工具。

英国文物修护协会：www.icon.org.uk/，位于英国的专业藏护师组织，提供藏护信息和藏护师搜索工具。

国际当代艺术藏护网：www.incca.org，对于所有面临具有挑战性的藏护问题的当代艺术收藏家来说，这个网站是一个宝贵的资源。

艺术市场和投资

艺术市场监测（Art Market Monitor）：www.artmarketmonitor.com/，一个跟踪艺术市场报道的网站。

艺术经纪（Arts Economics）：www.artseconomics.com/，一家研究和咨询公司，还出版关于全球艺术市场的重要分析出版物。

ArtTactic：www.arttactic.com/，一家提供市场新闻和采访（播客）的市场分析公司。

斯凯特艺术市场评论：www.skatesartinvestment.com/，"涵盖当今全球艺术市场的开放论坛"。

艺术法

艺术法博客：http://theartlawblog.com。

艺术法播客：http://artlawpodcast.com/，在播客上会与知名嘉宾探讨艺术与法律的交叉话题。

随着全球艺术市场的快速扩张，新的收藏家每日都在涌现。对于有经验的收藏家和任何有志在当下艺术市场从事专业工作的人来说，玛丽·罗泽尔的这本专业手册的新版是必读之选。自 2014 年首次出版之后，作者对该手册进行了全面修订，以反映在艺术市场、艺术法和收藏实践中发生的诸多变化，现在还包括了关于私人博物馆的全新章节。

罗泽尔利用她作为艺术收藏专业人士和艺术法律师的长期经验来阐述拥有艺术收藏时会出现的纷杂问题。这本书涉及藏品购藏、库存管理、保险、安保、藏品仓库及藏护、艺术融资及投资，还有艺术品分享及退藏等内容，经过了严谨的调查，同时又易于阅读，是收藏这一引人入胜的领域的重要指南。

罗泽尔是瑞银集团艺术藏品全球负责人。作为一位艺术法律师和艺术史学家，她一直是收藏家、艺术家、遗产管理的顾问，就与私人艺术品收藏的收购、管理、退藏相关的法律和战略问题给予建议，并曾担任纽约苏富比艺术学院艺术商业专业的主任。她是众多期刊文字和图录文字的作者，并曾是《艺术新闻》的德国通讯员。

"罗泽尔的书是艺术品收藏家手边极好的资源……它经过详尽的调查研究，呈现得非常好，是所有艺术专业人士都必备于自己书房中的一本好书。"——阿格尼丝·冈德，现代艺术博物馆荣誉主席及非营利组织"学校中的工作室"的创始人。